Bilingual Software Standards & Guidelines

A WELSH LANGUAGE BOARD DOCUMENT

Version : 1.0
ISBN: 095353342 5

 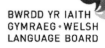

Contents

BWRDD YR IAITH
GYMRAEG · WELSH
LANGUAGE BOARD

1   Introduction

Wales is a bilingual country, where the number and percentage of bilingual (Welsh/English) speakers is increasing.[1] The equal status of English and Welsh in conducting public business in Wales is enshrined in the Welsh Language Act 1993.

In addition, the Welsh Assembly Government, in its policy document, *Iaith Pawb*, (everyone's language), has declared its ambition to create a "truly bilingual Wales, [...] where people can choose to live their lives through the medium of either or both Welsh or English and where the presence of the two languages is a source of pride and strength to us all." In order to meet both statutory requirement, as well as this laudable policy aim, it is important that high quality IT systems are developed to be of practical everyday use. *Iaith Pawb* also called for a strategy document to increase the status of Welsh in Information Technology. That strategy document, available on the Board's website, noted the need for detailed technical guidance for bilingual computing, which is the aim of the present document.

1.1   Intended Audience

This document should be read by all those with an interest in, or responsibility for, IT projects intended for use in Wales – managers, developers and users alike. Although the Board by its very nature would encourage all institutions to treat Welsh and English on a basis of equality whilst providing services to the public in Wales, the base legal document for this remains the Welsh Language Act, 1993. Please contact the Board for further advice (post@welsh-language-board.org.uk)

More specifically, the present document has three key audiences:

- Developers producing software applications (including websites) for use within Wales or that will potentially be used by Welsh speakers. For such developers the document is intended to provide guidelines and standards to guide the functional specification and development of the capabilities of these applications;
- Any individual involved in the specification or procurement of software applications that will be accessed from within Wales or by Welsh speakers. For these individuals, the document is intended to provide guidance in defining the requirements and validating the compliance of these applications against the standards;
- Policy makers and compliance officials with a responsibility to ensure that their organisation or business delivers the highest quality and compliant interface to citizens and customers.

1.2   'Bilingual' Software

The term "bilingual", as used in this document, refers explicitly to the Welsh and English languages. Note that this doesn't necessarily mean that both languages should be presented to the user at all times. Writing effective bilingual software is about empowering the user to work with an IT system in the language of their choice and having the freedom to change that choice.

---

[1] See results of 2001 Census on http://www.welsh-language-board.org.uk.

BWRDD YR IAITH
GYMRAEG · WELSH
LANGUAGE BOARD

Though this document is specific to bilingual (Welsh & English) software support, wherever possible we advocate a design approach that results in a multi-lingual capability.

1.3   Scope of Applicability

Software applications are ubiquitous and occur on a broad variety of platforms being a key part of our interaction with computer systems of all forms. These standards cover all software applications that interact with users using language or that have an impact upon how other applications interact with users.

Examples of such applications include, but are not limited to:

- Web sites;
- Web based applications and interfaces;
- PDAs (Personal Digital Assistants);
- ATMs (Automated Teller Machines);
- Digital TV (idTV);
- Legacy platforms (e.g. mainframes);
- Thin client architectures;
- Client/Server and client-only applications;
- Operating systems;
- Electronic Signage;
- Cellular/3G phones;
- Embedded Systems.

As software technology advances and also its range of applications, we intend for the scope of these standards to be extended to cover these new technologies and ensure equal support and treatment of the Welsh and English languages. Examples of such technologies include (but are not limited to):

- Text to speech (speech synthesis);
- Speech recognition;
- Machine translation;
- Handwriting recognition;
- Predictive text processing;
- OCR (Optical Character Recognition);
- Smart card technology.

Where a new technology or software architecture emerges subsequent to the most recent issue of this document and is therefore not directly referenced, the standards and guidelines should be interpreted in the most practical manner possible consistent with their intent and purpose.

1.4   Review and Publication

This is the first issue of this document and is the first time that such a set of guidelines and standards have been collected into a single coherent form.

As a result, we are eager to receive all comments, suggestions and input during an ongoing consultation process. We accept that there might be a number of areas where there is a more effective approach than we have recommended, where domain experts can provide valuable input and/or that we might have overlooked.

BWRDD YR IAITH
GYMRAEG • WELSH
LANGUAGE BOARD

It is recognised that the evolving nature of this field together with ongoing technological advances will lead to frequent revisions and updates of this document and we encourage all participants engaged in the development, maintenance, management and procurement of bilingual software applications to engage in an ongoing dialogue in order to guide the evolution of these standards. We will review all input received and use this to produce future versions of the document.

It is also intended that these standards will be accompanied by a number of supporting resources. Further information, together with contact details for further submissions, are available on the Welsh Language Board website.

1.5   Standards and Guidelines

This document defines both standards and guidelines to be used when developing IT solutions that will be used by bilingual (Welsh/English) users, or provide information that will be available to a bilingual audience.

The degree to which the reader and user of these standards must comply will be determined by:

- Their statutory obligations under the Welsh Language Act 1993;
- The Welsh Language Scheme currently in place for their organisation;
- The commercial and social benefits they will obtain through compliance and the provision of a bilingual system.

Standards can be easily identified through the use of the following formatting:

This is a standard that must be followed as appropriate.

Anything outside such formatting can be considered as further guidance in creating high quality bilingual software.

1.6   Terminology

Throughout this document, terminology common to and standard in the IT and software industry is used. In addition, some terms have been used consistently throughout the document and have a specific meaning. Note, that this isn't an attempt to define standard terms for use outside of this document.

Term	Meaning
Diacritic characters	Refers to all letters with accents (diacritic marks, e.g. á, ô, ŷ, etc). See 4.3 for more information.
Diacritic equivalence	Where a letter with a diacritic mark is treated as equivalent to the letter without the mark (e.g. for searching).
Language-element	Any item that is part of a language. Can be an item of text, image, sound segment, etc.
Language-neutral	Where the meaning of an item (usually an element of the user interface) is independent of a particular language.
Language-sensitive	Where an item (usually an element of the user interface) does have a relevance to a language.
Operating platform	Described in 4.1.2, refers to the environment in which a software application operates. Usually means an underlying

BWRDD YR IAITH
GYMRAEG · WELSH
LANGUAGE BOARD

	operating system, embedded platform or web browser.
User interface component	Any item forming part of a user interface. This term is used to include speech and tactile interfaces as well as the more typical graphical user interface.

1.7 <u>Authors</u>

This document was commissioned by the Welsh Language Board and authored by Draig Technology Ltd with assistance from the Welsh Language Board and Canolfan Bedwyr, of the University of Wales, Bangor.

The Welsh Language Board and the authors would like to thank all those individuals and organisations that have also contributed to this document and submitted comments during the consultation period.

1.8 <u>Further Information</u>

Further information and advice regarding this document and the issues addressed can be obtained by contacting the Welsh Language Board:

The Research, Language Technology and Grants Unit
Welsh Language Board
Market Chambers,
5-7 St Mary St,
Cardiff
CF10 2AT

post@welsh-language-board.org.uk

2   Non–Technical Overview

The aim of this section is to give an overview of the standards for a non-technical audience. Every effort has been made to make the content as accessible as possible to the widest possible audience. Terms are defined, their significance discussed and an overview of the standards are also given.

Please note that this section merely constitutes a high-level view of the standards. The main standards begin with section 3.

2.1   Localisation – Guidelines, Issues and Management (Section 3)

2.1.1   Definition

This section defines 'localisation' as being the process by which a piece of software can be made linguistically and culturally appropriate for users who speak English, Welsh or both. This could involve ensuring that all text is available in both languages and that lists are sorted appropriately for each language's alphabet, for example. But localisation also involves many other technical activities and architectural decisions that aren't always visible to an end-user or a non-technical user.

2.1.2   Reasons for Localisation

The Welsh Language Act (1993) places a duty on the public sector to treat Welsh and English on an equal basis when providing services to the public in Wales. Software systems are one means by which the public sector provides services and are therefore subject to the Act. For those not in the public sector, having bilingual software systems can bring other benefits such as improving the quality of customer service, attracting new customers or increasing customer loyalty.

2.1.3   Project Management of Bilingual Software Development

A piece of software starts its life being specified ("the software will do *x*, *y* and *z*") and designed ("it will do *x*, *y* and *z* like *this*"). The code is then written according to the design and the finished product is tested for accuracy and overall quality. All these events form part of what is known as the "software development lifecycle".

Section 3.3 describes the importance of considering bilingual use and functionality throughout every stage of this lifecycle and recommends assigning a member of the team to promote and supervise localisation matters during the progress of a project.

It is recommended that bilingual functionality and content should be specified from the outset – i.e. from the requirements specification – and are carried forward into design, implementation and then testing. This ensures that such functionality and content is of a sufficiently high standard and not regarded as a last-minute bolt-on.

Care should be taken to ensure that changes in the software do not detrimentally affect the content and functionality in either language.

2.1.4   Translation and Linguistic Quality

Section 3.4 suggests using standard translated terminology wherever available to ensure consistency and accuracy. There has already been substantial efforts invested

BWRDD YR IAITH
GYMRAEG · WELSH
LANGUAGE BOARD

in the production of such resources for frequently-used computing terms (e.g. "keyboard", "mouse", "window", "icon") as well as other general terms (e.g. countries, salutations). Section 12 contains references to where these are freely available.

Project plans should allocate time for translations to take place. Translators will require supporting contextual material to assist them in translating to a high quality (for example, knowing where and why a piece of text appears and what it means). Unless using specialist technical translators, all material should be provided to translators in a form that can be used without a high degree of technical knowledge (for example, provide a list of text items and supporting material in a spreadsheet rather than expecting the translator to sift through dense programming code).

2.2 Locales, Alphabets and Character Sets (Section 4)

A "locale" can be thought of as a bundle of characteristics that describe a language and culture in a particular geographic area. The bundle might include facts about date formats, currency symbols, how to sort lists alphabetically, and other facts.

For example, the locales for English in the United Kingdom and the United States are largely similar but subtly different. One key difference is that we have different currency symbols. We also write dates differently; "30 November 2005" is "30/11/2005" in the UK and "11/30/2005" in the US.

2.2.1 Using Locales

Section 4 of the document discusses the use of locales for both British English and Welsh. The locale for British English is easily available to software developers, however it has taken time for a standard Welsh locale to be created and this isn't as readily available at the time of writing. The standards mandate that a software application shall make use of the characteristics described in locales whenever they are available (see 4.1.2).

Technical processes are available to "best guess" the most appropriate bundle of characteristics to use when dealing with a particular user. These should be used wherever a user's language and cultural preferences are not already known. When those preferences *are* already known, they shall be used.

2.2.2 Differences between English and Welsh Locales

Essentially, all the cultural characteristics of a locale bundle are similar between English and Welsh – both use the Gregorian calendar, the constituent mainland countries of the UK are in the same time zone and the same currency symbol is used in each.

The main differences are language-related:

- The English and Welsh alphabets are different and this means lists need to be sorted slightly differently.
- Welsh uses accented letters whereas English generally doesn't.
- There are several other subtle but important differences.

2.2.3 Alphabets

The Welsh alphabet has 29 letters whereas the English has 26. Welsh doesn't have the letters 'k', 'q', 'v' and 'z' but does have the additional letters 'ch', 'dd', 'ff', 'ng', 'll', 'ph', 'rh' and 'th'. These letters are known as "digraphs" – individual letters that are made up of more than one character. This means that "Llandudno" has 8 letters in the Welsh alphabet, and 9 letters in the English alphabet.

These differences impact upon sorted lists. Section 4.2.2 of the standards describes how these issues should be addressed.

As a bilingual country, words containing the letters 'k', 'q', 'v' and 'z' are widely used, even though they do not form part of the Welsh alphabet. To sort in Welsh, therefore, a superset of the English and Welsh alphabets should be used that includes these letters:

a, b, c, ch, d, dd, e, f, ff, g, ng, h, i, j, k, l, ll, m, n, o, p, ph, q, r, rh, s, t, th, u, v, w, x, y, z

When sorting in English, the English alphabet should be used without consideration of Welsh digraphs (e.g. 'th' should be treated as 't' and 'h').

There are some issues relating to the sorting of digraphs in Welsh and these are detailed in section 4.2.3. For example, it isn't possible to easily determine whether the sequence "ng" is the letter 'ng' or 'n' then 'g'.

- C-a-ng-e-n – Cangen;
- B-a-n-g-o-r – Bangor.

It is important that a consistent approach is used to sort digraphs in Welsh. For example, the sequences "ng", "ph", "rh" and "th" shall *always* be treated as digraph letters when encountered.

One solution to this problem is to use what is known as the "combining grapheme joiner". This is an invisible character that can be inserted between two other characters as if to say "these are two letters, not one". For example, "Ban•gor". This approach is outlined in section 4.2.4.

2.2.4   Accented Letters & Character Sets

The most commonly used accent in Welsh is the circumflex. This, and all other accents in Welsh can only appear on vowels. In Welsh, the vowels are A, E, I, O, U, W and Y. For example, 'dŵr' (water) or 'tân' (fire). Acute (á) and grave (à) accents are also used on all vowels, as is the dieresis (ä).

As all these characters can be used in Welsh, it must be possible to type them and to store them.

A computer can only deal with a range of known characters that it understands. This range is known as a "character set", and these are the subject of section 4.3. A character set can be said to have a narrow or wide range of characters.

The standards mandate that the character set chosen for use must contain all the accented and non-accented characters of the Welsh alphabet. This is most easily accomplished by choosing a wide-ranging character set, such as "Unicode". Some software systems are required to publicise which character set they use so that other

BWRDD YR IAITH
GYMRAEG · WELSH
LANGUAGE BOARD

software can interact with them correctly. Section 4.3.1 mandates that wherever possible, the character set used shall be explicitly specified.

Where it isn't possible to choose a character set that lends itself to the Welsh language, it is often to workaround the associated technical problems by writing text in a specially-encoded way. Section 4.3.3 gives technical detail on this approach.

It isn't always possible for a user to type accented letters, especially on a standard UK keyboard. The standards therefore dictate that it should be possible to approximate accented characters using what is known as 'diacritic transliteration'. In essence, this means that the software shall interpret the sequence "w^" as being equivalent to "ŵ", for example. Further detail is given in section 4.3.4.2.

2.2.5   Other Differences

The abbreviated days of the week contain digraphs in Welsh:

Day	English	Welsh
Monday	M	Ll
Tuesday	T	M
Wednesday	W	M
Thursday	T	I
Friday	F	G
Saturday	S	S
Sunday	S	S

It is therefore important that software systems can cope with abbreviations longer than one character in this situation.

It is also not possible to take the first letter of each day of the week to create an abbreviation in Welsh, as the equivalent of the "-day" suffix in English occurs as a prefix in Welsh:

- Mon**day**;
- **Dydd** Llun.

Section 4.1.3.1 therefore mandates that abbreviations shall be both grammatically correct and cater for digraph letters.

Ordinals are also different in Welsh. For instance, 'First Tuesday' and 'Second Tuesday' in English would be 'First Tuesday' and 'Tuesday Second' under Welsh grammar.

2.2.6   Minimising the Impact of Locale Differences

The standards suggest ways of minimising the impact of locale differences in section 4.1.4. These include:

- Using language-neutral short dates (e.g. 30/11/2005) instead of worded dates;
- Avoid using ordinals wherever possible.

A font should be chosen that is equally aesthetically-suitable for both English and Welsh and that also supports all the accented characters included in the software's chosen character set. Guidance on choosing such a font is given in section 4.3.5.

2.3   Architecture and Design (Section 5)

2.3.1   Language Selection

When a user accesses a software application, a determination will need to be made of which language to display. This can be achieved by:

- An implicit assumption where the user has not yet identified themselves or their preference; or
- The use of an initial language choice (displayed bilingually) when first accessing the application;
- If it is possible to identify the user, his/her explicit language preference shall be used.

Identification of a user or implicit language preferences can be carried out in several different ways, some more technical than others. One basic means of identifying a language preference is by a web address. For example, if a user enters a web site via a Welsh internet address (e.g. http://www.bwrdd-yr-iaith.org.uk/) it could possibly be assumed that their preference is for Welsh content. This and more technical approaches are detailed in sections 5.1.1 and 5.4.

During further use of the software it shall be possible to switch languages at any time using a language selector located in a uniform place throughout the software. Languages shall be displayed in their native names (e.g. 'English' and 'Cymraeg').

If possible, the software shall switch languages immediately without any loss of data. Where it isn't possible to do this for technical reasons, an explanation shall be given and the user should be given the chance to reverse their decision.

Further details are given in section 5.1.3 of the document.

2.3.2   Persistence of Language Selection

In general, whenever a screen switches to a language as a result of an explicit request from the user, the new preference should be remembered until the user finishes with the software or changes their preference again. See section 5.2 for further detail.

2.3.3   Storing Language Preferences

It is possible to store language preferences in different ways when software is required to remember a language preference between uses. Several approaches are available in order to accomplish this.

In short, the available approaches for storing this preference include:

- Recording the preference in the software system's own permanent memory;
- Recording the preference on the user's computer system in some fashion;
- Recording the preference in a user directory or shared resource.

Some of these options may not be viable because of security, privacy or other operational concerns. Whichever option is chosen, if a language preference cannot be found by the software, the software should handle this situation gracefully.

Further detail is given in section 5.3.

2.3.4 Web and Email Addresses

If the software system is internet-based, two options are available for web and email addresses:

- Use a language-neutral address (e.g. google.com);
- Use **both** English and Welsh addresses (e.g. rhywle.gov.uk, somewhere.gov.uk).

It isn't currently possible to purchase .uk addresses with accented letters although this is likely to change in the future. At that point, it is recommended that appropriate addresses are also purchased (e.g. llanllŷr.gov.uk) in **addition** to non-accented variations, but not in **replacement**.

See section 5.4 for further details.

2.3.5 Consistent Presence of Chosen Language

Section 5.5 of the document states that functionality and content shall be available equally in both Welsh and English such that a user, having chosen a preferred language, is able to navigate and use the software solely in the language of their choice.

The unintentional absence of a language element – that is to say, any language sensitive item such as text or an image – should be audited automatically by the software for an administrator user to follow up. In this situation, the content from the alternate language should be displayed. For instance, if the Welsh text is missing, the English should be displayed if available.

If it is known in advance that a resource isn't available in the user's preferred language, the user should be notified. For example, if a particular document is only available in English on a web site, the link to the document should include "(English Only)", automatically if possible.

It is recommended that the software is designed to include the capability to search for and highlight text that is missing in particular languages. This will help reduce inconsistency in the software system.

2.3.6 Structuring Bilingualism

How do you create bilingual software? Create two separate software systems, one for each language or create one that supports both languages? This question is addressed in section 5.6.

Several options are available:

1. Have one system that includes English and Welsh either side-by-side or in alternate paragraphs;
2. Have two versions of the software – one for English, one for Welsh – and the ability to switch between the two versions;
3. Have one system that includes the text for every language but only shows the user's preferred language and hides text from any other language;
4. Have one language-agnostic system that pulls in text in the user's preferred language on a just-in-time basis from a shared resource (e.g. a database).

The document discusses these in terms of Level 1, 2, 3 and 4 architectures (resp.).

Level 4 is the most powerful, flexible, reliable and provides the most capabilities in terms of language management and maintenance.

However, all four approaches have the potential to produce applications that will satisfy the standards. The trade-off is balancing the initial development cost against the ongoing maintenance and management cost when trying to achieve the same level of quality, capability and compliance.

Level 1 is suited to static content such as web sites, however it can lead to poor design quality, rendering the system difficult to use.

Level 2 is again suited to static content but only on a small-scale. All work must be performed twice and there is a danger of asymmetric content between the English and Welsh systems. It is also a labour-intensive job to ensure that corresponding pages in English and Welsh are somehow linked together so that language switching can take place. Loss of data when switching languages is also a common problem.

Level 3 doesn't require parallel software systems in each language and only displays the language of interest to the user. In this sense, it is an improvement over Levels 1 and 2. However, it may mean that identical content may exist in multiple places throughout the system, rather than having language content defined once and re-used many times.

Level 4 ensures that the user only ever sees the language of their choice whilst making efficient use of the language content available. This architecture also makes it easier to run analysis reports on language content to identify inconsistencies or missing items. It is also scaleable to a multilingual solution.

2.3.7   Messages

Section 5.8 states that every effort should be made to ensure that the user only ever sees messages (e.g. "your information has been saved" or "sorry, an error occurred") in their chosen language.

All messages coming from the bilingual software system should be available to the user in both languages. If a message is received from *outside* the bilingual software system, if it can be changed to appear in the user's chosen language, it should be. If it isn't feasible for this to happen for technical or other reasons, there is little else that can be done in this situation.

Note that it is unlikely that the person who encounters an error will be the same person who fixes the cause. Likewise, there is no guarantee that the two people both speak

the same language. As such, the software system should audit any errors in a way that the appropriate information is available in both languages.

2.3.8   Integration with Language Support Tools

Language Support Tools include things such as spelling or grammar checkers. The standards state (in 5.9) that any language support tools used shall be available to users in both English and Welsh.

BWRDD YR IAITH
GYMRAEG • WELSH
LANGUAGE BOARD

2.4   **User Interface (Section 6)**

The "user interface" is the means by which somebody interacts with a software system. It can consist of text, images and places allowing a user to enter details (fields), for example. The term is generic, but specific examples include:

- A web page;
- A computer program such as Microsoft Word (a "window");
- The screen on which you set up the timer for a video recorder;
- The screen and controls of a cash machine;
- The screen and keypad on a mobile phone.

2.4.1   Language

The language used in a software system shall be of an equal quality in both English and Welsh. Quality can be measured through grammar, spelling and comprehensibility. This may require the outsourcing of material for translation when it is deemed that the appropriate skills are not held in-house.

Crystal Mark (Plain English Campaign) and Cymraeg Clir (Canolfan Bedwyr) are useful resources in language clarity. Details are given in section 13.3.

Abbreviations should be meaningful, accurate and consistent with existing conventions. Note that abbreviations and acronyms are often different in English and Welsh.

Equality of language extends to all text, including all text that isn't a functional part of the software application such as legal disclaimers or terms and conditions. It is also recommended that the organisation's policy on bilingualism is published and referenced in the software.

When software is updated, both languages should be taken into consideration. New or modified functionality shall be made available in both languages simultaneously. In situations where monolingual content is justifiable, an explanation should be presented in the missing language.

See section 6.1 for further details.

2.4.2   Design & Layout

The design and layout of the user interface shall be of equal quality in both the English and Welsh versions.

Where Welsh and English text is both shown, both shall be given equal prominence. Care should be taken to separate the content for each language.

Common user interface components – menus, data entry fields and language selectors, for example – should be placed in the same place in both languages. This assists the user in accomplishing tasks quickly in either language or improving skills in their weaker language.

So far as is possible, the layout of a user interface should be language-neutral. This avoids the need to swap the location of data fields when switching languages.

BWRDD YR IAITH
GYMRAEG · WELSH
LANGUAGE BOARD

Consider, for example, the ordinals example given earlier. The following layout may be fine for English but it isn't flexible enough to accommodate "Tuesday Second", as demanded by Welsh grammar:

The	First ⌄	Tuesday ⌄	of the month.

When text in a particular language is pulled-in for use on a just-in-time basis, each piece of text is usually placed inside a placeholder of some description. The layout of user interfaces shall be designed to ensure that there is sufficient space allowed for the display of text in either language.

See section 6.2 for further detail.

Images should be culturally neutral wherever possible, and the use of flags to denote languages is discouraged. Care should be taken not to use images that hinge on idioms in either language. Idioms rarely translate exactly, if at all.

Section 6.4 expands on the use of images and branding in bilingual software. It states that any logo or branding should be appropriate for the language being displayed. This means that an English logo and branding should be used when viewing the software in English and Welsh logo when using the software in Welsh, unless:

- The brand or logo is language-neutral (e.g. Google);
- The brand or logo is bilingual anyway.

If monolingual text is used inside an image, both English and Welsh versions of that image should be made available.

When the software links to external resources, it should link to a resource that is appropriate for the current language, if possible. For example, if a link is placed on a web page, it should point to an English web site when the language is English or to a Welsh web site when the language is Welsh.

2.4.3   Accessibility

The term 'accessibility' refers to whether a person is able to access a software system regardless of physical, economic or technical factors. The main driver for accessibility is equal opportunity. An accessible system would be usable by a disabled person or somebody who doesn't own a state-of-the-art computer, to give just two examples.

In section 6.3, the standards state that where accessibility support and functionality is included in an application, an equal level of support shall be provided for each language.

It should also be possible for accessibility tools to discriminate between text in each language. This is advantageous to screen-reading and text-to-speech software, which needs to know how to pronounce character combinations correctly (e.g. 'll' as in the English "wall" or 'll' as in the Welsh "llefrith").

2.4.4   User Assistance

'User Assistance' is a generic term that describes things such as documentation, "help" files, lists of frequently asked questions, etc.

Section 6.5 states that any user assistance material should be available bilingually. The content of both the English and Welsh should be identical at all times. Care should be taken to ensure that the terms used in the material should match the terms used in the software exactly.

When pictures (diagrams or copies of screens from the software) are used to explain the software, text in these images should be in the same language as the text.

2.4.5   Installers

An installer is the means through which software is added to a computer. They typically ask the user to make certain decisions about how the software should be configured.

The standards are also applicable to installers since they are examples of software themselves. Installers should therefore be bilingual, use standard terminology where available and have legal disclaimers in both English and Welsh.

Installers should not assume that the language chosen for installation will be the same as the language in which the software will be used.

2.5   Outputs (Section 7)

Outputs of a software system may include things such as emails, lists, charts or printed materials.

In section 7.1, several general observations are offered, the most notable being that recipients of emails and other outputs can easily forward them to others who might have different language preferences or abilities.

2.5.1   Monolingual or Bilingual

Section 7.2 states that the best approach is to produce bilingual outputs, although there may be situations in which monolingual output is justifiable or appropriate. These situations can include single recipients with a known language preference, personal communications or when a group of recipients will, by definition, be competent in a language (e.g. job adverts where competence in Welsh is required).

Bilingual outputs should be used whenever a language preference is unknown. The language given prominence (i.e. that appears first or on the left if in column format) should be decided upon based upon the nature of the software system, any known demographics or the subject matter concerned.

2.5.2   Layout and Format

Outputs from a software system should comply with all the relevant standards for user interfaces (see above). In addition to section 7.3, further help on producing bilingual outputs can be found in the Welsh Language Board document 'A Guide to Bilingual Design'.

Options for layout and format include:

- Parallel / Mixed text – this involves the placement of both languages side-by-side or mixing sentences (e.g. first sentence in Welsh, followed by a second in English – or vice versa).
- Sequential text – where the full body of text in one language is followed by the full body of text in the other language. If the recipient's language preference is known, the preferred language should be placed first. Some indication should be given that the other language follows. This is particularly suited to email.
- Alternating pages – this is particularly suited to printed material, although care should be taken that the reader doesn't have to turn more pages for one language than the other.
- Two separate outputs – this could be one document in English and a second in Welsh, for example.

2.5.3 Mail shots

A mail shot (or "mail merge") is typically created on a "fill-in-the-blanks" basis, pulling the appropriate information from the software and placing it in the appropriate blanks (e.g. "Dear _____ ,").

The quality of mail shots produced in this way shall be high and equal between the two languages. No English text should appear in a Welsh document, and no Welsh should appear in an English document due to technical limitations.

Refer to section 7.4 for further details.

2.5.4 Character Set

The outputs should be able to display/print every accented letter of the Welsh alphabet. In many cases, this will involve choosing an appropriate character set (as discussed earlier). See section 7.5 for details.

2.5.5 Emails

The standards defined in section 7.7 apply to software systems that transmit, forward, store or display emails.

Subject lines should be bilingual with mixed text (i.e. language 1 / language 2), placing the preferred language first when known. When an email is replied to or forwarded, the following prefixes shall be used:

	English	Welsh
Reply	Re:	Atb:
Forward	Fw:	Yml:

For example, if an email reply is sent to an individual with an expressed preference for English, the prefix used should be: 'Re/Atb:'.

Any disclaimers used in the email shall be bilingual.

Attachments shall be language-neutral, contain bilingual content (complying with the standards) or have one attachment for each language.

As discussed earlier, bilingual web and email addresses should be used. Note that the name before the "@" may also need to be bilingual, for example: contact@... and cyswllt@...

When specifying an email address to reply to, this should either be in the preferred language of the user or the prominent language of the email.

2.6 Data Management (Section 8)

The section on Data Management deals with many software implementation and abstract details. For the purposes of this overview, only the high-level aspects will be highlighted. Should a greater degree of detail be required, it is recommended that section 8 is read in its entirety.

Any matter obtained, used or displayed by the software is known as "data". The term 'data management' refers to *how* this data is stored, used or displayed in a bilingual context.

2.6.1 General Guidance

Specific concerns include:

- That the data storage system can fully support and manage bilingual content;
- That the user is encouraged (or enforced) to enter data bilingually, if possible;
- That English and Welsh data are semantically consistent;
- That a user has access to data in another language if it isn't available in their preferred language;
- That the bilingual functionality is a functional asset rather than a liability.

An individual is entitled to communicate solely in the language of their choice. No assumption should be made about which is the preferred or mandatory language unless the user's language preference is already known.

2.6.2 Identifying Bilingual Data

Bilingual data can include text, photos, pictures, audio or video.

Data can be "structured" (i.e. a user can make a choice from a list) or "free" (i.e. the user can type whatever they like).

When the data is structured, it is usually easy to provide translated lists with entries in common. For example:

Number	English	Welsh
1	Anglesey	Ynys Môn
2	Flintshire	Sir Y Fflint
3	Cardiff	Caerdydd

When a user selects their county in either language, the software will store the county number. That way, the county name can always be retrieved in either language.

2.6.3 Mandatory, Optional or Inappropriate Data

There will be circumstances where the nature of the system or the user community is such that it makes bilingual data entry a mandatory requirement (e.g. in a dictionary system). In this case, the user should be required to enter the data in both languages regardless of personal language preference.

2.6.4 Handling Third Party Data

When third party data is available to the system and it is available in both English and Welsh, the data for both languages shall be used and fully supported.

Note, however, that it is not the responsibility of the software owner to ensure that data is provided in a user's preferred language when it is only available in a single language (further discussion of this point can be found in section 8.4).

2.6.5 Manual Data Entry

The system should allow data to be entered bilingually. The means of doing this can vary depending on whether the software is a web site, a window application, or a mobile phone, etc.

Some data entry options include placing corresponding fields in parallel or using "tabs". Using tabs is more scaleable as a multilingual solution, if only because it requires less screen space.

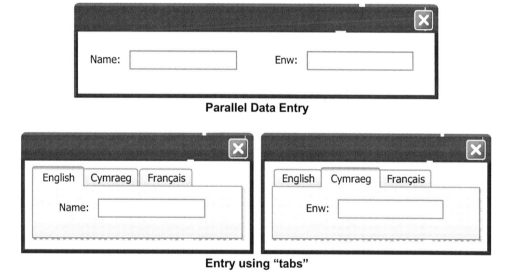

Parallel Data Entry

Entry using "tabs"

Data will occasionally be semantically linked together in both languages. For example, if "Anglesey" is selected as a county on an English screen, "Ynys Môn" will need to be selected on a Welsh screen for the same item. On other occasions, the data may be different for each language.

2.6.6 Encouraging Bilingual Data Entry

Bilingual software systems shall employ whatever mechanisms are possible to ensure equal treatment of all languages and encourage entry of data for all supported languages.

Where the layout of the data entry screen doesn't make it completely clear and evident that there is the capability to enter both languages, indicators shall be located alongside those fields that require bilingual entry.

It may also be possible to alert the user to the fact that data can be entered bilingually as they attempt to save what they've entered.

It is also good practice to ask why data has not been entered bilingually. This gives two advantages:

- It provides the software system with an explanation that can be used when displaying the data;
- It reminds, encourages and reinforces the entry of bilingual data.

Another option is to add text to a disclaimer detailing that the software owner isn't responsible for the availability of the data bilingually.

2.6.7 Consistent Set of Mandatory Data

Some fields will require data; in others it will be optional. The software should ensure that data has been provided in all the mandatory fields of at least one language.

2.6.8 Data Storage

However the data is stored, it should be able to record all the accented letters of the Welsh alphabet correctly. This will entail checking all storage locations use an appropriate character set (as defined earlier).

Data shall be sorted using the appropriate alphabet (English or hybrid Welsh/English) as discussed earlier, wherever technically possible.

2.6.9 Unavailable Data

On no account shall data be withheld form a user because it isn't available in their preferred language. An explanation for the monolingual content should be given, as already discussed. If the data is unintentionally missing, this should be logged.

2.6.10 Transmitting Data

Whenever data (information) is shared between software systems, all the data should remain intact linguistically. This means no accented letters should be lost during transmission (a common problem).

2.6.11 Metadata – "Data About Data"

The term "metadata" can best be described as "data about data".

As already mentioned, audio material can be considered to be data. The title and writer of a piece of music can be considered meta-data – information (data) about the music (data).

Although this sounds very abstract, metadata is used widely in software systems. Here is a further example:

Data	Meta-Data
Canllawiau a Safonau Meddalwedd Dwyieithog	**Iaith**: Cymraeg **Pwnc**: Meddalwedd
Bilingual Software Standards & Guidelines	**Language**: English **Subject**: Software

The software system should allow equivalent metadata to be provided for each language.

See section 8.11 for further details.

2.6.12   Searching

A bilingual system will contain and manage data in both English and Welsh. Ideally, all data will be held in both languages, however the reality is that some data may be available in one language and not the other.

A user should be able to choose whether to search in English-only mode, Welsh-only mode or bilingually. The default should be the current user interface language.

The following table describes what results should be returned depending on the availability of bilingual data:

Chosen Languages	Available in English	Available in Welsh	Action
English Only	Yes	Yes	Return English
English Only	No	Yes	Inform the user that additional results are available in Welsh
English Only	Yes	No	Return English
Welsh Only	Yes	Yes	Return Welsh
Welsh Only	No	Yes	Return Welsh
Welsh Only	Yes	No	Inform the user that additional results are available in English
Both	Yes	Yes	Return Both
Both	No	Yes	Return Welsh
Both	Yes	No	Return English

For each result, some indication of its language should be given.

Ideally, systems should treat accented and non-accented letters identically (e.g. w and ŵ are identical).

Refer to section 8.12 for further detail.

2.6.13   Bilingual vs Multilingual

The requirements of a bilingual software system are slightly different to those for a multilingual approach. A multilingual system typically has a base language with the ability to support a number of alternate languages. A bilingual system has two base languages and though it may also support additional/alternate languages, the two main languages (i.e. English and Welsh) must always have equal support and neither used without the other.

Consult section 8.13.3 for further detail.

2.7   Postal Addresses and Geographical Information (Section 9)

It is possible to obtain third party resources allowing a software system to use geographical information. For example, if you were to type in a post code, a map could be displayed of the area in question.

Section 9 details several different types of Geographic Information (GI) types but concentrates mainly on address data.

Address information is useful for several different reasons, including the capability to find a full address from just a post code or ensure an address has been entered correctly. There are several sources of this data in both the private and public sectors and details are given in section 9.2. It should be noted that the quality of this address information can vary from source to source.

2.7.1   Use of Postal Addresses

Wherever possible, a software system should allow users to enter addresses in whichever language (or combination thereof) that they prefer. Where an address has not been provided by a user, best efforts should be made to use an address consistent with their preferred language. Where this isn't possible, bilingual addressing should take place.

Note that the delivery capabilities of the chosen courier should be considered when making addressing decisions. Royal Mail are capable of delivering mail based upon a valid post code and building name or number.

2.8   e-Government Interoperability Framework (e-GIF) (Section 10)

The e-Government Interoperability Framework is a means through which computers and software systems can communicate with each other. It stipulates many standards with the hope that if all software systems follow them correctly, each should be able to communicate efficiently.

Many of these standards are based around metadata (as described earlier). Standardised sets of metadata are available for subjects as diverse as election and public transport-related software systems.

Section 10 discusses e-Government at a fairly low level. Should further detail be required, please consult this section directly.

3   Localisation – Guidelines, Issues and Management

This section provides general guidance on best practice when developing bilingual software applications for use within Wales, and by Welsh speakers.

3.1   Definition of 'Localisation'

Localisation is *not* the same as translation, although translation does form a substantial part of it. At a general level, it involves addressing issues such as:

- ensuring date and time formats are appropriate for the user's culture;
- ensuring data and lists are sorted using the appropriate alphabet;
- ensuring number formats are correct for the current culture – is ten Euros and fifty cents "€10.50", "€10,50" or "10,50 €"?
- ensuring the user interface is flexible enough to support a specific language and still makes sense;
- ensuring that data in different alphabets can be stored accurately;
- translation of all text – labels, help files, alerts, etc – into a specific language;
- ensuring that users of a system are able to communicate in their preferred language, on an equal basis with other languages supported by the system.

The focus of this document is Welsh and English in the UK. Some of these items are not an issue – the date and number formats are the same, for example. However, there are some key issues caused by differences between the two languages. Such differences are addressed later in the document in more detail.

3.2   Reasons for Localisation

There are a number of drivers and motivations for localising a software application. Understanding the reason for the effort helps to interpret the standards documented later and the extent to which they should be applied in a particular situation.

3.2.1   The Law

By far the most significant legislation to date in respect of the Welsh language is the Welsh Language Act, 1993.

In simple terms, the Act specifies three things:

- it places a duty on the public sector to treat Welsh and English on an equal basis when providing services to the public in Wales;
- it gives Welsh speakers the right to speak Welsh in court;
- it establishes the Welsh Language Board to promote and facilitate the use of the Welsh language.

3.2.2   Bilingualism in Wales Today

Research conducted on behalf of the Welsh Language Board shows that the overwhelming majority of those questioned felt that the language was something to be proud of and supported its use.

Support for the Welsh language therefore, by individuals and organisations, is broad and widespread. Public bodies and major businesses, as well as smaller companies

and voluntary organisations are making increasing use of the language in all areas.

This situation will continue to develop, in response to customers' wishes and expectations and there is an increasing demand for the software applications used by this bilingual population to be capable of supporting the Welsh language.

3.2.3   Business Opportunity

Throughout Wales more and more organisations (in the public, private and voluntary sectors) in response to the growing expectations of their customers, are becoming aware of the benefits of using the language, such as:

- improving the quality of customer service;
- attracting new customers;
- increasing customer loyalty;
- harnessing employee and customer goodwill at relatively low cost;
- gaining a marketing edge over competitors;
- enhancing public relations efforts.

With organisations in all sectors offering more and more bilingual services, it's important that software systems are flexible and of a sufficiently high standard to be of practical everyday use.

It is also important to note that, once an application is *capable* of being localised (i.e. that a scalable approach and architecture have been used), additional languages and cultures can usually be added at relatively low cost to create a multilingual capability. This presents business opportunities in other markets for an organisation utilising a software application that embraces these standards.

3.3   **Project Management of Bilingual Software Development**

Software development teams are often dynamic, changing with project and company requirements. It is therefore important to make all team members aware of all the issues concerning bilingual software development and localisation at the start of a project. It may be advisable to assign a team member to promote and supervise localisation matters during the progress of the project.

3.3.1   Requirements Management

Once the decision has been made to localise an existing package or to ensure a new development is to be compliant with these standards, the technical challenge is minimal since all standards can then be defined as functional requirements.

It is strongly recommended that Welsh language support and bilingual capabilities are defined along with the main set of requirements for the application. A reference to this standards document might work from a contractual perspective, but will not resolve any ambiguities or interpretation required to apply these standards to a specific situation.

Further, not having explicit and detailed references to how the capabilities will be implemented can easily result in a system design that will 'bolt on' the language capabilities as an afterthought. This usually results in poor quality support, limited flexibility and additional ongoing cost in maintaining the bilingual quality of the system.

BWRDD YR IAITH
GYMRAEG • WELSH
LANGUAGE BOARD

3.3.2   Testing & Quality Control

It is important to ensure that testing is done equally for both Welsh and English versions of software. Ideally, a single version of the software will be created with the language specific aspects coming from a single resource or database (see 'Architectural Approach', section 5).

It should be noted that any changes or fixes may affect the stability or functionality of one language detrimentally and should be performed in a controlled manner, with due attention given to both Welsh and English. Again, the project and requirements management approaches outlined above and the architectural suggestions in section 5 will help to mitigate this problem.

Acceptance and regression test cases should be defined that will check and ensure that the quality of language support for an application remains high. Specifically, test cases should be included that verify that the application is consistent with the requirements of these standards.

Essentially, processes to ensure compliance with these standards should become an intrinsic part of all quality control processes related to the production and management of the software application.

3.4   Translation & Linguistic Quality

Though this document doesn't intend to set standards for translation or linguistic quality, awareness of the need to produce high quality translation is important.

Throughout the software development lifecycle, an understanding of the translation process is important to ensure, encourage and accommodate high linguistic quality of the user interface and of data management by the resulting application.

This section will outline some key issues to be considered. Throughout the remainder of the document there will be ongoing references to the architecture, functionality and standards that will support the translation activity.

3.4.1   Consistency and Use of Standard Resources

There has been substantial effort already invested into the production of bilingual software. This has resulted in comprehensive terminology databases as well as standard lists produced for common uses (county names, salutations, etc). Section 12 contains references to where these are freely available.

Every effort should be made to utilise this standardised terminology wherever possible. Though this document doesn't intend to set standards for linguistic quality, the need to maintain consistency with established terminology for the translation of user interfaces does fall within its scope. It is also the Welsh Language Board's policy that only accredited and qualified translators should be used.

3.4.2   Working with Translators

When providing text for translation, it is best to provide as much contextual information as possible. This may take the form of screenshots, annotations or a pre-release

version of the software. Annotations are extremely important and help to resolve potential ambiguities. For example, does "Clear Text" mean "text that is clear" or "clear the text away", i.e. is it adjectival or imperative? Is "copying" a noun or adverbial? In providing a pre-release version of any software, translators can also be used as non-technical beta testers.

It is important to supply the translation and supporting material in a form that is understood by the translators. For example, provide one table of text strings or a translation user interface, rather than expecting the translator to understand and work directly with the underlying database.

Ensure that the project plan allows time for translation work to occur. Also ensure that the translators appreciate how their work fits into the larger plan. Do not just assume that the translators will be able to do the translation whenever the first cycle of development happens to be complete.

You should also consider how appropriate is the use of terminology management and translation memory software in the outsourcing of translation.

3.4.3   Outsourcing Translation

Where external resources are used for the translation activity, every effort should be made to ensure that they are adequately skilled and capable. Evidence of prior work should be sought and membership of professional bodies such as the Association of Welsh Translators – CCC (see 13.3) should be a prerequisite.

4   Locales, Alphabets and Character Sets

This section will first discuss what a locale is, why it is significant to a software application and the standards and guidelines relating to how locales should be used in a bilingual software system.

The English and Welsh alphabets will then be examined, highlighting their differences and defining how a bilingual system should support the use of both alphabets, usually simultaneously.

Character sets are then discussed, which ones should be used, associated issues, how a user should be enabled to enter less common characters and the factors influencing the selection of a suitable font.

4.1   Locales

A locale is the definition of a set of characteristics that describe the operating environment for a software application that enable the application to meet the cultural, language, interface and formatting expectations of the user.

A locale will typically specify:

- Language (including language formatting issues, such as text direction);
- Number, currency, date and time formats;
- Sort order;
- Keyboard layout;
- Calendar and Time Zone specific information;
- Information on a range of cultural conventions.

The locale is core to the concept of localisation of a software application. This section will define the standards associated with the use and interpretation of locales for bilingual software applications.

4.1.1   Locale Identification

The locale defines the language and the characteristics of the location. However, there can be multiple languages spoken in a single location as well as many locations where a particular language is spoken. Therefore, locale identifiers reflect both of these aspects.

The most common means of referring to a locale is by the pairing of an ISO-639 two-letter language element to an ISO-3166 country element. Using this notation, the two locales relevant to bilingual systems used in Wales are:

- English (United Kingdom), en-GB, etc
- Welsh (United Kingdom), cy-GB, etc

This notation is commonly found in content transmitted over networks – HTML, XML, etc.

A three-letter ISO-639 notation is also sometimes used when only referring to the language (and not the culture):

BWRDD YR IAITH
GYMRAEG • WELSH
LANGUAGE BOARD

- English – eng;
- Welsh – cym;

British English and Welsh locales can also be referred to using their hexadecimal Locale Identifiers (LCIDs) as follows:

- English (United Kingdom), 0809;
- Welsh (United Kingdom), 0452.

LCIDs are commonly used for code-level operations, particularly when interfacing with an operating system.

The relevant identification approach will depend upon the operating platform and the interface to the locale management on that platform.

This version of this document will focus on the Welsh and English language locales for the United Kingdom only. However, the discussion will be general enough to allow its application to other locales where the Welsh and/or English language is spoken (e.g. U.S.A., Patagonia, Australia, etc.). Whether formal locales are defined in these regions is a local issue and should be addressed with the software producers for those regions that contribute to the operating platform defining the locale.

4.1.2   Using a Locale

A locale can be defined in many places. It is typically defined by the operating system (selected by the user at installation time, or modified later). It is also commonly defined as part of the user profile, by a web browser or by some other hardware or software environment that hosts the application. We will refer to this collective and often hierarchical environment as the 'operating platform'.

Wherever possible, a software application should seek and utilise all such available information and take all environment and contextual clues to determine the preferred means to interact with the user. Such an approach can end with conflicts. Where this occurs an order of precedence should be established, documented and used to guide the development of the application (see 4.1).

Explicit Language Selection

A user's explicitly defined language preference shall always override any implicit assumptions of language preference.

Though it is preferable for a software application to obtain the locale specific information from the operating platform, this isn't essential, since this information can be 'hard coded' into the application where the number of locales to be supported is fixed and known in advance.

Having said this, it is strongly recommended that an application is designed to be flexible enough to identify the locale and obtain all locale information from the operating platform. This will allow for more robust software designs and result in broader multi-locale and multi-lingual capabilities.

Use of Locale

BWRDD YR IAITH
GYMRAEG • WELSH
LANGUAGE BOARD

> It is essential that any software application is capable, in some way, of understanding the locale preference of the user and ensuring that it adopts the appropriate rules for that locale.

Architectural and design considerations for locales are discussed in section 5.3.

4.1.3   Differences Between British English and British Welsh Locales

The English and Welsh locales for the UK are, as one would expect, very similar. The date and time formats are the same, the calendar and time zone information is the same and most cultural, social and political aspects are also held in common. Essentially, all 'location' aspects of the locale are identical.

The differences lie in the 'language' aspect of the locale definition. Again, there are many commonalities, such as the text direction and the base character set (i.e. Latin). This section will identify the differences that should be accommodated by bilingual software applications.

The differences are:

1. Language. A Welsh (UK) locale will define the Welsh language as being the default language to be used for all aspects of user interaction;
2. Sort order. The Welsh alphabet has a different sort order to the English alphabet (see 4.2.3);
3. Keyboard. Though the keyboard has the same base layout, a Welsh locale might define alternate key sequences to assist in the entry of diacritic marks (see 4.3.4);
4. Calendar. Though the UK location defines the calendar (Gregorian) and time zone, some accommodation is required to support the different naming used for days of the week (see 4.1.3.1);
5. Ordinality. The grammar of the Welsh language varies from English when describing an ordered sequence of objects (see 4.1.3.2).

4.1.3.1   Calendar Abbreviations

When working with calendars, it is common practice to abbreviate day and month names to just use the initial letter. When doing this, there are two considerations in accommodating the Welsh language.

Firstly, for day names, where English uses the 'day' as a post-fix, thereby making the first character of the name for each day unique (or almost), the grammatical structure of Welsh dictates the opposite. The practice is therefore to abbreviate the first letter(s) of the unique part of the day name (the second word), resulting in the abbreviations 'Ll, M, M, I, G, S, S' or 'Ll, Ma, Me, Ia, Gw, Sa, Su).

> **Grammar for Abbreviations**
>
> The grammatical structure of the language shall be accounted for when forming abbreviations and acronyms.

Secondly, the use of digraph letters as the initial letter of some months and days means that the abbreviation should allow for the use of two characters (e.g. the letter 'Ll as an abbreviation for 'Llun' and not just the 'L' character).

BWRDD YR IAITH
GYMRAEG • WELSH
LANGUAGE BOARD

Digraphs in Abbreviations

Digraphs, shall be accounted for when forming abbreviations and acronyms.

(Note: Though the abbreviations for days of the week have been considered here, sensitivity to the grammatical structure of the language is important with all abbreviations. This is covered in a more generic manner in section 6.1.2).

4.1.3.2   Ordinals

When using ordinals, Welsh grammar is more variable than English. For instance, where in English you would describe the 'First Tuesday', 'Second Tuesday' or 'Third Tuesday' of the month, Welsh grammar will say the equivalent of 'First Tuesday', 'Tuesday Second' and 'Tuesday Third'. The difference being the movement of the ordinal number from preceding the object to succeeding it.

On the face of it, this is just one aspect of the grammar of the language and in most cases, it is just a translation issue. However, it is particularly relevant for software applications that provide calendar management, and where support is provided for scheduling events. In cases such as this, it is important that the user interface provided is neutral to this issue by not requiring a fixed relationship between the ordinal number and the object. This issue is discussed further in section 6.2.5.

4.1.4   Minimising Impact of Locale Differences

Data Management (section 8) will provide a detailed discussion on how to minimise the effort required developing, using and maintaining data in a bilingual software application.

However, there are recommendations that are specific to locales, particularly for calendars. These are:

- If a fully-worded date is desirable for aesthetic or other reasons, this should be retrieved from the operating platform where this may have already been localised for the relevant language;
- Where possible and where it doesn't detract from the usability of the software, using numbers in place of month and day names minimises the translation effort and functional differences between the user interfaces for each language. For instance, 'Wednesday, December 1st, 2004' will require translation, whereas '1/12/2004' is language-neutral;
- When using ordinal numbers in dates (indeed in any context), avoiding the use of the ordinal suffix (e.g. st, nd, rd, etc) avoids the need to maintain a translation and making the ordinal number language-independent. For instance, using '1 December 2004' instead of '1st December 2004'.

This approach also provides benefits by making the application more flexible when used in locales with more variation in date formats where the underlying locale information will provide a better presentation of just numeric dates than those with textual information.

4.2   **Alphabets**

The Welsh alphabet has 29 letters whereas the English alphabet has 26. The difference is accounted by:

- Digraph letters that occur in the Welsh alphabet: *ch, dd, ff, ng, ll, ph, rh, th*;
- Letters of the English alphabet that are not in the Welsh alphabet: *k, q, v, x, z*.

Digraph letters are composed of two characters, but are treated as a single letter. The full Welsh alphabet is therefore:

a, b, c, ch, d, dd, e, f, ff, g, ng, h, i, j, l, ll, m, n, o, p, ph, r, rh, s, t, th, u, w, y

These differences result in two main issues that need to be addressed:

- The sort order is different from the English alphabet and is further complicated by the presence of digraph letters;
- For a text string, the character count will likely be different to the letter count.

Welsh vowels can also be modified by diacritic marks (e.g. â, ô, ŵ, etc.). This issue will be covered in the discussion of character sets (section 4.3)

4.2.1   Character vs. Letter Counts

Where a count is made of the length of a text string, it is important to be aware that the number of characters will typically be less than the number of letters due to the potential inclusion of digraph letters.

This is unlikely to cause a challenge in the majority of cases, since software applications conventionally just refer to the number of characters in a string and therefore already have a language-neutral approach. This is also the recommended approach whenever appropriate.

However, in a situation where a letter count is necessary, it is important that any processing of, or reference to, Welsh language text is sensitive to the use of digraphs and counts them as a single letter. This will likely require a reference to dictionaries to achieve and this requirement should be factored into the design of a system.

4.2.2   Selecting a Sort Order

It is common (particularly when using proper names) for both English and Welsh words to be intermingled. However, a valid sort is still required.

Although the alphabets have differences, if a superset of all letters is used, there is no conflict in the sort order with the modified alphabet therefore becoming:

a, b, c, ch, d, dd, e, f, ff, g, ng, h, i, j, k, l, ll, m, n, o, p, ph, q, r, rh, s, t, th, u, v, w, x, y, z

This should be used for a Welsh language interface and to sort Welsh language data. However, when sorting in an English language interface, the English alphabet should be used without the digraph letters to avoid confusing English language users.

Welsh Sort Order

When displaying a Welsh user interface and/or working with Welsh language data, the sort order shall be based upon a superset of the English and Welsh alphabets.

BWRDD YR IAITH
GYMRAEG • WELSH
LANGUAGE BOARD

English Sort Order

When displaying an English user interface and/or working with English language data, the sort order shall be based upon the English alphabet alone.

To further clarify this point, the sort order to be used depends upon the language being used for the user interface, not the language of the text being displayed.

4.2.3   Sorting Digraphs

The difference in alphabets means that data needs to be sorted differently, depending upon the language being sorted.

Though the single character letters are in the same order in both languages, the digraph letters create a challenge since the second character doesn't get compared to the second character of other words in order to determine the sort order.

For example, *label, lori* and *llefrith* are sorted correctly in Welsh.

Two digraphs (*Ng* and *Rh*) cause further challenges since there are cases where it is impossible (without reference to an annotated dictionary) to know whether a word contains '*ng*' or '*n*' then '*g*'. For example:

- C-a-ng-e-n – Cangen;
- B-a-n-g-o-r – Bangor.

In situations like this, it is important to adopt a consistent strategy. In the case of both 'ng' and 'rh', the digraph occurs far more frequently in Welsh than the 'n', 'g' (or 'r', 'h') sequence of letters and therefore treating all instances as the 'ng' (or 'rh') letter is generally accepted as the most appropriate. I.e. the recommended approach is to treat all plausible occurrences of a digraph as a digraph.

Though this will introduce a small amount of inaccuracy in the sorting, without reference to a lookup dictionary it isn't possible to gain a better degree of accuracy.

Using a dictionary as a lookup resource is the ideal approach and this should be done wherever possible. Where it isn't, a consistent strategy should be used to sort digraph letters.

This can be summarised as three levels of sort order capability:

1. Do not recognise the Welsh digraphs at all and just use the English alphabet. This is the recommended approach for an English language interface (see 4.2.2), but is discouraged for a Welsh language interface (and will contravene these standards);
2. Sort all text in a Welsh language interface with any plausible digraph being assumed to be, and treated as, a digraph. This is the minimum approach to be used in order to be compliant with these standards;
3. Use a dictionary lookup resource to distinguish digraphs when sorting in a Welsh language interface. This is the ideal approach, but isn't always practical and should be used when authentic handling of the language is required and appropriate.

BWRDD YR IAITH
GYMRAEG · WELSH
LANGUAGE BOARD

Sorting Digraphs

A consistent strategy and algorithm for the correct sorting of digraph letters shall be defined and used throughout the application wherever textual information is sorted.

Diacritic marks do not affect the sort order; a vowel with a diacritic mark is sorted in the same order as the original vowel.

Sorting Characters with Diacritic Marks

Characters with diacritic marks should be treated as equivalent to the original vowel when sorting and should be sorted in the same order.

4.2.4   Combining Grapheme Joiner

Unicode provides an alternate solution to the digraph sorting problem, the 'Combining Grapheme Joiner'. This is a special (not ordinarily visible) character (+u034F) that can be inserted between two characters that would otherwise be assumed to be a digraph.

E.g. the 'll' in 'Williams' can be separated as follows: 'Wil\u034Fliams'

Though this is a useful capability, it is fairly obscure and might not be expected to be in general usage by a typical user community. However, it is part of the Unicode standard and should be treated as acceptable input and also handled properly where it is present.

Where it is possible, a software application should allow for a user to enter the Combining Grapheme Joiner character in any textual field and for this character to be stored and processed with integrity along with the rest of the text string.

When the sort order takes account of digraphs (i.e. in a Welsh language interface), the algorithm used should account for the Combining Grapheme Joiner character and allow it to affect the sort order.

4.3   Character Sets

Though the Welsh digraph letters can be represented by the use of two characters per letter, the letters with diacritic marks can cause problems if the character set used doesn't support them.

In Welsh, the diacritic marks used are the circumflex (â), the acute (á), the grave (à) and the dieresis (ä) and can appear above vowels (a, e, i, o, u, w & y). This results in 28 characters (56 if you include both upper and lower case) that the character set must support.

Not all character sets support all of these characters. For instance, the ANSI standard only supports those characters that are common to a number of major languages (e.g. á, ô, etc).

Character Sets

A bilingual software application must use a character set that supports all 56 diacritic characters as well as all letters of the English alphabet. This character set should be

---

Noddir gan
Lywodraeth Cynulliad Cymru
Sponsored by
Welsh Assembly Government

BWRDD YR IAITH
GYMRAEG • WELSH
LANGUAGE BOARD

a commonly used and internationally recognised standard to ensure the ability to share text data with other applications.

Of these, Unicode (also defined by ISO/IEC 10646:2003) is the most widely used and understood standard. Further information on Unicode can be found at www.unicode.org.

The full set of diacritic characters used in Welsh and their Unicode character code is:

Circumflex		Acute		Grave		Dieresis	
Â	0194	Á	0193	À	0192	Ä	0196
Ê	0202	É	0201	È	0200	Ë	0203
Î	0206	Í	0205	Ì	0204	Ï	0207
Ô	0212	Ó	0211	Ò	0210	Ö	0214
Û	0219	Ú	0218	Ù	0217	Ü	0220
Ŵ	0372	Ẃ	7810	Ẁ	7808	Ẅ	7812
Ŷ	0374	Ý	0221	Ỳ	7922	Ÿ	0376
â	0226	á	0225	à	0224	ä	0228
ê	0234	é	0233	è	0232	ë	0235
î	0238	í	0237	ì	0236	ï	0239
ô	0244	ó	0243	ò	0242	ö	0246
û	0251	ú	0250	ù	0249	ü	0252
ŵ	0373	ẃ	7811	ẁ	7809	ẅ	7813
ŷ	0375	ý	0253	ỳ	7923	ÿ	0255

For reference, these symbols can be found in the following Unicode code pages:

- Latin-1 Supplement
- Latin Extended-A
- Latin Extended Additional

Alternatively, the ISO-8859-14 character set can be used. However, this character set has not been adopted as widely as Unicode.

4.3.1   Explicit Specification of Character set

The necessity of ensuring that a HTML or XML document supports the full set of Welsh characters requires that the character set (or encoding) to be used is explicitly defined.

When using Unicode in HTML documents, this is achieved by inclusion of the 'charset=utf-8' declaration in the <meta> tag. For example:

```
. . . .
<head>
<meta http-equiv="Content-Type" content="text/html;charset=utf-8" />
</head>
. . . .
```

Within XML, use the 'encoding="utf-8"' declaration:

```
<?xml version="1.0" encoding="utf-8" ?>
. . . .
```

Other approaches will exist for other technologies and languages.

Explicit Specification of Character Set

Wherever it is possible to explicitly define the character set to be used, this should be done to ensure that the full set of both Welsh and English characters can be supported.

4.3.2   Operating Platform Configuration

Some operating platforms (e.g. some web servers) will require specific configuration in order to correctly identify and manage a UTF-8 character set.

Operating Platform Character Set Configuration

Where necessary, the operating platform must be correctly configured to recognise and correctly process UTF-8 character sets.

4.3.3   Encoding of non-ANSI Characters

There are still a large number of software applications and file formats that are ANSI based (i.e. do not support the Unicode character set). When faced with this situation, it is often possible to circumvent the lack of support through encoding the character so that, even though the software application being used will not recognise it, a Unicode-capable application will be able to.

For example, even though the 'charset' and 'encoding' specifiers (see section 4.3.1) will direct the HTML and XML to handle the full Unicode character set, it is still necessary for the tools used to edit the HTML and XML to support these characters. Unfortunately, many of these tools are still ANSI based and it is therefore necessary to encode any non-ANSI characters so that a Unicode based web browser will be able to interpret this encoding and display the characters correctly.

The HTML & XML character code is simply the Unicode character code (as shown in section 4.3) preceded by the &# sequence. For example, the ŵ and ŷ codes are:

Character	HTML Code
Ŵ	&#372
ŵ	&#373
Ŷ	&#374
ŷ	&#375

4.3.4   User Input

This section will provide recommendations and establish some basic standards relating to the ability for a user to enter diacritic marks into a software application.

4.3.4.1 Keyboard Data Entry

A number of standard UK keyboards do not have provision for the easy entry of characters with diacritic marks. Typically sequences of key presses are defined to facilitate the typing of these characters.

There are currently several established schemas in use for these sequences and this document will not define an overall standard or show a preference for a schema. However, there are a number of standards that software applications should meet in this area:

- Any key sequence schema should make the entry of the most commonly used characters (those with a circumflex mark) as simple as possible (i.e. without the use of 'dead keys', though these might be required to support the less common characters);
- Unless the user has explicitly requested to do so, no application shall intentionally impose a key sequence on a user that will override any existing configuration (particularly the Alt+nnnn sequences which should not be disabled under any circumstance);
- If a keyboard schema is provided by an application, the user should be provided with an easily accessible facility to temporarily or permanently disable the schema;
- Where a software application uses key sequences for other purpose (e.g. hot keys, shortcuts, etc), there should be options for users to either disable this capability or modify the sequences;
- Where a software application (typically an Operating System) installs keyboard support, the default keyboard configuration set up should be one that supports the Welsh characters if the user's locale is set for Wales and/or the Welsh language;
- Any keyboard schema that is identified as a Welsh keyboard shall support all 56 of the Welsh diacritic characters.

An alternate and commonly used approach is to allow a user to define their own key sequence via a configuration utility. If this approach is used, the default schema supplied and any user permitted configuration should still adhere to the guidelines above.

Two popular schemas are the Microsoft schema introduced by Windows XP service pack 2 and the 'To Bach' ("circumflex") schema defined by Draig Technology and also used in several open source implementations such as that provided by Meddal (see 13.2).

4.3.4.2   Transliteration of Diacritics

Where an application is unable to access the keyboard stream (e.g. for applications hosted within a browser), a transliteration can be used (e.g. replacing the character sequence 'w^' with the 'ŵ' character).

Diacritic Transliteration

When an application is unable to explicitly define keyboard sequences to support the diacritic characters it shall provide a transliteration capability as follows:

Accent Type	Transliteration	Example
Circumflex	char & ^	w^ = ŵ
Acute	char & /	a/ = á
Grave	char & \	a\ = à
Dieresis	char & "	O" = ö

The application shall then replace the transliteration with the appropriate character.

Such an approach should comply with the same approach outlined for key sequences in 4.3.4.1 (as applicable).

BWRDD YR IAITH
GYMRAEG • WELSH
LANGUAGE BOARD

4.3.4.3   Other Data Entry Modes

Other data entry modes (e.g. speech, touch screen, handwriting, graffiti, TV remote, etc) should provide the capability for a user to enter diacritic marks or provide easy transition to a mode to permit this.

If the technology or constraints of the data entry mode do not permit for this, then the application should make use of a lookup dictionary and provide the user with the ability to select alternate spellings so that it is always possible for the user to correctly spell words.

4.3.5   Choice of Font

Section 4.3 discussed the character set and encoding standards to be used to support the Welsh language. Complying with this requirement usually provides a range of candidate fonts that can be used. Careful selection of a font is important to ensure readability, accessibility and interoperability with other applications.

Guidelines for the selection of an appropriate font are:

- Do not use fonts with long ascenders, descenders or those that are too round or angular;
- The font must cater for the full Welsh alphabet (including the 56 diacritic characters);
- Do not use a designer font that uses a non-standard approach for digraph letters and diacritic marks;
- Do not use pseudo-Celtic or calligraphic fonts;
- Use commonly available fonts (i.e. UTF-8 Serif and Sans Serif) to ensure compatibility with other applications;
- Consider accessibility issues, particularly for the visually impaired, in the Context of the Disability Discrimination Act 1995.

Further information on the selection and usage of fonts can be found in the document 'A guide to bilingual design' published by the Welsh Language Board.

5   Architecture and Design

Before proceeding with further aspects of bilingual functionality, it is important to discuss and present the standards and guidelines that will influence the architecture of a software application to enable it to support multiple languages.

This section will address these issues and cover areas such as the ability to switch between languages, ensuring consistency of content between the languages and the provision and integration with language support toolsets.

5.1   Language Selection

When a user accesses a software application, a determination will need to be made of which language to display. This can be achieved through various methods.

When the user first accesses the application and they cannot be readily identified, either:

- An implicit assumption where the user has not yet identified themselves and therefore it isn't possible to refer to an explicitly stated language preference;
- The use of an initial dedicated language selection function, presented bilingually.

During further use of the application, or when the user can be positively identified:

- A ubiquitous language selector allowing the user to switch languages at any time;
- Reference to a stored/configured language preference for the user (only possible if the user is explicitly or implicitly identified).

5.1.1   Initial Implicit Assumption

When a user first accesses a software application, unless the user can be implicitly identified, then an assumption will need to be made as to their preferred language.

There are a number of indicators that can be used to guide this assumption:

- The locale and/or language preference (e.g. cy-GB) defined for the user profile (or on the operating platform). This might come from the operating system itself or the runtime environment hosting the client side application (e.g. a browser, which will pass this information in the HTTP header). Section 4.1 addresses this in more detail;
- The means of accessing the application. This might contain an explicit or implicit indicator of the preferred language. Some examples of this are:
    - The use of a particular domain name to access a web application where both Welsh and English domain names are available (see 5.4);
    - The presence of two software application start-up files, one in each language where the user is able to select the one most relevant to their language preference;
    - An explicit parameter passed in a query string, as a command line switch or some other start-up input recognised by the application;
    - The use of a link or shortcut that indicated the users preferred language whilst using a referencing application;

Any determination of the preferred language through such an implicit method should not be recorded for future use and should only determine the initial language and only for that session.

5.1.2   Dedicated Language Selection Function

An alternate approach to determine the initial language for a user is to present a dedicated language selection function to enable the user to make an explicit language selection. Common examples of this approach are ATMs, Information Kiosks and a number of web sites.

When adopting this approach, the following issues should be considered:

- The language selection interface should be as simple as possible, with no other functionality available at the same time (other than to exit);
- Use of graphics should be limited to a simple welcome message and basic branding so as not to distract from the need for the user to select a language;
- All language-sensitive elements should be bilingual with every care taken to ensure there are no prominence or preference issues;
- Once the initial language selection has taken place, the user should not need to return to this function since the ability to switch to an alternate language 'on the fly' should appear throughout the remainder of the user interface.

Further guidance and recommendations on design considerations can be found in Appendix A and also in the 'Snapshot Survey' of websites and other resources in section 12.

5.1.3   Ubiquitous Language Selector

This approach will require a language selector to be present at all times that an interactive user interface is present. Generally this is the required approach (the exception being that discussed in 5.1.4) and should be used irrespective of the method used to determine the initial language preference (in 5.1.1 and 5.1.2 above).

Ubiquitous Language Selector

The user shall be given the means to switch language between Welsh and English at any time and in any stable state of their interaction with a software application.

Language Selector

The language selector shall be equally visible, accessible and placed in the same location throughout the entire software application. It should be equally prominent irrespective of the current user interface language.

The language selector must be as accessible and intuitive for the user as possible. Specifically, the representation used for the selector should be obvious to the user of the language that the selector represents (as opposed to the current language of the interface).

For graphical user interfaces (including web sites), the convention is to place the language selector in the top right for left-to-right languages (the "sweet spot").

In the case of a bilingual system, the selector will simply be a single selection, that being for the alternate language. For a multilingual system, the selector shall be a list of all alternate languages. For example, if a textual selector is used, it should be 'Cymraeg' to select the Welsh language whilst in an English interface and 'English' to select the English language whilst using a Welsh interface.

The use of national flags to denote language is strongly discouraged (see 6.2.7).

Immediate Language Switch

When a language selection takes place, the interface should switch immediately to the requested language. In so doing, the interface presented shall be equivalent, represent the same state of functional interaction and maintain the same data and context as immediately before the selection.

If the user is partway through a multi-state process or has partially entered data, then the interface will remain in the same state and no data loss will occur as a result of the switch.For example, if a user has entered data into several fields on a form without having saved the data and then switches language, that data should not be lost.

There is an acceptable exception to this standard where an immediate switch will cause an atomic or critical transaction to fail (such as processing a credit card transaction). In such a situation, it is appropriate to defer the request until the transaction has completed. However, the language switch should occur as soon as is practically possible after this point.

Also, there are often architectural and/or operating platform limitations that might restrict the ability to perform an instantaneous switch. In such cases, this standard should interpret 'immediate' as being the next action to take place rather than instantaneous.

Data or Context Loss Advisory

If it isn't possible to avoid the complete or partial loss of state or data context, the user must be advised of the degree and impact of this and provided with the option to accept this loss and proceed or to decline the language switch and continue with the current language.

5.1.4   Configured Language Preference

Where a user has made a positive identification to a software application (i.e. logged in), or where a software application is on a device with a dedicated user (e.g. mobile phone, PDA, etc), the ubiquitous selector can be replaced by an ability to explicitly configure the default language.

This will require the user to be made aware that this capability exists and also for the configuration menu/facility to be easily accessible in the event that a user isn't fully competent with the current interface language.

5.1.5   Non-Graphical Interfaces (e.g. Call Centre Telephony Software)

BWRDD YR IAITH
GYMRAEG•WELSH
LANGUAGE BOARD

Where a non-graphical user interface is used (i.e. voice, etc), an approach should be used to enable a user to select their preferred language.

For instance, in the case of a contact centre, we recommend an approach where the contact centre software offers the caller a language choice as early as possible in the call. Thereby averting the need to maintain two separate phone numbers which is a less desirable approach.

5.2   Persistence of Language Selection

Persistence of Language Selection
When a user interface switches to a language as a result of an explicit request, the user interface will remain in that language for the remainder of the user session or until the user makes another explicit request.

Note: there is an exception to this standard and this is when a user, after making a language selection, explicitly elects to return to an earlier application state (i.e. a back button on a browser). In such a circumstance, the user interface language should also revert to that which was used in the state that the user returned to. I.e. a back button can also undo a language selection.

5.3   Storing Language Preference

Whenever a user explicitly selects their preferred language, the most immediate consideration is to ensure that the software application switches to that language. However, there is also an important secondary action that should take place, which is to note this expression of their preference so that future sessions with that user can default to their preferred language.

How this is done will depend upon the architecture and facilities of the operating platform and also the capabilities of the application itself. This section will outline some approaches to this.

5.3.1   Application Level Profiles

If the user has logged in, or otherwise clearly identified themselves to the application, and a record of that user and their profile is maintained by the application, then this is the most relevant place to record the language preference information. This way, whenever that user logs into the application in the future, their preferred language (or, at least, their last known preferred language) shall be used. This record of the preferred language should be updated each time that the user selects a language. This stored language preference can then be used when the application starts up in the following manner:

- If a user has not expressed an explicit preference (i.e. set their preferred language in their user profile for the application), then their 'last selected' language can be assumed to be their default preference;
- If a user has explicitly stated their preferred language in their user profile for the application, then this will be used and will not be overwritten by a language switch. In this case, the language selection will only persist until the end of the current user session or a further language selection is requested by the user.

5.3.2   Operating Platform Profiles

The user's language preference can also be recorded in some form of persistent storage associated with the operating platform. If the operating platform allows for the management of user profiles, then the preference should be stored in a user specific area so that it doesn't impact other users of the platform.

Some examples of how this can be achieved are:

- The use of cookies for web based applications;
- Registry entries for Windows based applications;
- Start-up or configuration files (e.g. .ini files) specific to the application or user;
- Locale settings, providing that the application has the 'authority' to modify these (see 4.1.2);
- Use of a user directory accessible by the operating platform (such as Active Directory, LDAP compliant directory or other form of user data store);
- Other approaches, depending upon the capabilities of the operating platform.

The benefit of this approach is that it allows the users preferred language to be identified by a software application before the user has 'logged in'. Further, this preference information can be shared by other applications.

There are two key considerations with this:

Firstly, for a software application to rely upon information stored outside of its scope of control the application must be prepared to handle the absence of the information.

Secondly, depending upon the operating platform, user expectations, privacy and security issues, it isn't always possible or appropriate for a software application to record persistent information outside the scope of its own data stores. These issues should be taken into consideration when making the decision of how to record this information.

5.4   Domain Names

> **Bilingual Domain Names**
>
> If the domain name used to access an application isn't language-neutral, there must be one name for each language. Each domain name should be used and promoted equally and can be used to assume an initial preferred language for a user in the absence of a more definitive indicator (see 5.1.1).

For example, Business Eye uses both www.businesseye.org.uk and www.llygadbusnes.org.uk.

Internationalised Domain Names (IDNs) will allow diacritic characters to be used in domain names (e.g. www.lônfawr.co.uk). When these are used, an equivalent standard or language-neutral domain name should also be registered and used. This is to ensure that the application remains accessible to users who aren't aware of this (or have it disabled for security reasons) and to older technology platforms that are unable to utilise this relatively recent capability.

Noddir gan
Lywodraeth Cynulliad Cymru
Sponsored by
Welsh Assembly Government

BWRDD YR IAITH
GYMRAEG · WELSH
LANGUAGE BOARD

5.5 Consistent Presence of Chosen Language

Consistent Availability of Chosen Language

Functionality and content shall be available equally in both Welsh and English, such that a user, having chosen a preferred language, is able to navigate and use the software solely in the language of their choice.

5.5.1 Absence of Language-Elements

This is where any language dependent element (be it a whole area or just a single item of text/graphic) of the user interface isn't available in the required language. A software application should be self-auditing in this respect. Where the application would normally log an error or exception for a functional failure, then the language absence should be treated in the same manner and at the same severity level as a non-catastrophic error.

Absence of Language-Elements

A user with a preference for a particular language interface shall not have to use an alternate language interface or any alternate language text unless it is unavailable in their chosen language. Where this occurs, it shall be treated as any other failure with the incident being logged and flagged for attention by an operator or system administrator where possible.

If the language-dependent element is available in the alternate language, then the application should use the user interface element from that language in order to enable them to achieve their objectives in using the software. There should be some acknowledgement to the user that this has been done.

This should be logged and reported as a failure. However, the notification of the problem to the user should not interrupt the users functional use of the application, i.e. an explanatory comment located near the incorrect text is appropriate but a pop-up dialogue would just irritate the user further.

5.5.2 Predicting Absence of Language-Dependent Data and Objects

Where a software application manages bilingual data or objects it should always attempt to provide the data or object suited to the preferred language of the user.

Where this isn't possible due to the data or object being unavailable in the preferred language, then the data or object for the alternate language should be used. In this event, some indication should be provided to the user that this is the case along with an explanation of the cause for this.

If the absence of the data or object can be determined in advance, then the user should be advised of this before selecting the function to display the data or object so that they are able to make as informed a decision as possible.

E.g. if a user is presented with a link to view a document in a Welsh interface (e.g. in a list of search results) and that document is only available in English, then this should be indicated in the link. For example: 'document-name (English only)'

5.5.3   Identifying Inconsistency

An essential quality check for a bilingual application is the ability to determine whether all user interface elements are available in each language.

Where possible, there should be an ability to conduct an offline analysis (i.e. report) of all user interface elements to identify those that are not available in all supported languages.

5.6   User Interface Structures

Structure of User Interface

Bilingual software applications shall structure the user interface to ensure and promote equality of functionality and content across both languages.

There is a range of structuring approaches that can be used, four of these will be discussed. In order of sophistication and capability these are:

1. **Parallel/Mixed Text**. One version of the application is produced containing equivalent English and Welsh displayed either as mixed or parallel text;
2. **Parallel Mirroring**. Two versions of the application are produced, one containing English and the other containing Welsh with the ability to switch between the languages;
3. **Switchable Embedded Content**. One version of the application is produced, with the text for the two languages embedded within the application, usually at the user interface layer;
4. **Resource-Based**. One version of the application is produced with the text for each language stored in a data store outside the application.

This numbering shall be used to refer to these architectures elsewhere. For instance, the Switchable Embedded Content approach shall be referred to as a 'Level 3 Architecture'.

Of these approaches, the Resource-Based architecture (level 4) is the most powerful, flexible and reliable and provides the most capabilities in terms of language management and maintenance.

However, all four approaches have the potential to produce applications that will satisfy these standards. The trade off is balancing the initial development cost against the ongoing maintenance and management cost when trying to achieve the same level of quality, capability and compliance.

5.6.1   Parallel/Mixed Text (Level 1)

This is the most basic approach. It attempts to include both Welsh and English at the same time throughout the user interface.

This approach suffers from many significant drawbacks and the cost, effort and functional tradeoffs required to fully meet these standards can be prohibitive. In addition, beyond basic web sites (limited functionality and/or static content), design quality is poor.

However, this can be an effective approach where constraints exist (particularly when using third party applications) and to use mixed text is the only possibility to present a bilingual capability. However, when alternatives exist or there is an opportunity to define or influence the design these options should be given serious consideration.

This approach will not be considered any further in this document. That isn't to say that it isn't a valid approach where it is used, but that it isn't a recommended approach. Where this approach is selected it is suggested that potential impacts and costs are carefully considered before committing to it.

5.6.2 Parallel Mirroring (Level 2)

This is the approach typically adopted for web sites and software applications with little functionality and relatively static content. It is the next simplest approach to implement, but costs can quickly escalate if the scope of the system becomes more complex or if ongoing changes are made to content or functionality.

Though suitable for small scale web sites, this approach can lead to substantial quality problems, inconsistencies and high maintenance costs if used for any solution that is required to scale in either complexity or content. Therefore, where this approach is adopted, it is recommended that an upgrade strategy to a more sophisticated architecture is planned to handle any future increase in scope or complexity.

The parallel mirroring approach establishes separate and parallel resource structures that 'mirror' each other with identical content (in the respective language) and functionality.

The primary benefit of this approach is its simplicity and that it can be implemented using only basic technologies. These are also its primary drawbacks since it doesn't scale very well to larger and more complex applications and the lack of more sophisticated technologies leads to a manual and usually costly maintenance activity.

Other drawbacks of this approach are:

- Language selectors need to be embedded throughout the user interface and each needs to point to a different place in the parallel structure. This either requires effort, adds to maintenance costs and is a significant quality exposure or it requires scripting or other functional support;
- It becomes very difficult to ensure that equal quality and content is provided for each language. If these applications are allowed to grow unchecked, they quickly atrophy to significantly poorer quality support for one of the languages (usually Welsh, in a bilingual context);
- Any functional changes need to be made to both structures at the same time. The cost of maintenance is therefore effectively doubled;
- Where parallel structures can work in a bilingual setting, they quickly fail in a multilingual setting where the need to maintain additional structures leads to exponential increases in effort and cost;
- Automated content management and integrity checking across the two structures is prohibitively difficult to implement resulting in ongoing maintenance costs to ensure the required level of quality is maintained;
- When more complex functional issues such as bilingual data management and bilingual data interfaces are faced, the parallel structure cannot resolve these without being re-engineered into a single structure (i.e. effectively a level 3 architecture);

- Maintaining state and data context as the language switch occurs is complex.

It is recognised that there are many successful implementations of solutions using this parallel structure and these standards do not legislate against this approach in any way.

However, it is strongly recommended that the limitations and costs associated with this approach are fully analysed and considered before adopting it. Such an analysis will generally find a level 3 or 4 architecture to be more suitable.

5.6.3   Switchable Embedded Content (Level 3)

This approach resolves many of the challenges of a level 2 architecture by having just a single structure. All user interface elements that are language-sensitive are embedded in the user interface with a primitive logic switch controlling which element is displayed.

This approach improves upon parallel mirroring by eliminating several issues:

- Maintaining language selectors, since all selectors simply refresh the current area of the user interface to display the alternate language;
- Development, deployment and maintenance of parallel structures is eliminated;
- Maintaining state and data context during a switch is greatly simplified since it tends to be just a case of self-reference for the user interface object;
- Providing bilingual data management becomes more feasible. However, providing full functional support often results in this structure resembling the central resource (level 4) approach.

Though this approach is far more effective in addressing a number of problems than the parallel mirroring approach, there are still a number of deficiencies when used for large scale, complex or dynamic data content and functionality. These include:

- With the language-elements embedded within the user interface, it is difficult to provide a language management toolset that assists in maintenance of the languages and that can be used to check integrity, quality, consistency and equal treatment of the languages;
- Any oversight in providing support for both languages within one area of the user interface is difficult to trap as an error or exception since there is no 'meta' language management capability;
- It is difficult to identify opportunities to reuse language components across the application with each use of text or a language-sensitive graphic being separately embedded in the user interface;
- The application will face similar challenges as the parallel mirroring approach if it needs to scale up to multilingual support. Each aspect of the user interface will require modification. However, the effort is linear, not exponential as it is for parallel mirroring.

Again, this discussion of architectural approaches is more concerned with an examination of the differing approaches rather than establishing firm standards. From this perspective, this local resource approach can certainly be recommended as a cost-effective approach to meet the requirements of these standards. There will be challenges in reaching full bilingual functionality and quality which will add to

development and maintenance costs. However, for many applications, these challenges and their costs will be containable.

However, it is recommended that a full analysis is undertaken before adopting this approach to ensure that it does provide sufficient capability to meet all requirements.

5.6.4   Resource-Based (Level 4)

This is the most sophisticated approach with language support becoming a set of requirements that can be addressed by software functionality.

It treats all language and culturally sensitive elements of the user interface as data items in themselves. These 'data items' are then stored in a central data store. When an area of the user interface needs to be rendered, the set of data items for that area of the user interface and for the relevant user language are retrieved from the data store.

This approach builds upon the benefits of the Switchable Embedded Content approach and addresses its drawbacks as follows:

- Integrity and consistency checking can be undertaken both on and off line. Offline checks can take the form of analysis reports that will identify any untranslated language-elements. Online checks can treat the inability to retrieve a language-element in the preferred language as an application error;
- If there are problems in retrieving language-elements in the relevant language, dynamic decisions can be made about which language to render to ensure that the user is still able to complete their functional objectives;
- Language-elements (text, graphics, etc) can be shared across the user interface, thereby reducing the translation and language maintenance efforts;
- The data store of language-elements automatically propagates to any future releases of the software;
- Integration with translation support tools becomes achievable, providing online translation (even content management) capabilities, the ability to mark items requiring translation (linked to error logging of unavailable entries) and data imports/exports that link to translation tools and memories (see the IT Strategy document for further information in this area);
- Where a user interface element is language-neutral (e.g. the name of an individual), only a single copy of it is stored, thereby reducing content management overheads;
- It easily scales to a requirement for a multilingual solution. It simply requires the addition of a new language identified in the central data store and the translation of all text – a translation effort rather than a technical effort;
- Turning all user interface language-elements into data items aligns the user interface language management approach with the management of multilingual data (section 8);
- The combination of the integrity and quality checks, translation tools and other language support functionality results in an application for which the level of language support improves over time, avoiding the entropy challenge of the other approaches;

Of all approaches, this is the most recommended for functional software systems and larger scale content based applications that will benefit from the content management approach.

However, the additional initial development cost associated with this architecture should be carefully weighed against its benefits to ensure that the cost is justified, For smaller software applications (such as basic websites), this level of capability could be overkill.

5.7   Translation and Content Support Tools

Section 5.6 (specifically 5.6.4) makes reference to the benefits to be obtained from having translation support capabilities (tools) built into bilingual software applications.

For larger scale and complex applications, the challenge of maintaining consistent text in both languages becomes substantial. This will either result in increasing costs or increasing quality issues when both languages are not supported equally.

The purpose of such tools is:

- To work with functionality handling text absence (see 5.5.1) to flag language items to be reviewed;
- To enable translators, system administrators and developers to manually flag language-elements that require translation or review;
- To provide data import/export capability, direct integration with translation tools and/or a user interface to assist translators with their activity;
- To analyse and assist in the identification, management and consistent translation of duplicate language-elements;
- Change management and version control capabilities for language-elements to assist in the migration, installation and upgrade of the software application.

5.8   Error and Event-Driven Messages

Display of Messages
All messages intended for the user and originating from the application shall be shown in the user's language of choice, regardless of frequency of use.

Care should be taken to ensure that all messages that have the potential of being displayed to the user are given the same treatment as all other user interface language-elements.

To simplify this requirement, it is recommended that all application errors are 'mapped' onto a limited number of user friendly messages. This not only serves to insulate the end user from confusing technical messages, but also reduces the amount of translation required and the potential for untranslated messages to get through the quality checks.

Some messages will originate from the operating platform and where these are beyond the control of the software application, there is little that can be done to control the language of these messages. However, a software application should make all possible efforts to trap these areas and replace them with user friendly messages in the correct language for the user.

When displaying error and event messages to a user, consideration should be given to the languages understood and used by the individuals providing technical support for

users of the software. Where there is likelihood that these will be different to the language of the user, the following approaches can help to mitigate the impact:

- Inclusion of language-neutral information in the message that the user can relay to the technical support provider to assist in the identification of the problem. For example, an event number or identifier;
- Either logging the problem in a data store accessible by the technical support provider or providing the user with the capability of 'dumping' information regarding the event (and any other contextual information) so that it can be forwarded to the provider of technical support;
- The capability for the provider of technical support to remotely connect to the software application and, specifically, the users session so that they can diagnose the users problem in their own language, independent of the users language.

5.9   Integration with Language Support Tools

Equivalency of Language Tool Support

Where a software application is integrated with an external tool or resource that provides language support, this shall only be done when an equivalent tool can be provided for each supported language.

For example, if an English spellchecker is integrated, then a Welsh language spellchecker should also be included to ensure both languages benefit from the same level of functional support.

6   <u>User Interface</u>

A broad interpretation will be taken of user interfaces, being all means through which a user communicates with a software application. Where a particular type of interface is inferred, the concept being discussed should be taken as being applicable to all types of user interface.

6.1   <u>Language</u>

Equivalent Functionality

On no account shall functionality be diminished for a user as a result of their language preference. The same functionality and behaviour shall be present for both languages. The Welsh and English versions of the user interface shall convey an equal level of information and detail at all times.

6.1.1   <u>Quality of Language</u>

An equal quality of language shall be present in both languages. The equality can be measured through grammar, spelling and comprehensibility. Section 3.4 provided a general discussion of language quality and these guidelines should be adopted. Where the developer of a system isn't fully competent in a language or qualified to provide the content in that language, then the effort to translate and produce content in that language should be outsourced to a suitable and qualified translator.

Language used should be based upon standard dictionaries and terminology resources and should be clear, readable and aimed at a level of comprehension suitable for the intended user. Useful references include:

- Cymraeg Clir (Canolfan Bedwyr)
- Crystal Mark (Plain English Campaign)

Welsh language resources to assist in meeting these standards can be found in the resources section at the end of this document (section 13.3).

6.1.2   <u>Abbreviations</u>

When abbreviating a word or phrase, care should be taken to ensure that the result is meaningful, accurate and consistent with existing conventions. Some specific considerations are:

- When creating abbreviations, awareness of digraph letters is essential and an abbreviation should include the full digraph, not just the first character;
- Abbreviations are not always formed from the first letter of a word or first word of a phrase.

Section 4.1.3.1 provides an example of both of these points.

Therefore, it is recommended that abbreviations and acronyms are only produced by skilled linguists or translators and through reference to existing terminology repositories and guides.

6.1.3   Policies, Disclaimers and other Legal Text

Equality of language and the requirement to translate all language-elements in a user interface extends to all text, including text that isn't a functional part of the software application. This includes legal disclaimers, terms and conditions, license agreements, conditions of use, etc.

In addition, it is suggested that organisations include a reference or link to their published policy on bilingualism and their Welsh language scheme where applicable.

6.1.4   Simultaneous Deployment

When a software application is deployed, upgraded or when fixed content is modified, care should be taken to ensure that both languages are considered during the deployment activity to ensure that both are equally available at the same time.

The inability to deploy both languages simultaneously should be treated at the same severity level as the inability to deploy any other key functionality or content and any decision to proceed regardless should be documented, approved and subject to future audit.

6.1.5   Monolingual Content

There are some cases due to policy decisions or justifiable necessity where content or functionality might only be available in a single language on either a temporary or permanent basis.

Where this occurs, a clear statement should be present to state this in order that the users of the language not supported understand the reasons for this. This statement should be presented in the language not being displayed to ensure that it is understandable.

6.2   Design & Layout

There are a number of important aspects to the layout and design of the user interface that should be adhered to in order to ensure equal treatment of the languages supported by a software application.

6.2.1   Parity of Design Quality

The quality of the user interface design shall have parity between Welsh and English. Graphics, layout and text arrangements should be of equal quality.

6.2.2   Mixed Language Interface

Mixed Language Interfaces

Where an area of the user interface presents both languages simultaneously, there shall be equal prominence given to both languages. If it isn't possible to provide equal prominence, favour shall be given to the users preferred language.

'Prominence' refers to position, use of fonts, colour, sufficient space, etc.

If both languages appear together, care should be taken to separate the languages such that screen reading utilities (i.e. text to speech) are able to discriminate between the languages.

It is the difficulty in meeting these standards and treating both languages equally when they are placed together that leads to the recommendation that separate interfaces are available with a language selector continually available.

6.2.3 Anchor Components

A user interface will have key areas and components that act as anchors, to provide a user with a reference to the whole interface and from which users will create an intuitive understanding of the functionality of a software application. These include main menus, function bars, language selectors, control boxes, data entry fields, etc. Care should be taken to ensure that these are similarly placed for both languages.

This will not only act to provide equal treatment for both languages, but will also assist learners and those less confident in their language skills to use an application in a language other than their first language.

6.2.4 Prominence of Information with a Language Context

Information that is sensitive to the language of the user should be placed so that prominence, focus and emphasis is either language-neutral or priority is given to information relevant to the preferred language of the user.

6.2.5 Grammar Neutrality

The layout of the user interface should be done with care to ensure that the placement of related components doesn't have a dependence upon the grammatical structure of the language.

This is particularly relevant where functionality allows for the user to construct a phrase from separate user interface components, such as the ordinal issue described in 4.1.3.2.

There are two aspects to be considered here:

- When switching languages, the ordering and placement of user interface components might need to change in order to satisfy the grammatical requirements of a language. This conflicts with the guidelines of 6.2.3 and can lead to a degree of confusion when using the application;
- The order of words sometimes change based upon the context of the words in the phrase. The ordinal example in 4.1.3.2 is a good example of this.

Care should therefore be taken to structure the layout of a user interface such that it doesn't change when a language switch occurs and also that the rules of the grammar are not broken as data selections change. If such a conflict unavoidably occurs then a different design should be used that satisfies both requirements.

6.2.6 Labels & Placeholders

When designing a user interface layout, care should be taken to ensure that all areas of the interface with language-elements can be resized to accommodate differing lengths of text as the user interface is translated.

This is particularly relevant to labels and other language-elements embedded within a user interface. Though larger areas of text will often result in roughly equivalent character counts, single words can vary in length by 200-300% or more and therefore are subject to substantial impact.

Sufficient Space for Text

The layout of user interfaces shall be designed to ensure that there is sufficient space allowed for the display of text in either language without truncation or overlaying occurring.

This should not only be a design consideration, but also a key aspect of the testing process. Once all of the text in an application has been translated and before release, a test activity should take place to verify not only linguistic quality, accuracy and consistency, but also to identify any layout problems.

A recommended approach (though only possible with level 4 architectures – see 5.6) is to store the size of each element of the user interface in a data store. A report can then easily compare the size of each element against the space required for each language and highlight potential problems.

6.2.7   Images, Graphics and Icons

Images should be culturally neutral wherever possible.

The use of flags to denote languages is an example of the inappropriate use of images, particularly where a country is bilingual or a language is spoken in more than one country. For instance, an English (St. George) flag doesn't correlate to the English language for English speaking Americans, Australians, Welsh, etc. Therefore, it is strongly recommended that national flags are not used as a reference for language choice.

Care should be taken not to use images that hinge on idioms in either language. Idioms rarely translate exactly, if at all.

Further discussion on use of images, particularly the use of text within images occurs in section 6.4.

6.2.8   Other User Interfaces

As the support for the Welsh language in other (i.e. non-graphical) user interface technologies increases, this area of the standards will extend to include these technologies. In the absence of specific standards, software in these areas should make the best efforts to make a language switch as intuitive and accessible as possible for a user without the loss of state or data context.

6.3   Accessibility

There are already standards and best practices in place for accessibility. This section is intended to complement and not replace these existing standards and practices.

In fulfilling the standards in this document, it is important for a software application to also meet any relevant and available accessibility standards for both languages. Further, meeting these bilingual standards should result in a more accessible and not a less accessible system.

For instance, whilst meeting the requirement of a suitable font that fully supports the diacritic marks found in Welsh and the other requirements of section 4.3.5, it is essential that this font also meets the requirement of any accessibility standards.

Accessibility

Where accessibility support and functionality is included in an application, an equal level of support for shall be provided for each language. For example, alt tags in HTML, Tool tips for desktop applications, etc.

Further, when a mixed or parallel text layout is used for graphical user interfaces, the two languages should be clearly distinguishable (or separated) to facilitate the use of 'screen-reading' and text-to-speech utilities.

As accessibility standards evolve and as new technologies bring solutions to address accessibility issues, all relevant bilingual standards shall remain applicable to ensure equal treatment of both languages.

6.4 Graphical User Interface (GUI)

Throughout the rest of this document, care has been taken to express standards and guidelines such that they can be applied to as broad a variety of architectures, technologies and user interface modes as possible.

However, there remain some standards that are specific to a graphical user interface. These are:

- Any logo or branding should be appropriate for the context of the language currently being displayed. If the brand is inherently bilingual or language-neutral then it can be used for both languages. If the brand is language or culturally specific then two versions should be available with the appropriate version displayed depending on the language;
- Where text occurs within graphics (i.e. for buttons, links or just as part of the overall design), these graphics should either be bilingual, or a copy of each graphic should be available, for each language with the relevant one displayed depending upon the user interface language. Ideally, the use of text embedded in graphics should be avoided to both simplify this issue and also improve the accessibility of the application;
- If bilingual text is used within a graphic, care should be taken to ensure that the text for the alternate language (i.e. the language other than that being displayed) is appropriate and inoffensive (politically, culturally and linguistically);
- Where links are provided to other applications, websites and other resources, the link should be relevant to the current language. For instance a link in a Welsh language web page should lead to the Welsh version of a web site whilst the same link in the English version of the page should lead to the English language version of the web site.

Note: the use of text within graphics should be subject to careful consideration. Not only does it complicate a bilingual system, it can also create accessibility problems.

BWRDD YR IAITH
GYMRAEG · WELSH
LANGUAGE BOARD

6.5   <u>User Assistance</u>

User assistance is the general term for help, user assistance and user support for a software application. This includes help files, tool tips, automated assistants, reference documentation, FAQs, etc.

User Assistance

Where user assistance is delivered through the same user interface as the software application, then it shall be supported by the same bilingual capabilities such as ever present language selectors, bilingual searching, etc.

When translating user assistance files, there are several areas where inconsistencies can occur and that merit special attention:

- As software changes and upgrades and fixes take place, it is important to ensure that user assistance is updated to reflect these changes. These updates should occur for both languages to ensure consistency and equality;
- The translation of terminology in user assistance files should be done with close reference to the terminology of the software application being described to ensure that consistency is maintained. It is easy to translate the same term in slightly different ways for the user interface and for user assistance leading to user confusion;
- Where language-sensitive information (screenshots, error messages, commands, etc) are used as examples, these should be checked to ensure that the language used in these examples is consistent with the user assistance language.

It is often helpful to include a bilingual glossary with help documentation to assist users in understanding new terminology and for those users less confident in their language skills.

6.6   <u>Installers</u>

Software installers are themselves software applications and should therefore comply with all relevant standards. These include:

- Providing the user with the option of selecting their preferred language;
- Using a resource file for language-sensitive user interface elements (text, graphics, etc);
- Using terminology that is consistent with public standardised resources;
- Legal agreements, disclaimers, terms and conditions and license agreements should be available in the users preferred language;
- The language selected by the user performing the installation should not be assumed to be the preferred language for the end user.

7 **Outputs**

Outputs from a software application are those objects containing information that are produced by the application and which are intended for use independently from the application itself.

In many ways these are just another aspect of the user interface. However, since the full language management functionality of the application may not be available or not relevant, there are specific considerations for bilingual support.

There are a number of types of such objects. This section will discuss some general issues but will the focus on two common types: reports and emails.

7.1 **General Guidance**

System outputs are slightly different to other types of user interface for a number of reasons:

- They tend not to contain as much contextual help as other user interface modes since they are usually non-functional and text-intensive;
- They tend to contain longer passages of text and more formal text than a graphical user interface;
- It is more difficult to make bilingual emails and reports visually appealing and to discriminate between two languages when they are in a mixed format (i.e. language 1 / language 2);
- Recipients of emails and reports can easily forward them to others who might have different language preferences and abilities;
- Given the lack of contextual clues and the more formal text, it is essential that a user is fully capable in the language used. This is particularly important since outputs often contain vital and essential information. It is important to realise that a users preferred user interface language isn;t always their most proficient language.

7.2 **Monolingual or Bilingual**

The best approach is to always produce bilingual output (structures and options for doing so are discussed in 7.3). Though there might be cases when a single language is more appropriate, the justifications for this should be carefully evaluated to ensure that there is no risk of limiting the comprehension of the recipient and that such a decision still means that both languages are being treated equally.

Some cases where a single language output is appropriate are:

- When it is known that there is a single recipient, the language of that recipient is definitely known and the information is such that the recipient is unlikely to forward or distribute the information further. An example is a password email;
- Where there is a closed list of recipients (or any recipient will, by definition, be competent in the language), it is known that all recipients are sufficiently proficient in the language and it isn't possible for the information to be forwarded to anyone insufficiently competent;
- Personal communications where the language used is at the discretion of the individuals involved;

- Screen prints and other outputs requested by a specific user and that user has the ability (and hence responsibility where appropriate) to obtain the equivalent outputs in the alternate language. In this case, the option for monolingual or bilingual output might be considered as a value-add item of functionality to aid the user.

Cases where bilingual outputs are appropriate include:

- Where an email is sent to a group or a report is produced where the language preference of every recipient isn't absolutely known, where it is known that the recipient group is mixed-language or where the object can be forwarded to an individual of unknown language preference and competence;
- When an email is sent to an open group/list or a report is produced for public usage.

When producing a bilingual output, it will usually be necessary to identify which language has prominence (i.e. appears first, on the left, etc). This judgement might be based upon the nature of the software application, any known demographics of the recipient group and/or the subject matter of the content.

7.3   Layout and Format

The layout and format of bilingual emails and reports should adhere to all relevant standards for user interfaces. Given the amount of textual information that is usually involved, the layout should be chosen with care to ensure maximum legibility whilst ensuring that both languages are given equal treatment.

Further guidelines can be found in the Welsh Language Board document 'A Guide to Bilingual Design'.

7.3.1   Mixed/Parallel Text

This approach involves the placement of both languages together by placing them in parallel or by mixing words, phrases or paragraphs of text.

Though straightforward, care should be taken to ensure the result is legible and readable and is useable by text-to-speech utilities.

The election to use this approach instead of those following is at the discretion of the designer who should follow existing guidelines.

7.3.2   Sequential Text

Sequential text is particularly relevant to text emails and other media where there is minimal control over format. It simply involves two passages of text, one in each language. The languages are arranged sequentially with all content text for one language ending before the other commences.

Sequential Text

Where sequential text is displayed and the application is aware of the users preferred language, this shall be displayed first with the alternate language second. There shall be a clear separation between the two languages.

Where the amount of text is more than a single paragraph, it is likely that the text for the alternate language will not be visible when the email or report is first opened or previewed. In this situation a single line should appear at the top of the output, in the alternate language, to advise the user that text in this language follows the text in the primary language.

7.3.3   Alternating Pages

This format is well suited to reports and documents where there is good control over formatting and page breaks.

It is particularly suited to double sided printing where each language can appear on either side of a sheet. Examples of this are standard letters, statements, invoices and bills.

It is also well suited to booklet-type approaches where each language can appear on opposite pages.

It simply involves producing a single page of information in one language and then repeating the same information in the alternate language on the next page. Care should be taken to account for differing lengths of textual information and to ensure that page breaks occur at the same point in the information for each language. Also, page numbers should only be incremented every alternate page.

7.3.4   Separate Objects

This approach results in two separate objects being produced containing the same data and text for each language.

This is ideal for objects that will be distributed to mixed language groups of users and allows each recipient to use the format that best suits their language preference and ability.

In many cases, this is also a simpler approach since it allows for two separate monolingual outputs and eliminates the design considerations and limitations of addressing the needs of both languages simultaneously. However, care should be taken to ensure that each object has complete language integrity with Welsh files having a Welsh language file name, title, etc.

Examples of situations where this is an ideal approach include:

- The production of data objects (documents, spreadsheets) onto a bilingual website where the relevant object can be placed on the appropriate language page;
- Sending emails to a list of recipients where the correct language can be sent to those for whom the language preference is known and two emails to those for whom it is uncertain;
- Producing objects containing meta-data where the language used to describe the object can be in the same language as the object (also see 10.2).

7.4   Mail Merge

Mail Merge

A mail merge shall not be performed in a way that produces poor quality text in either language.

Where the data merged into the template is language-sensitive, it shall be in the same language as the surrounding text in the template (i.e. English words not embedded in the Welsh text in the template and vice versa).

The structure of the resulting output shall comply with all other standards in this section. Further, the template used should be sufficiently flexible to support differing sentence structures.

Where the preferred language of the recipient is known, prominence shall be given to that language.

7.5 Character Set

As for the discussion in section 4.3, the character set used for outputs shall be one that supports the full Welsh alphabet, including all diacritics.

This requirement is particularly appropriate for applications that are responsible for the transmission, forwarding, storage and display of email messages and data objects.

As a consequence of many email systems not currently being fully compliant with this standard, it is advisable to restrict the use of diacritic characters in emails to just those in the ASCII character set (i.e. to limit use of diacritics, particularly for the 'w' and 'y' characters). If these characters are used, there is a risk that they will not only be corrupted themselves, but some email systems will also corrupt the entire message.

Where it is known and proven that a recipient can receive these characters without any corruption occurring, their use is encouraged. Where this isn't known then either an equivalent representation should be used (e.g. w^, y^ - see 4.3.4.2) or the text should be moved to a file attachment where the integrity of the character set can be ensured.

7.6 Reports

The term 'Reports' is a general name given to all static objects produced by a software application that contain information laid out in a user-friendly format.

These can include:

- Analysis and management reports containing data, graphs and statistics;
- A 'print-friendly' version of information displayed upon a screen;
- Information regarding a transaction (such as an invoice) that is produced in document form;
- Standard letters produced by a software application;
- Statements, bills, invoices sent to customers;
- Etc.

The common feature of reports is that they contain information that is presented in a human–readable format that is intended for use outside of the scope of the application itself.

The standards and guidelines relevant to reports have been fully covered elsewhere in this section and document.

7.7 <u>Emails</u>

These standards and guidelines apply to emails that are generated by a software application and automatically sent to either a closed or open community of users. They are not intended to apply to emails sent between individual users or personal emails, though some of the discussion might prove useful as guidance in these situations.

However, these standards do apply to software applications that transmit, forward, store or display email messages.

7.7.1 <u>Subject Line</u>

Email Subject Line

The subject line for a bilingual email shall be bilingual and represented as either English/Welsh or Welsh/English. The language order will be the same as the primary/alternate languages selected for the email body.

For monolingual emails, the subject line shall be consistent with the language of the email.

7.7.2 <u>Subject Line Modifiers</u>

Email Subject Line Modifiers

Where emails are replied to or forwarded, it is typical (in an English context) to modify the subject line with 'Re:' or 'Fw:' text. Where the user initiating the reply or forward has expressed a preference for the Welsh language, the Welsh abbreviations 'Atb:' and 'Yml:' shall be used instead. If the email content is bilingual, then both abbreviations shall be used, i.e. Re/Atb: or Atb/Re:.

7.7.3 <u>Disclaimers and other text</u>

Disclaimers

Where email systems automatically append text to emails such as signatures or disclaimers, this text shall be bilingual.

This is particularly important for disclaimers where the recipient cannot be relied upon to have understood the disclaimer unless they are addressed in their preferred language.

7.7.4 <u>Attachments</u>

Email Attachments

Where attachments are included with emails, they shall either:

- Be language-neutral, in which case no standards apply;
- Contain bilingual content that must meet the standards in this document;
- Be replicated with one attachment per language in the case where the

---

Noddir gan
Lywodraeth Cynulliad Cymru
Sponsored by
Welsh Assembly Government

BWRDD YR IAITH
GYMRAEG • WELSH
LANGUAGE BOARD

> attachment is monolingual. In this case, there must be equal content and quality of language as required by these standards.

7.7.5   Email Address Domain Names

Where domain names are available in both languages, individual users email addresses should be configured to receive emails on both domain names (e.g. joe.bloggs@bwrdd-yr-iaith.org.uk and joe.bloggs@welsh-language-board.org.uk).

Functional email addresses (e.g. 'info', 'support', 'enquiries', etc) shall be set up in the language consistent with the domain name.

Where a single or language-neutral domain name is used, functional names should be set up in each language (e.g. contact@draig.co.uk and cyswllt@draig.co.uk).

7.7.6   Reply Name and Address

Since it is only possible to have a single 'reply to' address for an email, the following rules shall apply:

For automated emails, where the reply name is a functional description (i.e. 'support', 'enquiries', etc) as opposed to an individual's name:

- Where the preferred language of the user is known, the reply to address shall have the name (text before the '@') in the same language as the user. Where a domain name exists for each language, the relevant domain name shall also be used;
- For group emails or where the preferred language isn't known, the language should be consistent with the primary language selected for the rest of the email.

For automated emails where the reply name is that of an individual and where a domain name exists for each language, the domain name relevant to the preferred language of the user shall be used.

For individual emails, no standards shall apply and the user shall be enabled to nominate their preferred domain name subject to its availability and being configured as described in section 7.7.5.

BWRDD YR IAITH
GYMRAEG · WELSH
LANGUAGE BOARD

8   Data Management

The true value of a software application is its ability to store and process data and present this to users. The challenge is how the language and cultural specific aspects of this data should be managed to fulfil the objective of allowing a user to interact with the system in their preferred language.

Data will usually originate from a source outside of the scope of control of the software application, and potentially from outside the scope of control or influence of the organisation that owns the application. In defining the standards for a software solution, we therefore need to accept and accommodate this reality.

The standards in this section cover the ability to enter, process, store and present bilingual data. There will also be some clarification and discussion of how to handle third party data that isn't provided bilingually (8.4). Also provided are guidelines and recommendations on methods that can improve the quality and efficiency of the management of bilingual data.

8.1   General Guidance

In order to allow users to communicate with a software application using their preferred language, a bilingual software application must:

- Ensure that software can fully support and manage bilingual content;
- Treat both languages equally, both in data management and data entry/provision requirements for users;
- Provide functionality to encourage and facilitate the provider of the data to provide it in a bilingual manner (and enforce this where relevant);
- Help in maintaining consistency between data held in both languages;
- Allow for integrity reporting and statistical analysis of the availability and consistency of bilingual data;
- Ensure that the user has equal access to data if it is only available in a single language, even if that isn't the preferred language of the user;
- Provide an explanation to the user when data isn't available in their preferred language;
- Make sure that system functionality and capability isn't compromised by this additional functional requirement of bilingual management – to turn it into a functional asset rather than a liability – and to ensure that the level of service and access to functionality by the user isn't impaired;

There are three further issues to be aware of relating to the entry of data by a user:

1. Firstly, an individual user is entitled to communicate in their language of choice and therefore, in many situations the entry of data in both languages cannot be a mandatory requirement;
2. Secondly, to ensure equal treatment of the languages it isn't acceptable to assume or require a user of one of the languages to enter data in the other language if this isn't done for all languages. i.e. if it isn't obligatory for an English language user to enter Welsh data, then it cannot be obligatory for a Welsh language user to enter English data;
3. No assumption should be made about which is the preferred or mandatory language unless the user's language preference is already known.

8.2   Identifying Bilingual Data

Before we progress with this section, it is worth defining what we mean by 'bilingual data'. The terms 'language-sensitive' and 'language-neutral' were defined in section 1.6 and can be applied to data. Therefore, bilingual data is defined as any item of data that contains language-sensitive information, irrespective of its form.

The most obvious form of this data is text. However, it is equally important that we consider other forms of data such as graphics, photographs, video clips, sound files, etc (see 8.3 for guidance on managing this type of data).

When dealing with textual data, there are some cases where the data is clearly language dependent (i.e. free text) and cases where the data is language dependent but well structured (e.g. county names, salutations, etc).

However, there are other cases where the language dependency isn't so obvious and care should be taken to identify where these might exist and to implement the capability to manage these data items bilingually. Examples of these types of data include text embedded in graphics, Internet domain names and email addresses amongst others.

8.3   Managing Bilingual Data

Depending on the nature and functionality of the software application, data might be in a format that is meaningful to the application or might be contained in objects and files that the application manages without knowledge of their content.

Where the application has the capability to discern the content, then these standards define how this shall be undertaken in a bilingual manner. Where this isn't the case, then the application should have the ability to manage two copies of the object and identify each copy with the relevant language (or as a shared resource where the object content is language-neutral).

Managing Data Objects and Files

When managing data objects or files that potentially contain language-sensitive data, a software application must have the capability to manage one copy for each language. When an object or file is identified as being language-neutral, the application should be able to identify it as being shared.

8.4   Handling Third Party Data

It has been stated that a bilingual software application must allow for data to be entered, processed, stored and presented bilingually and with equal regard for each language.

However, this doesn't mean that the <u>owner</u> of the software application is responsible for ensuring that data is provided to the user in their preferred language when this data has only been provided to the system in a single language.

Provision of Bilingual Data

It is always the obligation of the <u>data provider</u> to provide data that is, at a minimum,

---

BWRDD YR IAITH
GYMRAEG • WELSH
LANGUAGE BOARD

consistent with their language schemes, statutory obligations and commercial policies.

The role of the software application is to support, facilitate and encourage the entry of bilingual data, be capable of storing and processing this data without preference to either language and make the best efforts to deliver data in the preferred language of the user, providing advice where the data isn't available.

Where a user or third party provider of data supplies data in a single language, it is recommended that an explanation for this is provided by the third party so that this can be passed on to the user as a disclaimer if the data isn't presented in the preferred language for the user.

8.5 Enumerated Data Items

Enumerated items simply substitute a number or other unique identifier for an item of text or other language-sensitive data item. For example, a list of counties can be represented internally by numbers:

Identifier	Language	County
1	EN	Anglesey
1	CY	Ynys Môn
2	EN	Gwynedd
2	CY	Gwynedd
3	EN	Flintshire
3	CY	Sir y Fflint
4	EN	Cardiff
4	CY	Caerdydd
…	…	…

Wherever possible, it is recommended that this practice is adopted since it provides a number of substantial benefits to bilingual software applications (indeed, to the management of data in general), including:

- The simplification of storage of bilingual data items, requiring just the identifier to be stored;
- The ability to display the equivalent text (or other data) for each data item in the preferred language for the user;
- Reduction of the need for bilingual data entry since the user just selects the relevant enumerated item(s) displayed in their own preferred language;
- Ensured, automated and guaranteed quality of translation between languages;
- Enhanced abilities to perform statistical analysis;
- Improved opportunities to reuse standard interface components and resources across the application;
- Predictable operation and ensured data validation;
- Delegation of language management to the presentation layer, enabling the application layer to operate in a language-neutral manner.

Additionally, the use of enumerated data items enables the re-use of existing translations and standardised terminologies. To encourage and support this activity, the Welsh Language Board have published a number of standardised terminology lists on the publications list of their website.

8.6 Mandatory, Optional or Inappropriate

There will be circumstances where the nature of the functionality or the user community makes bilingual data entry a mandatory requirement. When this is the case, the absence of data in one of the languages should be treated in the same manner as the absence of any other mandatory data item.

Alternatively, there are cases where the nature of the functionality means that data will either never be displayed to other users or where the language used is irrelevant to the application and entirely at the discretion of the user (i.e. personal emails, personal data, etc). In these cases, the requirement for bilingual data entry is mitigated, but other aspects such as data storage remain equally important.

The general case requires bilingual data entry and display to occur wherever possible and to be supported as outlined in 8.4 and throughout the rest of this section.

The approach taken for each application, for each data set and for each user community should be determined and agreed during the requirements definition process.

8.7 Data Capture

Data Capture
Bilingual software must fully support and facilitate the entry of data from users and collection of data from other systems and sources in both English and Welsh.

The data held, managed and processed by a software application is usually derived from inputs external to the application. Where this input data is language-sensitive, the application must provide the ability to receive the data in both languages without showing a preference for either language.

8.7.1 Automated Data Entry/Procurement

Data submitted or collected electronically should adhere to all relevant standards for the data interface. If these standards do not provide for bilingual data then an agreed and documented deviation from that standard should be adopted to allow for the submission of bilingual data. This is covered in more detail in section 8.10 where data transmission and data interfaces are discussed.

Where the e-Government standards are relevant, the means of handling bilingual data is discussed in section 10.

Automated Data Procurement
Where the interface to the data provider allows for the selection of data in multiple languages and the data is available in both English and Welsh, then the data shall be obtained in both languages.

BWRDD YR IAITH
GYMRAEG · WELSH
LANGUAGE BOARD

8.7.2   Manual Data Entry

Manual Data Entry

Where a manual user interface is used to enter data, this interface should allow for the entry of all language-sensitive items in both languages.

(Before discussing this standard, a reference to section 8.6 is essential as it isn't always appropriate to require the entry of bilingual data. Where this is the case, this standard and the following discussion isn't relevant.)

To achieve this, data entry fields can either be placed in parallel or sequentially on the same area of the interface or they can be arranged in different places, but linked to the same interface state (e.g. use of tabs on a graphical interface to provide a data entry page for each language).

Placing the data entry fields for each language on the same page is more straightforward for the user, making the requirement to enter both languages more explicit. However, this approach is less scalable if the language support for the application needs to be extended to a multilingual situation.

Where the data entry fields for each language are placed separately, it is important that they occur within the same user 'state' where the user should be expected to enter data for both languages before progressing to the next step in their interaction with the application. When the user does make this progression, if data is saved, then data for both languages should be saved, irrespective of the current language page being displayed.

Both of these approaches result in one language being given prominence over the other, either through data entry fields being placed on the left of or above the other language (when on the same page) or being on the first page displayed to the user (tabbed and more scalable approaches). The more prominent language should be the preferred language for the user.

8.7.3   Encouraging Bilingual Data Entry

Encouraging Bilingual Data

Bilingual software applications shall employ whatever mechanisms are possible to ensure equal treatment of all languages and encourage entry of data for all supported languages.

Since data isn't always available in both languages, it is important for a software application to allow users to enter data in a single language. However, there is the potential for users to neglect to enter data in the alternate language, even when it is available and the software application should discourage this.

Some examples of how to do achieve this follow.

8.7.3.1   Use of indicators

Bilingual Data Entry Indicators

Where the layout of the interface doesn't make it completely clear and evident that there is the capability to enter both languages, indicators shall be located alongside those fields that require bilingual entry.

Ideally, this indicator can also provide a link to where the equivalent data entry field in the alternate language is located.

8.7.3.2   Reminder Messages

Encouragement can be provided through a reminder message when the user first attempts to submit the data, drawing attention to the ability to enter the alternate language. This message should be placed so that the user can easily access the data entry fields not completed in order to rectify the situation.

This technique can also be employed when data is updated by detecting an attempt to update data in one language without updating the field in the other language. When this occurs, a similar message can be displayed with a slightly different emphasis recognising that the change might have only been relevant to one of the languages. However, if the change resulted in the data for one of the languages being removed, then it should be handled in the same manner as if the data had only been provided in one language initially.

8.7.3.3   Explanations/Disclaimers

Where data is provided in only one language, it is good practice to ask the user to provide an explanation for this. For instance, it might be that the data is only available in one language, that the viewer of the data should make manual contact to obtain the translation, that the data is currently awaiting translation, etc.

This approach provides two benefits:

- Firstly, it provides the software application with an explanation that can be used when displaying the data as to why it is only available in one language;
- Secondly, it reminds, encourages and reinforces the desired outcome of bilingual data entry by making the entry of data in a single language less efficient.

An alternate approach that makes the data entry activity more efficient but does lower the prominence of the alternate language is to build a generic 'disclaimer' into the Terms & Conditions that a user agrees to when using the software application.

8.7.3.4   Consistency of Mandatory Data

When data is entered into a software application, it is typical to define mandatory and optional fields. In a bilingual application this becomes more difficult to manage since users are generally able to enter data in either language.

BWRDD YR IAITH
GYMRAEG · WELSH
LANGUAGE BOARD

Consistent Set of Mandatory Data

It is conceivable that a user will enter data into some mandatory fields in one language and other mandatory fields in the alternate language. This situation should be identified and handled by requiring that the full set of mandatory fields is entered in at least one language.

8.7.4 Providing Data Objects

Section 8.3 discussed data objects that contain language-sensitive information where the application manages the object itself and not the data contained within it.

Where functionality allows for the upload and storage of such an object and bilingual data entry is required (see 8.6), the ability to provide one copy for each supported language is important.

Where a copy of an object isn't provided for a language, the data provider should either be able to indicate that an object is either language-neutral or identify which language is covered. Where a required language isn't covered, the user should be asked to provide an explanation which can be used as a disclaimer in the same manner as for textual data (see 8.7.3.3).

8.8 Data Storage

Having supported the entry of bilingual data, it is important to ensure that the data is stored correctly so as not to compromise the integrity of the data and to ensure that it can be accessed effectively.

8.8.1 Character Sets

Storage Platform Character Set

The storage platform shall support the full Welsh and English alphabets, including all diacritics.

A full discussion of character sets is provided in section 4.3.

8.8.2 Sort Orders

The sorting of bilingual information is covered in section 4.2. This is generally applicable to the management and display of the user interface.

However, there are many situations where the sort order of text data is relevant within the application and particularly at the data storage layer.

Most database packages allow for the selection of a pre-defined sort order or collation. Where it is possible to use such functionality to return results sorted according to the English or Welsh alphabet, that functionality should be used.

These standards are not complete in this respect and notes for further consultation occur in section 11.1.

8.9   Data Display

With the availability of bilingual data, it should be possible to present a user interface that is completely in the preferred language of the user. In achieving this, the relevant standards apply to the presentation of the data (e.g. sorting, bilingual data objects, switching language at the request of the user, etc.).

Where the data isn't language-sensitive or bilingual data management isn't appropriate (see 8.6), the presentation of the data to the user is very much the same as for a single language interface.

The challenge arises when data isn't available for display in the preferred language of the user but is available in the alternate language. In this situation, the following standard shall apply.

Unavailable Data

When data isn't available for display in the preferred language of the user but is available in the alternate language, a bilingual software application shall:

- Display the data for the alternate language. On no account shall data be withheld from a user because it isn't available in their preferred language;
- Indicate to the user that the situation is acknowledged and display any disclaimer or explanation supplied by the data provider;
- Log the occurrence to enable future analysis to take place;
- Where appropriate, log the occurrence with the same severity and priority as other non-fatal application errors.

These standards require two forms of logging to take place. The first is simply to allow for analysis to take place in the future either on a system wide basis or specific to a particular data provider.

The second form of logging applies to the situation where it has been defined as a functional requirement of the software application that the data is available in the preferred language of the user and this isn't available. In such a situation, the occurrence shall be treated as a defect and should be handled and logged in the same manner, at the same priority and with the same severity as any other non-fatal functional error.

8.10   Data Transmission and Interfaces

Provision of Data

Where the application provides a data interface to other systems and third parties, this interface shall:

- Use a character set that supports all characters for each language and ensure that no characters in the data are removed or corrupted;
- Be capable of providing data in either and/or both languages according to the format and protocol agreed;
- Be compliant with the bilingual requirements of all applicable standards and conventions.

This standard applies to all applications that manage, process or handle bilingual data. For instance, email, network applications and other data transmission systems are particularly subject to the need to fully support the character sets used.

This issue is covered further in section 10 where e-Government standards and guidelines are discussed.

8.11 Meta-Data

Meta-data (or meta-information) describes the content and purpose of other objects. It can be used in a number of manners; common applications are to aid searching, indexing and cross-referencing. Some examples of meta-data are:

- HTML meta-tags used by search applications and engines;
- Document properties (title, author, etc);
- Image descriptions to aid indexing and searching (e.g. for clipart);
- Library information used to categorise, organise, and index objects (e.g. MP3 files, documents, etc);
- e-Government category lists (see 10.2).

However, meta-data can be as diverse and as prolific as the data it describes. More importantly, it often has a more substantial impact on the operation of a software application and the ability for an application to operate in a bilingual manner.

8.11.1   Encoded Meta-Data

As for the data itself (see 8.5), when meta-data is encoded or enumerated in a language-neutral format, it is far easier to manage in a bilingual situation.

When unencoded meta-data (i.e. free text descriptions) is used, it is often necessary to include it in both languages. Using encoded meta-data eliminates this need and also simplifies search and maintenance functionality.

An example of encoded meta-data is the Integrated Public Sector Vocabulary (IPSV) which is further described in 10.2.

8.11.2   Creating Meta-Data

Creating Meta-Data

Whenever meta-data is used to describe an object which is bilingual, language-neutral or only available in a single language, it shall be created in both languages. Where the provision of meta-data in both languages isn't supported by the standards defined for the object type being described or the software interface used to enter the meta-data, mixed text shall be used.

Where the object being described is language-specific and versions exist for each language, then the meta-data shall be in the same language as the object which it is describing.

Where multiple items of meta-data are used and the sequential order of this information is relevant, care shall be taken to ensure equal precedence for both languages.

This is an essential standard, since many existing forms of meta-data are relatively unstructured and equivalence in how both languages are used is easy to attain.

For instance, when using HTML meta-tags in web pages, the HTML standards allow for any text to be used within the tags, thereby allowing equivalent tags to be used in each language. Further, since the order of HTML tags is important, with many search engines only using the first group of tags, it is important that Welsh and English tags are alternated to ensure that each language has equal placement in search engines.

Web sites that have static content with separate pages for Welsh and English are a good example of the case where single language meta-tags can be used since corresponding tags can be used in the corresponding pages. This is only appropriate where there is a corresponding page/object in the alternate language. When just a single page exists, then the bilingual approach should be used, irrespective of the language for the page.

Identifying Language

When defining metadata and how metadata fields are to be used and interpreted, a field should be assigned that will describe the language(s) of the object being described.

A further discussion of meta-data in HTML and XML can be found in the e-Government section on e-GMS (10.1).

8.11.3   Managing Meta-Data

The structure of meta-data varies across the many purposes it fulfils and also in how its definition is controlled. Some forms are controlled by universally agreed standards whilst others are defined for a specific software application and are not used outside of that application.

Managing Meta Data

Where a software application has the ability to define its own meta-data format, that format shall support both languages by providing separate data fields (or meta-data records) for each language.

Where an organisation is involved in the definition of meta-data standards or the agreement of a meta-data interface, that standard shall provide multilingual support through separate data fields (or meta-data records) for each language.

Where a software application provides an interface to maintain or edit meta-data, it shall support and exploit any bilingual or multilingual capabilities of the meta-data format. Where these capabilities do not exist, it shall make best efforts to emulate these through mixed text and insulate the user from this compromise by presenting a bilingual user interface.

All meta-data definitions and software applications managing this meta-data shall adhere to all other standards in this document, particularly the use of a character set supporting all diacritic characters.

BWRDD YR IAITH
GYMRAEG · WELSH
LANGUAGE BOARD

Noddir gan
Lywodraeth Cynulliad Cymru
Sponsored by
Welsh Assembly Government

8.11.4   Using Meta-Data

> **Using Meta-Data**
>
> When a software application uses meta-data and the meta-data provides separate fields (or records) for each language, this capability shall be exploited to utilise the data specific to the language preferred by the user when a user context is present and to utilise both languages otherwise.
>
> When the meta-data isn't structured or separated into each language, the application shall assume that mixed text is used and handle the meta-data appropriately.

I.e. if meta-data is presented to a user, that user's language preference is known and the meta-data is available in both languages, then the meta-data relevant to the users language shall be used.

If the meta-data doesn't occur in both languages, the user preference isn't known, or the meta-data is only present in the alternate language, then whatever meta-data is available shall be used.

8.12 Searching

A bilingual information system will contain and manage data in both English and Welsh. Ideally, all data will be held in both languages however the reality is that some data might be available in one language and not the other.

The design of the data search capability should be such that the user is provided with the maximum flexibility in how to search, what language to use for the search and what data to search. The following functionality should therefore be implemented for search functions:

- The user should be able to select whether to search English only data, Welsh only data or both languages;
- The default selection should be to search in the current user interface language;
- If a search result item is available in both languages, then only the item in the same language as the current user interface language shall be returned;
- If search result items are only available in the alternate language, then they shall either be shown or their existence otherwise indicated to ensure that a search in either language returns the same results irrespective of the available languages for the items;
- When search results are returned, there should be an indicator of the language of the data;
- A text search should support diacritic equivalence by default, but provide the user with the option of disabling this capability. Diacritic equivalence is where all vowels in the search criteria will match irrespective of diacritic marks (also, the removal of duplicate entries where the duplication criteria is a result of diacritic equivalence);
- Where meta-data is used to enable the search, guidance on this topic can be found in 8.11;
- Issues specific to address searching are covered in more detail in section 9.

8.13 Language Preference

Individuals, organisations (and possibly other entities) will have a preferred communication language. This will generally be the language preferred for all communications, but could also be a range of preferences for different modes of communication types (i.e. verbal, written, visual user interface, etc).

8.13.1   Storing the Language Preference

> **Storing Language Preference**
>
> When storing information about an entity that will have a language preference (i.e. individuals, organisations, etc), it is essential that the data structure used shall allow for the language preference to also be recorded.

This was mentioned in 4.3 from the perspective of a software application being able to determine the language preference of a user. However, for software applications that manage data 'about' individuals and organisation (such as a CRM system), there must be the ability to store and maintain the preferred language of that entity.

A recommended set of values to be used is: 'English Only', 'English Preferred', 'Welsh Preferred', 'Welsh Only'.

This impacts upon the data schema defined for an application, functionality to enable this language preference to be maintained and interfaces between applications where the language preference attribute must be transferred along with any other biographical details.

8.13.2   Using the Language Preference

Whenever a communication occurs with an individual or organisation (or any other language sensitive entity), the language preference should be used to determine with the communication is to be bilingual or multilingual and if bilingual, which is the preferred language (i.e. the language that has precedence).

8.13.3   Bilingual vs. Multilingual

Storing and using language preferences highlights a key difference between a bilingual and multilingual situation. A multilingual approach will tend to have a primary (base) language and one or more secondary (alternate) languages.

The bilingual situation in Wales means that there are two primary languages (English and Welsh) and if a multilingual approach is used, other languages are secondary after, and not substituting for, these.

Therefore, if the software application is to be multilingual, it should account for both the language preference (English/Welsh) and also record the language preference for the secondary language.

9 Addresses and Geographical Information

Address databases are a subset of Geographic Information (GI). Although the focus of this document is on standardising and facilitating bilingual software within Wales, the use of GI datasets requires attention to both cultural and linguistic detail.

The availability of GI resources is generally increasing, is constantly in flux and datasets employ a variety of different schemas. It is therefore only possible to provide brief overview of the GI sector and provide a few guidelines on the use of GI data in this document.

9.1 Geographic Information (GI)

It is increasingly common for software to integrate with Geographic Information (GI) datasets. These can include (but aren't limited to):

- Address databases;
- Maps of regions, towns, streets, etc;
- Overlays mapping geographic reference points to real-world entities - cash machines, restaurants, museums, libraries, council buildings, etc;
- Statistical data applicable to a geographical area – census data, health characteristics, other demographic data, etc.

Every effort should be made to produce GI datasets that contain bilingual data.

9.2 Address Databases

It is common practice for software to integrate with third party address databases. Reasons for this can include:

- To find addresses quickly – by house number and postcode, for example;
- To ensure valid delivery addresses are used;
- In order to use standard address formats;
- To allow reliable interfacing with third party agencies (delivery companies, credit checking, etc);
- Cleaning existing customer address databases;
- To cross reference other GI datasets – electoral roll, crime rates, Local Education Authorities, etc.

9.2.1 Public Sector Resources

There are several national public sector databases of postal and property-level addresses that are held and maintained by a number of different organisations. These include:

- The Postcode Address File (PAF) maintained by Royal Mail;
- Ordnance Survey GB Address-Point;
- The HM Land Registry (HMLR) property database;
- The Valuation Office Agency (VOA) databases used for council tax;
- The National Land and Property Gazetteer (NLPG);
- The Local Land and Property Gazetteers (LLPG), constructed by Local Authorities and are linked to the NLPG.

The NLPG is the primary initiative to consolidate address data, in addition to maintenance work performed by Ordnance Survey, Royal Mail and the VOA.

9.2.2 Quality of Data

Despite the NLPG initiative and the many potential sources of addresses in the UK, there is still no definitive source of addresses. The situation worsens when the availability and currency of Welsh address data in a consistent and standardised manner is considered.

PAF-based databases do not always return accurate county information for Wales by default. For example, a search for an Anglesey postcode typically returns Gwynedd as the county, whereas a postcode in Conwy typically returns Clwyd.

Note that the Welsh PAF isn't usually provided together with the English PAF, but is often available upon request.

9.3 Relevant Standards

To facilitate the creation of Local Land and Property Gazetteers, a British Standard (BS7666 Spatial datasets for geographical referencing) was created. The standard comprises four parts covering Street Gazetteers, Land and Property Gazetteers, Addresses and Rights of Way.

This addressing standard is now being adopted throughout e-Government as part of the e-GIF standards and is increasingly used by the private sector.

BS7666 Parts One and Two specify a standard for the creation of a gazetteer for holding details on every property, piece of land and street within a defined area. Part Three specifies a model and basic guidelines for the structuring of address-based information.

As far as properties are concerned, the standard is based on the concept of a land parcel unit known as a Basic Land and Property Unit (BLPU). Each BLPU has a unique reference number (UPRN), a spatial reference (grid co-ordinate) and one or more Lang and Property Identifiers (LPI).

The LPI is basically the address of the BLPU in a standard format that uniquely identifies the BLPU in relation to a street as defined and held in the National Street Gazetteer (NSG).

BS7666 (2000) allows for an alternate LPI to be recorded. This should only be used for alternative language address attributes (such as the Welsh content for an address). This alternate type of LPI has equal standing within BS7666 as the main LPI. However, there can be only one alternative LPI for each BLPU which satisfies the bilingual requirement, but could cause problems if further languages are to be used .

There are ongoing developments in this field and this section will evolve accordingly.

9.4 Use of Addresses

Wherever possible, a software application should allow users to enter and manage their addresses in whichever language (or a combination thereof) they prefer. Where

an address has not been provided directly by the user, best efforts should be made to use an address consistent with their preferred language and where this isn't possible, then bilingual addressing should take place.

Where postcode mapping and/or other automated address management solutions are used, it is essential that provision is made for Welsh language addresses to ensure that addresses in both languages are supported and treated equally.

In the absence of a postcode mapping database, at a minimum, a software application should use enumerated lists for countries and counties.

9.4.1   User Entry of an Address

A software application should allow users to enter and manage addresses:

- In a preferred language; or
- In the most appropriate language for the context; or
- Bilingually.

A user interface can be designed in several different ways to capture address information.

A common method of entering addresses is by entering a house name or number and a postcode. These details can then be cross-referenced with an address database to provide a unique ID. The lines of the address can then be populated into text boxes and the user can customise these to their liking.

Note that this method may not work appropriately if searching against a Welsh PAF – building names are only stored in one language, not both.

If such an automated approach is adopted, it is important to still provide a user with the capability to enter their own custom address for the following reasons:

- The data retrieved in a particular language from the address database may not be geographically or linguistically accurate;
- Many people use mixed-language addresses – using an English street name and a Welsh town name, for example;
- New building developments may not be included in the address database.

Wherever enumerated lists are used (e.g. for counties) then these shall be displayed in the preferred language of the user.

Any user interface choices regarding the data entry screens will be dependant on the schema used for address storage. For example, BS7666 stipulates that the building number should be stored separately from the street name. Therefore, these details should be collected separately also.

9.4.2   Using the Appropriate Address

When selecting the address to be used to address a recipient:

- If a user has entered the address themselves, then this should be used as the sole address to communicate with them, irrespective of its language;

- If the user hasn't entered the address themselves, it is known in both languages and the user has expressed an explicit preference for a language, then the address for that language should be used in addressing them;
- If the user hasn't provided their address, the address is known in both languages but the user hasn't expressed a language preference, then a bilingual address should be used with the languages mixed (i.e. English/Welsh or Welsh/English on each line of the address);
- If the address is only known in one language, then there is no alternative other than to use that address. However, as the support for Welsh language addresses increases in databases, it is hoped that this will become a less frequent situation.

9.4.3   Delivery

It is recommended that correspondence is addressed in the recipient's preferred language (see 9.4.2), however the delivery capabilities of the courier should also be considered.

9.5   Storage and Analysis of Address Data

In order to handle address data in a structured way and allow reporting, it is necessary to tie addresses to geographic locations with a minimal reliance upon free-text. This can be achieved in several ways, including:

- Using the full postcode or parts thereof;
- Using enumerated country or county lists;
- Using geographic coordinates.

In using these means it can be ensured that both English and Welsh language addresses are handled correctly.

The storage medium should allow storage of addresses in conformance with any relevant standards, such as BS7666.

10 <u>e-Government Interoperability Framework (e-GIF)</u>

The e-Government Interoperability Framework (e-GIF) sets out the government's technical policies and specifications for achieving interoperability of computer systems across the public sector.

The framework comprises the e-Government Metadata Standard (e-GMS), the Integrated Public Sector Vocabulary (IPSV), Government Data Standards Catalogue, XML Schemas and the Technical Standards Catalogue (TSC).

The standards follow international guidelines and standards by default (such as the Dublin Core), drawing upon European and British standards in other areas.

The purpose of this chapter is to address language-related issues within e-GIF, not to itemise all the standards with which the Public Sector in Wales must comply.

10.1 <u>e-Government Metadata Standard (e-GMS)</u>

The role of the e-GMS standard is to provide high-level data about data content. This could be details of ownership, authorship, subject, title or date of publication, for example. The focus of the standard is very much upon the web (i.e. HTML content) and XML-based content.

e-GMS provides two means to signify the language of content:

- It allows the specification of the language of the document's content;
- It allows the specification of the language of the metadata.

10.1.1   <u>Document Content Language</u>

If a document's content were written in English, the following mark-up can be used:

```
<meta "DC.language" scheme="ISO 939-2/T" content="eng" />   HTML
<dc:language scheme="ISO 939-2/T">eng</dc:language>         XML
```

If a document's content were written in Welsh, the following mark-up can be used:

```
<meta "DC.language" scheme="ISO 939-2/T" content="cym" />   HTML
<dc:language scheme="ISO 939-2/T">cym</dc:language>         XML
```

If a document is bilingual, the language information appears twice, once for each language:

```
<meta "DC.language" scheme="ISO 939-2/T" content="eng" />   HTML
<meta "DC.language" scheme="ISO 939-2/T" content="cym" />

<dc:language scheme="ISO 939-2/T">eng</dc:language>         XML
<dc:language scheme="ISO 939-2/T">cym</dc:language>
```

10.1.2   <u>Metadata Language</u>

To specify metadata in a particular language, the xml:lang attribute should be used in both HTML and XML:

```
<meta name="DC.title" lang="en"
      content="Bilingual Software Standards" />
<meta name="DC.title" lang="cy"
      content="Canllawiau a Safonau Meddalwedd Dwyieithog" />

<dc:title xml:lang="en">
      Bilingual Software Standards and Guidelines
</dc:title>
<dc:title xml:lang="cy">
      Canllawiau a Safonau Meddalwedd Dwyieithog
</dc:title>
```

It is also possible to link data to another resource with a Uniform Resource Identifier (URI) in HTML:

```
<link rel="DC.rights.copyright" hreflang="en"
      content="http://abc/copyright.html" />

<link rel="DC.rights.copyright" hreflang="cy"
      content="http://abc/hawlfraint.html" />
```

10.2 Category Lists

Whilst e-GMS provides the means of presenting meta-information about data content, lists determine how data is described and how resources can be categorised uniformly across government.

At national and local government level, the Integrated Public Sector Vocabulary (IPSV) can be used to categorise resources.

At local government level, many other lists are available, including the following:

- Agency Type List;
- Audience List;
- Business Category List;
- Category List;
- Channel List;
- Classification Scheme;
- Directory List;
- Interaction List;
- Navigation List;
- Service List;
- Type List.

Further details can be obtained at: http://www.eds.org.uk/standards/

10.2.1   Use of Category Lists for English and Welsh Data

The metadata used to describe resources can be used in differing ways. For example, it can be used by other computer systems to automate discovery and knowledge sharing. It can also be used by users to drill-down through categories in portal sites.

Each category list enumerates categories and subcategories. For example, 5755 is the ID for the 'Languages' category in IPSV. However, note that when this information is used in HTML or XML, the English category names are used (since these are effectively just tokens):

```
<meta name="eGMS.subject.category" scheme="IPSV" content="Languages" />
```

Since the English text is just a token, there is no problem in using it in this manner. Indeed, using a Welsh translation in addition is redundant, ineffective and can be confusing.

However, these lists are dual-purpose and can also be used to enable a user to drill down through categories. This is clearly not appropriate in a Welsh language interface and therefore a parallel list of Welsh terms should be maintained and indexed across to the standard category list in this situation.

Note that the following IPSV categories can be used for language related content:

- Language – 5755;
- Language Policy – 3814;
- Welsh Language – 5776;
- English Language – 5761.

The viewer at: http://www.esd.org.uk/standards/ipsv/viewer/viewer.aspx provides more details.

10.3 XSD Schemas

The government provides schemas to ensure that data is stored and exchanged using known structured formats.

Many use the LanguageType simple type from the Govtalk core schema. This allows the specification of a language in ISO 639:1988 2 character format – "en", "cy", etc.

An example is the PersonalDetailsTypes schema which provides a CitizenDetailsStructure. This allows the specification of a PreferredLanguages element, of the LanguageType simple type. This PersonalDetailsTypes schema is employed by many of the other schemas in which citizen-based information is a component.

Note that the pattern matching statements given in some schemas do not allow the entry of accented characters. These typically state that content should come from the character range A-Z, which doesn't include accented characters.

The following lists other schemas with known language elements.

10.3.1 Archives and Records Management

ERMS 2 allows the specification of a language element in the Metadata element.

10.3.2 Election Markup Language (EML)

EML 2.1 UK allows the specification of a language for two entities:

- A PreferredLanguage in VoterInformationStructure;
- A Language and default Language for an ElectionEvent.

BWRDD YR IAITH
GYMRAEG • WELSH
LANGUAGE BOARD

10.3.3   National Public Transport Access Nodes (NaPTAN)

The NaPTAN schema allows the provision of aliased free text, allowing stop points that can have a common name and alternative names. This can be used for bilingualism.

Common names and aliases must specify an xml:lang attribute to signify the language of the content. If none is specified, it is assumed that the language is English. This structure allows the common name to be in Welsh and the Alias to be in English, or vice-versa.

A summary of elements that provide aliases is provided in Section 13 of the NapTAN Schema Guidelines 2.0.

In addition, translations for structured text terms are available (e.g. "Stop", "Locality", "Principal Timing Point", etc). The use of Welsh or English structured names must be accompanied by an xml:lang attribute. If none is specified, it is assumed that the language is English.

11 <u>Further Consultation</u>

Though we have attempted to define a comprehensive, correct and implementable set of standards and guidelines, there remain areas where we haven't fully achieved these objectives for several reasons:

- Software (and IT in general) is in a continuous state of change and any fixed set of standards will be difficult to define such that they are entirely 'future-proof';
- Software support for the Welsh language is an area that is rapidly maturing, but there are still a number of areas where further work is required before effective standards can be defined.

For these reasons, whilst we have proposed an effective approach in the main body of the document, we are also keen to continue the consultation process. These areas are outlined in this section and we encourage and will welcome any feedback.

11.1 <u>Sort Orders</u>

Section 4.2 discusses the issues relating to alphabetic sort orders for a user interface. Section 8.8.2 briefly mentions database sort orders.

11.1.1 <u>User Interface Sort Order</u>

The discussion of the user interface sort order is fairly comprehensive and is a good balance between what is achievable and what is ideal. However, in reaching this balance, some compromise has been required, specifically:

- The acceptance that an English language user will likely not be aware of the use of digraphs in the Welsh alphabet, or indeed, that some names and terms are Welsh in origin. The sensible approach is therefore to utilise an English alphabet sort order in this circumstance;
- At present, no algorithm exists (or at least can be conceived by the Authors) that will sort all words containing Welsh digraphs correctly without the use of a lookup dictionary. However, such an approach isn't always feasible or practical.

The first issue is tough and requires a linguistic rather than technological solution and is therefore outside the scope of this document. However, the Board is keen to receive any input and comments on how the approach proposed in 4.2.2 can be refined or improved.

Regarding the digraph sorting issue, assuming that a dictionary lookup will remain beyond the bounds of feasibility in many situations (at least with current technology levels), the only ideal solution is offered by the 'Grapheme Joining Character'. However, it is unrealistic to expect all text to be annotated with this character to ensure that it can be used to provide 100% accurate sorting (though, these standards require it is supported in order to extend it's usage).

Therefore, we have defined a compromise approach that is achievable and will provide the best possible outcome. This is based upon the approach utilised by the current leading developers and localisers of Welsh software solutions. However, as it is a less than perfect approach, we remain keen to solicit any input or suggestions on this subject and welcome any debate on the most appropriate and achievable approach.

11.1.2 Database Sort Order

The architectural approach advocated within this document is to handle language specific functionality at the user interface wherever possible and, hence, make the remainder of an application effectively language-neutral.

This is generally a successful approach, except for the situations where the sort order used will impact upon the functionality of the application. This is particularly apparent at the database layer, especially since database management systems tend to have a default alphabetical sort order.

E.g. The results for a 'top 10' query will differ for an English and Welsh sort order (as defined in 4.2.2) where 'London' and 'Llanberis' are the 10th and 11th entries on the list.

Though the sort order can be changed relatively easily at the user interface layer, this is generally not possible at the database layer. Even when the collation can be specified (e.g. SQL implementations supporting a COLLATE clause), there isn't usually a Welsh collation available.

Therefore, these standards have avoided the issue of defining the database sort order that should be used. This is partly a matter of practicality, since the majority of current database products do not provide a Welsh sort order option (or the ability to define a custom sort order), but mostly reflects the challenge outlined above. Whereas an English only application should use the English sort order and a Welsh only application should use the Welsh order, there doesn't appear to be a generic elegant solution for the bilingual situation.

There are potential solutions through the implementation of functionality integrated with the database layer (i.e. stored procedures and their equivalent), but this capability is implementation-specific and not a sufficiently generic solution at present.

Therefore, we again encourage any feedback that can help to clarify and address this situation and/or help us to refine the approach recommended in this document.

11.2 Addresses & Geographical Information

The issues surrounding bilingual address management and geographical information are diverse and complex. The shortcomings of current bilingual data resources and the relative inexperience of implementing bilingual addressing and GIS solutions are both additional complicating factors.

In this document we have outlined some of the background and basic issues in this area. We believe that there is further information and standards relevant to this area and welcome the input, guidance and suggestions from any individuals or organisations that have experience, in this area.

11.3 eGovernment

Many of the areas addressed by the eGovernment standards have little relevance to language issues and are therefore outside the scope of this document. Section 10 identifies several areas that do have language considerations and recommends suitable approaches.

The eGovernment standards have grown quickly and continue to evolve. Also, though there is some experience in implementing solutions that adhere to these standards and are also bilingual, this is still fairly fragmented.

Though we consider the coverage in section 10 to be a useful starting point, we welcome and encourage feedback and suggestions in this area from those involved in the development and implementation of bilingual eGovernment software solutions.

11.4 <u>Other Standards</u>

Existing and relevant standards have been identified throughout the document. We have attempted to ensure that there is a minimal overlap with existing standards to minimise the potential for contradiction and also to ensure that this document remains relevant, even if those standards change.

However, the world of standards is large and complex and it is possible that we have omitted important standards, that we have unknowingly 'overlapped' with an existing standard that we are unaware of and/or that we have contradicted existing standards.

In order to improve future versions of this document and also to ensure that these standards integrate effectively and with minimal conflict with other standards, we will appreciate any feedback, suggestions and information that will assist with this.

11.5 <u>New Technologies</u>

As mentioned in 1.3, software and technology is continuously advancing. As such, though we have defined standards that are relevant and appropriate at the time of writing, we are aware that new technologies might require extensions and modifications to these standards.

Wherever possible we have taken a fairly generic approach that should withstand many of these changes and also be applicable across a range of terminologies for the same software capabilities. Where these standards already provide relevant guidance, they should be interpreted in a suitable manner.

However, as new technologies emerge and new modes of interfaces between humans and software systems evolve, new issues relating to the handling of language and, specifically, bilingualism will arise. As for all aspects, we ask anyone working with technologies and issues not sufficiently or suitably covered to provide input on the issues faced and appropriate modifications to enable standards to be relevant and provide meaningful guidance.

11.6 <u>Specific Application Areas</u>

As for technologies, the range of software applications is continuously growing and evolving. Again, though it is hoped that the standards are sufficiently generic to ensure relevance across all applications, there will undoubtedly be specific applications and functional capabilities that required coverage but have not been addressed.

Examples of these might include SMS, Instant Messaging, Wearable computers, Speech processing, etc.

Identification of any such omissions and suggestions for suitable standards would be appreciated.

12 Guidance for Web Designers

The preceding standards have been written to be applicable to the widest range of software systems possible. The purpose of this section is to provide clarification on certain areas of the standards for web designers.

This section will only address a subset of the standards with which a web site must comply. It is therefore necessary for web designers to use sections 3 through 10 as their primary reference.

It isn't possible for this section to discuss specific implementation details as the range of web technologies (such as ASP.NET, PHP, JSP, CGI, etc) is vast.

All references to HTML are equally applicable to XHTML.

12.1 Character Sets

Topic:	Use of character sets within HTML documents
Section(s):	4.3.1
Guidance:	The character set shall always be expressed using a meta tag in HTML. `<meta http-equiv="Content-Type" content="text/html;charset="utf-8" />` Note that the actual encoding of the file should always match that which is given in the meta tag. Unicode is the recommended encoding.
Reference(s):	http://www.w3.org/International/O-charset.html

Topic:	Use of Unicode characters in other character sets
Section(s):	4.3.3, 4.3
Guidance:	Where it isn't possible to use the Unicode character set, it is possible to still use individual Unicode characters by encoding them: • ŵ gives 'ŵ'; • ŷ gives 'ŷ'; • Etc. The decimal numbers to be used after "&#" are given in the table at the start of section 4.3.

12.2 Initial Implicit Language Assumption

Topic:	Using a browser's locale to identify a language preference
Section(s):	5.1.1
Guidance:	It is possible to retrieve the browser's preferred languages from the ACCEPT_LANGUAGE HTTP header.
Reference(s):	http://www.w3.org/Protocols/rfc2616/rfc2616-sec14.html#sec14.4 The method of retrieving this header is platform-specific. A search for "ACCEPT_LANGUAGE" using a web search

	engine is recommended in order to find out the correct approach for your platform.

Topic:	Using a domain name to make a language assumption
Section(s):	5.1.1
Guidance:	It is possible to retrieve the domain name from the HTTP_HOST environment variable.
Reference(s):	The method of retrieving this variable is platform-specific. A search for "HTTP_HOST" using a web search engine is recommended in order to find out the correct approach for your platform.

Topic:	Using a querystring element to identify a language preference
Section(s):	5.1.1
Guidance:	For example: http://mywebsite.co.uk/mypage.asp?**lang=cy-gb** The 'lang' parameter's value can then be retrieved from the request object.
Reference:	The method of retrieving this value is platform-specific. A search using a web search engine is recommended in order to find out the correct implementation approach for your platform.

Topic:	Using a referring URL to make a language assumption
Section(s):	5.1.1
Guidance:	It is sometimes possible to retrieve a referring URL from the HTTP_REFERER environment variable. If this could be identified as being a known Welsh language domain name, the initial language could be assumed to be Welsh, for example. Note that this cannot be relied upon as a means of making an initial language assumption, as some browsers (or Internet security products) do not allow browsers to give a referring URL when requesting a page.
Reference(s):	The method of retrieving this variable is platform-specific. A search for "HTTP_REFERER" using a web search engine is recommended in order to find out the correct approach for your platform.

12.3 Ubiquitous Language Selector

Topic:	Location of Language Selector
Section(s):	5.1.3
Guidance:	The emerging standard for the location of language selectors is in the top right-hand corner of a web page. This is known as the "sweet spot".
Reference(s):	http://www.corante.com/goingglobal/

12.4 Persistence of Language Selection

Topic:	Persistence of Language Selection
Section(s):	5.2
Guidance:	In order that a language decision can be reversed by clicking on a "back" button, it will be necessary to store the language preference as part of a querystring, rather than associating a server-side language preference with a session identifier or similar. For example: http://mywebsite.co.uk/mypage.php?lang=en-gb Rather than: http://mywebsite.co.uk/mypage.php?session=123456

12.5 Storing Language Preference

Topic:	Application Level Profile
Section(s):	5.3.1
Guidance:	In order to store a language setting at this level, it will be necessary to write a cookie to the user's browser cache. Note that browser security settings may limit the success of this method.
Reference(s):	http://www.cookiecentral.com/

12.6 Domain Names

Topic:	Internationalised Domain Names (IDNs)
Section(s):	5.4
Guidance:	At the time of going to print, IDNs are not supported on domain names ending in .com, .net, .org, .edu or .uk. The UK domain registry (Nominet) is currently in consultation on whether IDNs are desirable and viable for the UK market.
Reference(s):	https://lists.nominet.org.uk/mailman/listinfo/nom-pwg-idn

12.7 Error and Event-Driven Messages

Topic:	Display of Messages
Section(s):	5.8
Guidance:	It should be remembered that any message displayed may also need to be accessible. As such, options such as Javascript alert boxes may not be a viable approach to displaying messages.
Reference(s):	http://www.w3.org/WAI/

BWRDD YR IAITH
GYMRAEG • WELSH
LANGUAGE BOARD

12.8 Mixed Language Content

Topic:	Mixed Language Content
Section(s):	6.2.2, 6.3

Guidance:	Whenever both English and Welsh are used on the same page, the language of each passage of text should be given.
	
	It is possible to place a "lang" attribute on most HTML tags (the exceptions being base, br, frame, frameset, hr, iframe, param and script according to the XHTML standard).
	
	For example:
	
	`<p lang="en">English</p>`
	`<p lang="cy">Cymraeg</p>`

Reference(s):	http://www.w3schools.com/tags/ref_standardattributes.asp

12.9 Meta data

Topic:	Multilingual meta-tags
Section(s):	8.11, 10

Guidance:	A meta-tag can be used to state the primary language of an HTML document:
	
	`<meta http-equiv="Content-Language" content="en-gb">`
	`<meta http-equiv="Content-Language" content="cy-gb">`
	
	Meta-tags can be used multilingually (i.e. one meta-tag for English, another for Welsh), as exemplified in section 10.1.2:
	
	`<meta name="DC.title" lang="en"`
	`content="Bilingual Software Standards" />`
	
	`<meta name="DC.title" lang="cy"`
	`content="Canllawiau a Safonau Meddalwedd Dwyieithog" />`

Reference(s):	http://www.html-reference.com/META_httpequiv_language.htm

13 Resources & Bibliography

13.1 Character Sets

Unicode:
http://www.unicode.org/

Code charts:
http://www.unicode.org/charts/

Asciitable.com:
http://www.asciitable.com/

W3.org document on character sets:
http://www.w3.org/TR/1999/REC-html401-19991224/charset.html - code-position

ISO 8859-14:
http://www.iso.org/iso/en/CatalogueDetailPage.CatalogueDetail?CSNUMBER=29630

13.2 Keyboard Key Sequences

Microsoft (Windows XP service pack 2 & later)
http://www.microsoft.com/globaldev/handson/user/welsh.mspx

To Bach Schema
http://www.draig.co.uk/tobach & http://www.meddal.com/

13.3 Language Resources

Welsh Language Act:
http://www.legislation.hmso.gov.uk/acts/acts1993/Ukpga_19930038_en_1.htm

Plain English:
http://www.plainenglish.co.uk/

Association of Welsh Translators (CCC):
http://www.welshtranslators.org.uk/

Canolfan Bedwyr:
http://www.bangor.ac.uk/ar/cb/

Cymraeg Clir (Plain Welsh):
http://www.bangor.ac.uk/ar/cb/cymraeg_clir.php

Cysgliad (includes Cysill and Cysgeir):
http://www.bangor.ac.uk/ar/cb/meddalwedd.php

13.4 Welsh Language Board

Main website:
http://www.welsh-language-board.org.uk/, containing:

- Snapshot survey (2001) – Websites of organisations complying with statutory language schemes. Lingua Cambria Cyf
- Snapshot survey (2003) – Websites of organisations complying with statutory language schemes. Cwmni Cymad
- A guide to bilingual design, 2001 edition.
- Windows XP & Office 2003 Available in Welsh:
- Information Technology Resources
- Information Technology and the Welsh Language: A Strategy Document

13.5 Localisation & Multilingual Computing

Websites:

IBIS (Interfaces to Bilingual Information Systems:
http://weblife.bangor.ac.uk/ibis/default.html

Bilingual Web Development Resources
http://www.comp.glam.ac.uk/%7EDaniel.Cunliffe/bilingual/

Microsoft GlobalDev: Locales & Languages :
http://www.microsoft.com/globaldev/DrIntl/faqs/Locales.mspx

List of Locale ID (LCID) Values Assigned by Microsoft
http://www.microsoft.com/globaldev/reference/lcid-all.mspx

ISO 639 (Wikipedia)
http://en.wikipedia.org/wiki/ISO_639

ISO 3166-1 alpha-2 (Wikipedia)
http://en.wikipedia.org/wiki/ISO_3166-1_alpha-2

Books:

Developing International Software, second edition (2002), Dr International, Microsoft Press, ISBN 0-7356-1583-7

Internationalization and Localization Using Microsoft .Net, 2002, Nick Symmonds, Apress, ISBN 1-59059-002-3

Periodicals:

Multilingual Computing & Technology, http://www.multilingual.com/, +(1) 208 263 8178

13.6 <u>Address Management</u>

Addressing for Britain is not as Simple As Going from A to B, Gavin Keith, Robin McLaren, AGI, 2003.
http://www.knowedgeconsortium.co.uk/documents/Doc47_-_Addressing for Britain.PDF

BS7666 for Beginners, The National Land & Property Gazetteer, April 2003.
http://www.nlpg.org.uk/_public/download/BS7666forBeginners.pdf

NLPG e-zine, The National Land & Property Gazetteer, March 2004.
http://www.nlpg.org.uk/ezine/March2004e-zine.htm

Review of Royal Mail's Licence Condition 20 - Postcode Address File Code of Practice, A Decision Document, Postcomm, March 2004.
http://www.postcomm.gov.uk/documents/licensing/PAFCodeofPracticeReviewFinalDoc.pdf

Geographic Information Strategy for Wales, AGI Cymru with sponsorship from the Welsh Assembly Government, 2003.
http://www.cymruarlein.wales.gov.uk/fe/default.asp?n1=1&n2=7&n3=223

13.7 <u>e-Government Standards & Guidelines:</u>

Office of the e-Envoy: http://www.govtalk.gov.uk/

e-Government Interoperability Framework Version 6.1, e-Government Unit, Cabinet Office, 18 March 2005.
http://www.govtalk.gov.uk/schemasstandards/egif_document.asp?docnum=949

What Are All These Lists?, Issue 0.02 – Draft – 3 September 2004.
http://www.esd-toolkit.org/forums/download.php?id=445

Expressing Dublin Core in HTML/XHTML meta and link elements, Dublin Core Metadata Initiative
http://dublincore.org/documents/dcq-html/index.html

GovTalk Schemas, e-Government Unit, Cabinet Office
http://www.govtalk.gov.uk/schemasstandards/xmlschema.asp

13.8 <u>Other</u>

e-Gymraeg Discussion List:
http://www.jiscmail.ac.uk/lists/e-gymraeg.html

Nominet consultation on Internationalised Domain Names (IDNs)
http://www.nominet.org.uk/Pab/PabConsultationPapers/IdnConsultation/

Safonau a Chanllawiau ar gyfer Meddalwedd Dwyieithog

DOGFEN GAN FWRDD YR IAITH GYMRAEG

Fersiwn: 1.0
Rhif Safonol Llyfr Rhyngwladol 095353342 5

005.1

Safonau a Chanllawiau ar gyfer Meddalwedd Dwyieithog

 Noddir gan Lywodraeth Cynulliad Cymru Sponsored by Welsh Assembly Government

BWRDD YR IAITH
GYMRAEG • WELSH
LANGUAGE BOARD

Cynnwys

BWRDD YR IAITH
GYMRAEG · WELSH
LANGUAGE BOARD

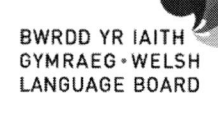

BWRDD YR IAITH
GYMRAEG • WELSH
LANGUAGE BOARD

BWRDD YR IAITH
GYMRAEG • WELSH
LANGUAGE BOARD

1   Rhagarweiniad

Mae Cymru'n wlad ddwyieithog, gyda nifer a chanran y siaradwyr dwyieithog (Cymraeg/Saesneg) yn cynyddu.[1] Mae'r statws cyfartal a roddir i'r Gymraeg a'r Saesneg wrth gynnal busnes cyhoeddus yng Nghymru wedi'i ymgorffori yn Neddf yr Iaith Gymraeg 1993.

Yn ychwanegol i hyn, mae dogfen bolisi Llywodraeth Cynulliad Cymru, *Iaith Pawb*, yn nodi'i dyhead i greu "cenedl wirioneddol ddwyieithog, […] lle gall pobl ddewis byw eu bywydau trwy gyfrwng y Gymraeg neu'r Saesneg neu'r ddwy iaith a lle mae presenoldeb y ddwy yn ffynhonnell o falchder a chryfder i bob un ohonom." Er mwyn bodloni'r gofyniad statudol ynghyd â'r nod polisi canmoladwy hwn, mae'n bwysig bod systemau TG o ansawdd da'n cael eu datblygu a fydd o ddefnydd ymarferol bob dydd. Yr oedd *Iaith Pawb* hefyd yn galw am ddogfen strategaeth i wella statws y Gymraeg ym maes Technoleg Gwybodaeth. Roedd y ddogfen strategaeth honno, sydd ar gael ar wefan y bwrdd, yn nodi bod angen canllawiau technegol manwl ar gyfer cyfrifiadura dwyieithog, sef nod y ddogfen hon.

1.1   Y Gynulleidfa y Bwriedir y Ddogfen ar ei Chyfer

Dylai'r ddogfen hon gael ei darllen gan bawb sydd â diddordeb mewn prosiectau TG i'w defnyddio yng Nghymru, neu gan y rhai sydd â chyfrifoldeb am brosiectau o'r fath – yn rheolwyr, yn ddatblygwyr ac yn ddefnyddwyr fel ei gilydd. Er y byddai'r Bwrdd, yn rhinwedd ei natur, yn annog pob sefydliad i drin y Gymraeg a'r Saesneg yn gyfartal wrth ddarparu gwasanaethau i'r cyhoedd yng Nghymru, y ddogfen gyfreithiol sy'n sail i hyn o hyd yw Deddf yr Iaith Gymraeg, 1993. Cysylltwch â'r Bwrdd am ragor o gyngor (post@bwrdd-yr-Iaith.org.uk).

Yn fwy penodol, bwriedir y ddogfen hon ar gyfer tair cynulleidfa benodol:

- Datblygwyr sy'n cynhyrchu rhaglenni meddalwedd (gan gynnwys gwefannau) i'w defnyddio yng Nghymru neu raglenni y bydd siaradwyr Cymraeg o bosib yn eu defnyddio. Ar gyfer datblygwyr o'r fath, bwriedir i'r ddogfen ddarparu canllawiau a safonau i'w tywys wrth ddatblygu manyleb swyddogaethol a gallu'r rhaglenni hyn.
- Unrhyw unigolyn sy'n ymwneud â llunio manylebau neu â chaffael rhaglenni meddalwedd a ddefnyddir o fewn ffiniau Cymru neu gan siaradwyr Cymraeg. Ar gyfer yr unigolion hyn, bwriedir i'r ddogfen ddarparu canllawiau ar gyfer diffinio'r gofynion a dilysu cydymffurfiad y rhaglenni hyn o'u cymharu â'r safonau;
- Llunwyr polisi a swyddogion cydymffurfio sy'n gyfrifol am sicrhau bod eu sefydliad neu eu busnes yn darparu rhyngwyneb o'r safon orau sy'n cydymffurfio â'r gofynion ar gyfer dinasyddion a chwsmeriaid.

1.2   Meddalwedd 'Dwyieithog'

Mae 'dwyieithog', fel y'i defnyddir yn y ddogfen hon, yn cyfeirio at y Gymraeg ar Saesneg. Sylwch nad yw hyn o anghenraid yn golygu y dylid cyflwyno'r ddwy iaith i'r defnyddiwr drwy'r amser. Mae ysgrifennu meddalwedd dwyieithog effeithiol yn golygu grymuso'r defnyddiwr i weithio gyda system TG yn ei ddewis iaith a bod yn rhydd i newid y dewis hwnnw.

---

[1] Gweler canlyniadau Cyfrifiad 2001 yn http://www.bwrdd-yr-iaith.org.uk

Er bod y ddogfen hon yn sôn yn benodol am gefnogaeth meddalwedd dwyieithog (Cymraeg a Saesneg), lle bo modd, rydym yn awgrymu y dylid mynd ati i ddylunio mewn modd sy'n arwain at allu amlieithog.

1.3 Cwmpas

Mae rhaglenni meddalwedd yn gyffredin iawn, maent ar gael ar amrywiaeth eang o lwyfannau ac yn rhan allweddol o'n rhyngweithio ni gyda systemau cyfrifiadurol o bob math. Mae'r safonau hyn yn berthnasol i'r holl raglenni meddalwedd sy'n rhyngweithio gyda defnyddwyr gan ddefnyddio iaith neu raglenni sy'n effeithio ar sut mae rhaglenni eraill yn rhyngweithio gyda defnyddwyr.

Dyma rai enghreifftiau o raglenni o'r fath:

- Gwefannau;
- Rhyngwynebau a rhaglenni ar y we;
- Cynorthwywyr Digidol Personol (PDAs);
- Peiriannau Arian Awtomataidd (ATMs);
- Teledu Digidol (idTV);
- Llwyfannau etifeddol (e.e. prif gyfrifiaduron neu "mainframes");
- Saernïaethau cleient tenau
- Rhaglenni cleient-yn-unig a Chleient/Gweinydd;
- Systemau gweithredu:
- Arwyddion electronig;
- Ffonau symudol/3G;
- Systemau planedig.

Wrth i dechnoleg meddalwedd a'r amrywiaeth o raglenni ddatblygu, bwriadwn ymestyn cwmpas y safonau hyn, lle bo hynny'n ymarferol, i gynnwys y technolegau newydd hyn a sicrhau cefnogaeth a thriniaeth gyfartal i'r iaith Gymraeg a'r iaith Saesneg. Mae enghreifftiau o dechnolegau o'r fath yn cynnwys y canlynol, ond heb eu cyfyngu iddynt:

- Testun-i-lais (synthesis llais);
- Adnabod llais;
- Cyfieithu peiriannol;
- Adnabod llawysgrifen;
- Prosesu testun rhagweledol;
- Adnabod Nodau Optegol;
- Technoleg cardiau clyfar

Os bydd technoleg neu saernïaeth meddalwedd newydd yn ymddangos ar ôl argraffiad mwyaf diweddar y ddogfen hon, ac felly nad oes cyfeiriad uniongyrchol atynt, dylid dehongli'r safonau a'r canllawiau yn y modd mwyaf ymarferol, yn gyson â'u bwriad a'u diben.

1.4 Adolygu a Chyhoeddi

Dyma argraffiad cyntaf fersiwn terfynol y ddogfen hon a dyma'r tro cyntaf i ganllawiau a safonau o'r fath gael eu dwyn ynghyd yn un ffurf ystyrlon.

O ganlyniad, rydym yn awyddus i dderbyn cymaint o sylwadau, awgrymiadau a mewnbwn ag sy'n bosib yn ystod proses ymgynghori barhaus. Rydym yn derbyn y gall

BWRDD YR IAITH
GYMRAEG•WELSH
LANGUAGE BOARD

fod dulliau gweithredu mwy effeithiol nag yr ydym yn eu hargymell mewn sawl maes, lle gall arbenigwyr mewn meysydd penodol roi mewnbwn gwerthfawr, a/neu sôn am feysydd y gallem fod wedi'u hesgeuluso.

Cydnabyddir y bydd newidiadau sy'n digwydd yn gyson yn y maes ynghyd â datblygiadau technolegol parhaus yn golygu y bydd angen adolygu a diweddaru'r ddogfen hon yn gyson ac rydym yn annog pob un sy'n rhan o ddatblygu, cynnal, rheoli a chaffael rhaglenni meddalwedd dwyieithog i ymuno yn y drafodaeth er mwyn llywio'r gwaith o ddatblygu'r safonau hyn. Byddwn yn adolygu'r holl sylwadau a gawn ac yn eu defnyddio wrth lunio fersiynau diweddarach o'r ddogfen.

Bwriedir hefyd ddarparu nifer o adnoddau ategol gyda'r safonau hyn. Mae rhagor o wybodaeth, ynghyd â manylion cyswllt ar gyfer cyflwyno sylwadau pellach, ar gael ar wefan Bwrdd yr Iaith Gymraeg.

1.5   Safonau a Chanllawiau

Mae'r ddogfen hon yn diffinio'r safonau a'r canllawiau i'w dilyn wrth ddatblygu atebion TG a fydd yn cael eu defnyddio gan ddefnyddwyr dwyieithog (Cymraeg/Saesneg), neu i ddarparu gwybodaeth a fydd ar gael i gynulleidfa ddwyieithog.

Y canlynol fydd yn pennu i ba raddau y bydd yn rhaid i ddarllenwyr a defnyddwyr y safonau hyn gydymffurfio â hwy:

- Eu dyletswyddau statudol dan Ddeddf yr Iaith Gymraeg 1993;
- Cynllun Iaith Gymraeg eu sefydliad;
- Y manteision masnachol a chymdeithasol a ddaw i'w rhan trwy gydymffurfio a darparu system ddwyieithog.

Gellir gweld y safonau'n hawdd trwy edrych am y fformat canlynol:

> Dyma safon y mae'n rhaid ei dilyn fel sy'n briodol.

Gellir ystyried unrhyw beth y tu allan i'r cyfryw fformat yn arweiniad pellach ar gyfer creu meddalwedd dwyieithog o ansawdd da.

1.6   Terminoleg

Drwy'r ddogfen hon, defnyddir termau sy'n gyffredin ac yn safonol yn y diwydiant TG a meddalwedd. Yn ogystal â hyn, defnyddiwyd rhai termau yn gyson drwy'r ddogfen ac mae iddynt ystyr penodol. Cofier, nid ymgais i ddiffinio termau safonol i'w defnyddio y tu allan i'r ddogfen hon 'mo hyn.

Term	Ystyr
Nodau diacritig	Mae'n cyfeirio at bob llythyren gydag acen (nodau diacritig, e.e. á, ô, ŷ, a.y.b.). Gweler 4.3 am ragor o wybodaeth.
Cyfatebiaeth ddiacritig	Lle bo llythyren â nod diacritig yn cael ei thrin fel petai'n cyfateb i'r llythyren heb y nod (e.e. wrth chwilio).
Elfen ieithyddol	Unrhyw eitem sy'n rhan o iaith. Gall fod yn eitem o destun, delwedd, segment sain, a.y.b. .
Ieithyddol-niwtral	Pan fydd ystyr eitem (fel arfer elfen o'r rhyngwyneb defnyddiwr) yn sefyll ar wahân i unrhyw un iaith benodol.

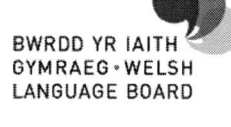

BWRDD YR IAITH
GYMRAEG • WELSH
LANGUAGE BOARD

Ieithyddol-sensitif	Lle mae eitem (fel arfer elfen o'r rhyngwyneb defnyddiwr) yn berthnasol i iaith.
Llwyfan gweithredu	Fe'i disgrifir yn 4.1.2, ac mae'n cyfeirio at yr amgylchedd y mae rhaglen meddalwedd yn gweithredu ynddo. Fel arfer mae'n golygu system weithredu sylfaenol, llwyfan planedig neu borydd gwe.
Cydran rhyngwyneb defnyddiwr	Unrhyw eitem sy'n ffurfio rhan o ryngwyneb defnyddiwr. Defnyddir y term hwn i gynnwys rhyngwynebau llais a chyffwrdd yn ogystal â'r rhyngwyneb defnyddiwr graffigol mwy nodweddiadol.

1.7 Awduron

Comisiynwyd y ddogfen hon gan Fwrdd yr iaith Gymraeg a'i hysgrifennu gan Draig Technology Cyf. gyda chymorth Bwrdd yr Iaith Gymraeg a Chanolfan Bedwyr, Prifysgol Cymru, Bangor.

Hoffai Bwrdd yr Iaith Gymraeg a'r awduron ddiolch i bob unigolyn a sefydliad sydd hefyd wedi cyfrannu at y ddogfen hon a chyflwyno sylwadau yn ystod y cyfnod ymgynghorol.

1.8 Rhagor o Wybodaeth

Gellir cael rhagor o wybodaeth a chyngor am y ddogfen hon a'r materion a drafodir ynddi trwy gysylltu â Bwrdd yr Iaith Gymraeg:

Uned Ymchwil, Technoleg Iaith a Grantiau
Bwrdd yr Iaith Gymraeg
Siambrau'r Farchnad,
5-7 Heol Eglwys Fair,
Caerdydd
CF10 2AT

post@bwrdd-yr-iaith.org.uk

BWRDD YR IAITH
GYMRAEG · WELSH
LANGUAGE BOARD

2   Gorolwg Annhechnegol

Nod yr adran hon yw rhoi golwg ar y safonau i gynulleidfa lai technegol ei hanian. Rydym wedi gwneud pob ymdrech i sicrhau bod y cynnwys mor ddealladwy ag y bo modd i'r gynulleidfa ehangaf bosib. Diffinnir y termau, trafodir eu harwyddocâd ac yn ogystal â hyn, ceir golwg gyffredinol ar y safonau.

Cofier mai dim ond golwg fras ar y safonau a geir yn yr adran hon. Yn adran 3 y dechreuir trafod y prif safonau.

2.1   Lleoleiddio – Canllawiau, Problemau a Rheolaeth (Adran 3)

2.1.1   Diffiniad

Yn yr adran hon, ystyr 'lleoleiddio' yw'r broses lle bydd darn o feddalwedd yn cael ei wneud yn ieithyddol ac yn ddiwylliannol addas ar gyfer defnyddwyr sy'n siarad Saesneg, Cymraeg neu'r ddwy iaith. Gallai hyn olygu sicrhau bod y testun i gyd ar gael yn y ddwy iaith a bod rhestrau'n cael eu trefnu'n briodol yn ôl gwyddor y naill iaith a'r llall, er enghraifft. Ond mae lleoleiddio hefyd yn cynnwys llawer o weithgareddau technegol a phenderfyniadau eraill ynghylch saernïaeth nad ydynt bob amser yn amlwg i'r defnyddiwr neu i rywun heb wybodaeth dechnegol.

2.1.2   Rhesymau dros Leoleiddio

Mae Deddf yr Iaith Gymraeg (1993) yn gosod dyletswydd ar y sector cyhoeddus i drin y Gymraeg a'r Saesneg yn gyfartal wrth ddarparu gwasanaethau i'r cyhoedd yng Nghymru. Bydd y sector cyhoeddus yn darparu gwasanaethau mewn sawl ffordd ac un o'r rheini yw drwy systemau meddalwedd. Felly, mae'r systemau hyn yn dod o dan y Ddeddf. Ar gyfer y rheini sydd y tu allan i'r sector cyhoeddus, gall systemau meddalwedd dwyieithog ddwyn manteision eraill, megis gwella ansawdd gwasanaethau i gwsmeriaid, denu cwsmeriaid newydd neu ennyn mwy o ffyddlondeb ymhlith eu cwsmeriaid.

2.1.3   Rheoli Prosiectau Datblygu Meddalwedd Dwyieithog

Mae darn o feddalwedd yn dechrau ei oes drwy gael ei ddiffinio'n benodol ("bydd y meddalwedd yn gwneud *x, y* a *z* ac yna'n cael ei ddylunio ("bydd yn gwneud *x, y* a *z* fel *hyn*"). Wedyn, ysgrifennir y cod yn unol â'r dyluniad a phrofir y cynnyrch terfynol i fesur ei gywirdeb a'i ansawdd cyffredinol. Mae'r holl gamau hyn yn ffurfio rhan o'r hyn a elwir yn "gylch bywyd datblygu meddalwedd".

Yn adran 3.3, disgrifir pwysigrwydd ystyried defnydd a nodweddion dwyieithog yn ystod pob cam o'r cylch bywyd hwn ac argymhellir neilltuo aelod o'r tîm i hyrwyddo a goruchwylio'r elfennau lleoleiddio wrth i brosiect fynd rhagddo.

Argymhellir y dylid pennu beth fydd y nodweddion a'r cynnwys dwyieithog o'r cychwyn - h.y. wrth lunio manyleb y gofynion - a bod y rheini wedyn cael eu dwyn ymlaen i'r cam dylunio, y gweithredu ac yna'r profi. Mae hyn yn sicrhau bod y nodweddion a'r cynnwys felly o safon ddigon da ac nad ydynt yn cael eu hystyried yn rhywbeth atodol a ychwanegir ar y funud olaf.

Dylid gofalu nad yw unrhyw newid yn y meddalwedd yn cael effaith er gwaeth ar y cynnwys a'r nodweddion yn y naill iaith na'r llall.

 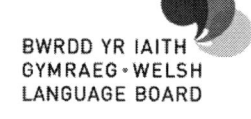

2.1.4   Cyfieithu ac Ansawdd Ieithyddol

Yn Adran 3.4, awgrymir defnyddio terminoleg sy'n gyfieithiad safonol lle bynnag y bo modd er sicrhau cysondeb a chywirdeb. Mae cryn ymdrech wedi bod eisoes i gynhyrchu adnoddau ar gyfer y termau cyfrifiadura a ddefnyddir amlaf (e.e. 'bysellfwrdd', "llygoden", "ffenestr", "eicon") yn ogystal ag ar gyfer termau cyffredinol eraill (e.e. gwledydd, cyfarchion). Mae Adran 12 yn nodi ble y gellir cael gafael ar y rhain am ddim.

Wrth gynllunio prosiect, dylid neilltuo amser ar gyfer y gwaith cyfieithu. Bydd angen deunydd cyd-destun ar gyfieithwyr i'w cynorthwyo i ddarparu cyfieithiad o safon (er enghraifft, gwybod ymhle a pham mae darn o destun yn ymddangos a beth yw ei ystyr). Oni ddefnyddir cyfieithwyr technegol arbenigol, dylid darparu'r holl ddeunydd ar gyfer y cyfieithwyr ar ffurf y gellir ei defnyddio heb wybodaeth dechnegol fanwl iawn (er enghraifft, darparu rhestr o eitemau testun a deunydd ategol ar ffurf taenlen, yn hytrach na disgwyl i'r cyfieithydd bori drwy god rhaglennu cymhleth).

2.2   Locales, Gwyddorau a Setiau Nodau (Adran 4)

Gellir ystyried "locale" yn fwndel o nodweddion sy'n disgrifio iaith a diwylliant mewn ardal ddaearyddol benodol. Fe allai'r bwndel hwn gynnwys ffeithiau am fformat dyddiadau, symbolau arian, sut mae trefnu rhestrau yn ôl yr wyddor, a ffeithiau eraill.

Er enghraifft, mae locale yr iaith Saesneg yn y Deyrnas Unedig ac yn Unol Daleithiau America'n debyg i raddau helaeth, ond ceir ambell wahaniaeth cynnil rhyngddynt. Un gwahaniaeth amlwg yw bod gennym symbolau gwahanol ar gyfer arian. Byddwn hefyd yn ysgrifennu dyddiadau ar ffurf wahanol; ysgrifennir "30 Tachwedd 2005" yn "30/11/2005" yn y DU ond yn "11/30/2005" yn UDA.

2.2.1   Defnyddio Locales

Yn Adran 4 y ddogfen, trafodir defnyddio locales ar gyfer Saesneg gwledydd Prydain a'r Gymraeg. Mae'r locale ar gyfer Saesneg gwledydd Prydain ar gael yn rhwydd i ddatblygwyr meddalwedd. Ond mae wedi cymryd cryn amser i greu locale safonol ar gyfer y Gymraeg, ac nid yw mor rhwydd â hynny cael gafael arno adeg llunio'r ddogfen hon. Mae'r safonau'n mynnu bod rhaid i raglen feddalwedd ddefnyddio'r nodweddion a ddisgrifir yn y locales pa bryd bynnag y bydd y rheini ar gael (gweler 4.1.2).

Mae prosesau technegol ar gael i gynorthwyo rhywun i "ddyfalu'n ddoeth" pa fwndel o nodweddion fyddai'r un mwyaf priodol ar gyfer defnyddiwr penodol. Dylid defnyddio'r rhain pan na wyddys eisoes beth yw dewis iaith a diwylliant y defnyddiwr. Pan fo dymuniadau'r defnyddiwr eisoes *yn* hysbys, rhaid defnyddio'r rheini.

2.2.2   Gwahaniaethau rhwng Locale y Saesneg a Locale y Gymraeg

Yn ei hanfod, mae holl nodweddion diwylliannol bwndel locale yn debyg yn y Gymraeg a'r Saesneg - mae'r naill a'r llall yn defnyddio'r calendr Gregoraidd, mae prif wledydd tir mawr y DU yn yr un parth amser ac fe ddefnyddir yr un symbol arian yn y ddwy wlad.

Gwelir y prif wahaniaethau yng nghyswllt y ddwy iaith:

- Mae'r wyddor Gymraeg a'r wyddor Saesneg yn wahanol ac mae hyn yn golygu bod angen mynd ati fymryn yn wahanol wrth drefnu rhestrau.

BWRDD YR IAITH
GYMRAEG • WELSH
LANGUAGE BOARD

- Mae'r Gymraeg yn defnyddio llythrennau ag acenion, yn wahanol i'r Saesneg ar y cyfan.
- Mae sawl gwahaniaeth arall cynnil ond pwysig hefyd.

2.2.3 Gwyddorau

Mae 29 o lythrennau yn yr wyddor Gymraeg tra bo 26 yn yr wyddor Saesneg. Nid yw'r llythrennau 'k', 'q', 'v' a 'z' yn y Gymraeg ond mae'n cynnwys y llythrennau ychwanegol 'ch', 'dd', 'ff', 'ng', 'll', 'ph', 'rh' ac 'th' Gelwir y llythrennau hyn yn "ddeugraffau" - llythrennau unigol sy'n cynnwys mwy nag un nod. Mae hyn yn golygu mai 8 llythyren sydd yn "Llandudno" yn yr wyddor Gymraeg, a 9 llythyren yn yr wyddor Saesneg.

Mae'r gwahaniaethau hyn yn effeithio ar restrau sydd wedi'u trefnu. Mae Adran 4.2.2 y safonau'n disgrifio sut y dylid mynd i'r afael â'r materion hyn.

Gan fod Cymru'n wlad ddwyieithog, defnyddir geiriau sy'n cynnwys y llythrennau 'k', 'q', 'v' a 'z' yn gyffredin, er nad ydynt yn rhan o wyddor y Gymraeg. Felly, er mwyn trefnu rhestrau yn Gymraeg, dylid defnyddio set gyfun o'r wyddor Gymraeg a'r wyddor Saesneg sy'n cynnwys y llythrennau hyn:

a, b, c, ch, d, dd, e, f, ff, g, ng, h, i, j, k, l, ll, m, n, o, p, ph, q, r, rh, s, t, th, u, v, w, x, y, z

Fodd bynnag, wrth drefnu rhestrau Saesneg, dylid defnyddio'r wyddor Saesneg heb ystyried y deugraffau (e.e. dylid trin 'th' fel 't' a 'h').

Mae ambell broblem yn codi wrth drefnu'r deugraffau yn Gymraeg ac fe geir manylion y rhain yn adran 4.2.3. Er enghraifft, nid oes modd penderfynu'n rhwydd ai "ng" yw'r llythyren "ng" ynteu 'n' ac yna 'g'.

- C-a-ng-e-n – Cangen;
- B-a-n-g-o-r – Bangor.

Mae'n bwysig dilyn dull cyson wrth drefnu'r deugraffau yn Gymraeg. Er enghraifft, dylid *bob amser* drin y dilyniannau "ng", "ph", "rh" ac "th" fel deugraffau pan ddeuir ar eu traws.

Un ateb i'r broblem hon yw defnyddio'r hyn a elwir yn **"unydd graffemau cyfun"**. Nod cudd yw hwn y gellir ei roi rhwng dau nod arall er mwyn dweud "dwy lythyren yw'r rhain, nid un". Er enghraifft, "Ban•gor". Trafodir y dull hwn yn adran 4.2.4.

2.2.4 Llythrennau ag Acenion a Setiau Nodau

Yr acen a ddefnyddir fwyaf yn y Gymraeg yw'r acen grom. Dim ond ar lafariaid y bydd yr acen grom a phob acennod arall yn ymddangos yn y Gymraeg. Yn Gymraeg, y llafariaid yw A, E, I, O, U, W ac Y. Er enghraifft, 'dŵr' neu 'tân'. Defnyddir yr acen ddyrchafedig (á) a'r acen ddisgynedig (à) hefyd ar bob llafariad, yn ogystal â'r didolnod (ä).

Gan fod modd defnyddio'r holl nodau hyn yn Gymraeg, rhaid gallu eu teipio a'u cadw.

Ni all cyfrifiadur ond ddelio ag ystod o nodau hysbys y mae'n eu deall. Gelwir yr ystod hon yn "set nodau", ac fe ymdrinnir â'r rhain yn adran 4.3. Gall set nodau gynnwys ystod gyfyng neu ystod eang o nodau.

Yn ôl y safonau, rhaid i'r set nodau y dewisir ei defnyddio gynnwys holl nodau'r wyddor Gymraeg, yn nodau gydag acenion ac yn nodau heb acenion. Y ffordd hawsaf o wneud hyn yw dewis set nodau ag ystod eang, megis "Unicode". Mae'n ofynnol i rai systemau meddalwedd roi cyhoeddusrwydd i'r set nodau a ddefnyddir ganddynt fel y gall mathau eraill o feddalwedd ryngweithio'n iawn gyda hwy. Yn adran 4.3.1 mynnir bod rhaid nodi'n glir pa set nodau a ddefnyddir, lle bynnag y bo modd.

Os nad oes modd dewis set nodau sy'n addas ar gyfer y Gymraeg, bydd hi'n aml yn bosib ochrgamu'r problemau technegol drwy ddefnyddio cod arbennig wrth lunio'r testun. Yn adran 4.3.3 ceir manylion technegol y dull hwn.

Nid yw bob amser yn bosib i ddefnyddiwr deipio llythrennau ag acenion, yn enwedig ar un o fysellfyrddau safonol y DU. Felly, mae'r safonau'n mynnu y dylai fod modd llunio'r nodau ag acenion drwy ddefnyddio'r hyn a elwir yn "drawslythrennu diacritig". Yn y bôn, ystyr hyn yw bod y meddalwedd yn dehongli'r dilyniant "w^" fel petai'n cyfateb i "ŵ", er enghraifft. Ceir rhagor o fanylion am hyn yn adran 4.3.4.2.

2.2.5 Gwahaniaethau Eraill

Mae un o'r talfyriadau a ddefnyddir ar gyfer diwrnodau'r wythnos yn cynnwys deugraffau yn Gymraeg:

Diwrnod	Saesneg	Cymraeg
Llun	M	Ll
Mawrth	T	M
Mercher	W	M
Iau	T	I
Gwener	F	G
Sadwrn	S	S
Sul	S	S

Felly mae'n bwysig bod systemau meddalwedd yn gallu ymdopi â thalfyriadau sy'n hwy nag un nod yn y sefyllfa hon.

Nid yw'n bosib ychwaith gymryd llythyren gyntaf diwrnodau'r wythnos i greu'r talfyriad Cymraeg, gan fod yr hyn sy'n cyfateb i'r olddodiad 'day' yn Saesneg yn digwydd bod yn rhagddodiad yn Gymraeg:

- Mon**day**;
- **Dydd** Llun.

Felly mae Adran 4.1.3.1 yn mynnu bod rhaid i'r talfyriadau fod yn ramadegol gywir a'u bod hefyd yn darparu ar gyfer y deugraffau.

Mae'r trefnolion yn wahanol yn Gymraeg hefyd. Er enghraifft, er bod y trefnolyn 'cyntaf' yn dod ar ôl enw'r diwrnod: "dydd Mawrth cyntaf", mae'r trefnolyn 'ail' yn dod o'i flaen: "ail ddydd Mawrth".

2.2.6 Lleihau Effaith Gwahaniaethau rhwng Locales

Mae'r safonau'n awgrymu ffyrdd o leihau effaith gwahaniaethau rhwng y cynefinoedd yn adran 4.1.4. Dyma ddwy o'r rheini:

- Defnyddio dyddiadau byr niwtral o ran iaith (e.e. 30/11/2005) yn hytrach na dyddiadau ar ffurf geiriau;
- Osgoi defnyddio trefnolion lle bynnag y bo modd.

Dylid dewis ffont sydd yr un mor addas o ran ei hestheteg ar gyfer y Gymraeg a'r Saesneg ac un sydd hefyd yn gallu darparu ar gyfer yr holl nodau ag acenion a gynhwysir yn y set nodau a ddewiswyd ar gyfer y meddalwedd. Ceir canllawiau ar gyfer dewis ffont o'r fath yn adran 4.3.5.

2.3 Saernïaeth a Dylunio (Adran 5)

2.3.1 Dewis Iaith

Wrth i ddefnyddiwr ddefnyddio rhaglen feddalwedd, bydd angen penderfynu pa iaith a ddangosir. Gellir gwneud hyn mewn sawl ffordd:

- Tybiaeth ddealledig os nad yw'r defnyddiwr wedi dweud pwy ydynt eto nac wedi mynegi eu dewis; neu
- Ddefnyddio dalen dewis iaith (a ddangosir yn ddwyieithog) wrth i rywun ddefnyddio'r rhaglen y tro cyntaf;
- Os oes modd adnabod y defnyddiwr, defnyddir yr iaith a ddewiswyd ganddo/i.

Gellir adnabod dewis iaith dealledig defnyddiwr mewn sawl ffordd wahanol, rhai ohonynt yn fwy technegol na'i gilydd. Un ffordd sylfaenol o adnabod dewis iaith yw trwy gyfrwng cyfeiriad gwe. Er enghraifft, os bydd defnyddiwr yn mynd i mewn i wefan drwy gyfrwng cyfeiriad rhyngrwyd Cymraeg (e.e. www.bwrdd-yr-iaith.org.uk) byddai'n rhesymol tybio y byddai'n well ganddynt weld cynnwys Cymraeg. Rhoddir manylion y dull hwn a dulliau mwy technegol yn adran 5.1.1 a 5.4.

Wrth ddefnyddio'r meddalwedd wedi hynny, bydd rhaid gallu troi o'r naill iaith i'r llall unrhyw bryd gan ddefnyddio botwm dewis iaith sydd yn yr un man ar bob tudalen. Dangosir enwau'r ieithoedd yn eu ffurf frodorol (e.e. 'Saesneg' a 'Cymraeg').

Os oes modd, bydd y meddalwedd yn newid o'r naill iaith i'r llall ar unwaith heb golli data. Os nad oes modd gwneud hyn am resymau technegol, rhaid esbonio a dylid rhoi cyfle i'r defnyddiwr ddadwneud y dewis.

Ceir rhagor o fanylion yn adran 5.1.3 y ddogfen.

2.3.2 Cofio'r Dewis Iaith

Yn gyffredinol, pan fydd sgrin yn newid iaith oherwydd bod y defnyddiwr wedi gwneud cais penodol, dylid cofio'r dewis newydd nes bod y defnyddiwr wedi gorffen gyda'r meddalwedd neu'n newid eu dewis eto. Gweler adran 5.2 am fwy o fanylion.

2.3.3 Storio'r Dewis Iaith

Mae'n bosib storio dewis iaith mewn gwahanol ffyrdd pan fydd angen i'r meddalwedd gofio pa iaith a ddewiswyd o'r naill sesiwn i'r llall. Mae sawl ffordd o wneud hyn.

Yn fras, dyma rai o'r dulliau sydd ar gael i storio'r dewis hwn:

- Cofnodi'r dewis yng nghof parhaol system y meddalwedd ei hun;
- Cofnodi'r dewis ar system cyfrifiadur y defnyddiwr mewn rhyw fodd;
- Cofnodi'r dewis mewn cyfeiriadur defnyddiwr neu adnodd a rennir.

Mae'n bosib nad yw rhai o'r dewisiadau hyn yn ymarferol oherwydd ystyriaethau ynghylch diogelwch, preifatrwydd neu bryderon eraill sy'n ymwneud â'r gwaith. Pa ddewis bynnag a wneir, oni all y meddalwedd ddod o hyd i'r dewis iaith, dylai'r meddalwedd ymdrin â'r sefyllfa'n raslon.

Ceir rhagor o fanylion yn adran 5.3.

2.3.4   Cyfeiriadau Gwe ac E-bost

Os mai system meddalwedd seiliedig ar y we sydd dan sylw, mae dau ddewis ar gael ar gyfer cyfeiriadau gwe ac e-bost:

- Defnyddio cyfeiriad ieithyddol-niwtral (e.e. google.com);
- Defnyddio cyfeiriad Cymraeg **a** Saesneg (e.e. rhywle.gov.uk, somewhere.gov.uk).

Ar hyn o bryd, nid oes modd prynu cyfeiriadau yn y DU sy'n cynnwys llythrennau acennog er bod hyn yn debygol o newid yn y dyfodol. Bryd hynny, argymhellir y dylid prynu cyfeiriadau priodol hefyd (e.e. llanllŷr.gov.uk) yn **ogystal ag** amrywiadau heb acenion, ond nid **yn eu lle.**

Gweler adran 5.4 am fwy o fanylion.

2.3.5   Presenoldeb Cyson y Dewis Iaith

Mae Adran 5.5 y ddogfen yn dweud y dylai'r nodweddion a'r cynnwys fod ar gael i'r un graddau yn Gymraeg ac yn Saesneg, fel y gall defnyddiwr, ar ôl dewis iaith, lywio drwy'r meddalwedd a'i ddefnyddio'n llwyr yn yr iaith honno.

Os bydd elfen iaith yn absennol yn anfwriadol - hynny yw, unrhyw eitem iaith-sensitif megis testun neu ddelwedd - dylai'r meddalwedd gofnodi hynny'n awtomatig er mwyn i ddefnyddiwr sy'n weinyddwr ddilyn trywydd hynny. Os bydd hyn yn digwydd, dylid dangos y cynnwys hwnnw yn yr iaith arall. Er enghraifft, os yw'r testun Cymraeg ar goll, dylai gael ei ddangos yn Saesneg os yw ar gael.

Os gwyddys ymlaen llaw nad oes adnodd ar gael yn newis iaith y defnyddiwr, dylid hysbysu'r defnyddiwr ynghylch hynny. Er enghraifft, os mai dim ond yn Saesneg mae dogfen benodol ar gael ar wefan, dylai'r ddolen at y ddogfen gynnwys y geiriau "(yn Saesneg yn unig)", fel mater o drefn os oes modd.

Argymhellir dylunio'r meddalwedd i gynnwys y gallu i chwilio am destun sydd ar goll mewn ieithoedd penodol a'i amlygu. Bydd hyn yn gymorth i leihau'r anghysondeb yn system y meddalwedd.

2.3.6   Strwythuro Dwyieithrwydd

Sut mae creu meddalwedd dwyieithog? Creu dwy system feddalwedd ar wahân, un ar gyfer pob iaith unigol, ynteu greu un sy'n darparu ar gyfer y ddwy iaith? Rhoddir sylw i'r cwestiwn hwn yn adran 5.6.

BWRDD YR IAITH
GYMRAEG • WELSH
LANGUAGE BOARD

Mae sawl dewis ar gael:

1. Cael un system sy'n cynnwys y Gymraeg a'r Saesneg ochr-yn-ochr neu mewn paragraffau am-yn-ail.;
2. Cael dau fersiwn o'r meddalwedd - un ar gyfer y Saesneg, un ar gyfer y Gymraeg - a'r gallu i newid o'r naill fersiwn i'r llall;
3. Cael un system sy'n cynnwys testun ar gyfer pob iaith, ond nad yw ond yn dangos dewis iaith y defnyddiwr gan guddio testun pob iaith arall;
4. Cael un system agnostig o ran iaith sy'n bachu testun yn newis iaith y defnyddiwr o adnodd a rennir (e.e. cronfa ddata) ac yn gwneud hynny 'mond mewn pryd'.

Mae'r ddogfen yn trafod y rhain drwy gyfeirio at bensaernïaeth Lefel 1, 2, 3 a 4 (yn y drefn honno).

Lefel 4 yw'r fwyaf pwerus, hyblyg, dibynadwy a hon hefyd sy'n darparu'r gallu mwyaf o ran rheoli a chynnal iaith.

Fodd bynnag, fe all y pedwar dull gynhyrchu rhaglenni a fydd yn bodloni'r safonau. Rhaid ceisio sicrhau cydbwysedd rhwng y gost ddatblygu gychwynnol a'r gost reoli a chynnal barhaus wrth geisio sicrhau'r un lefel o ansawdd, gallu a chydymffurfiad.

Mae Lefel 1 yn addas ar gyfer cynnwys statig megis gwefannau, ond fe all arwain at ansawdd gwael o ran dylunio, gan wneud y system yn anodd ei defnyddio.

Unwaith eto, mae Lefel 2 yn addas ar gyfer cynnwys statig, ond dim ond ar raddfa fach. Rhaid gwneud y gwaith i gyd ddwywaith ac mae perygl y bydd cynnwys y system Gymraeg a'r system Saesneg yn anghymesur. Hefyd , mae'n waith llafurus sicrhau bod cysylltiad rhywsut rhwng y tudalennau cyfatebol yn Gymraeg ac yn Saesneg er mwyn gallu newid o'r naill iaith i'r llall. Mae colli data wrth newid iaith yn broblem gyffredin hefyd.

Nid oes angen systemau meddalwedd cyfochrog ar gyfer Lefel 3 a dim ond yr iaith sydd o ddiddordeb i'r defnyddiwr a ddangosir. Yn yr ystyr hwn, mae'n well na Lefel 1 a Lefel 2. Fodd bynnag, fe all olygu bod yr un cynnwys yn cael ei ddyblygu mewn sawl man drwy'r system, yn hytrach na bod cynnwys iaith yn cael ei ddiffinio unwaith ac yna'n cael ei ailddefnyddio sawl gwaith.

Mae Lefel 4 yn sicrhau mai dim ond eu dewis iaith y bydd y defnyddiwr yn ei gweld bob amser tra'n defnyddio'r cynnwys iaith sydd ar gael mewn ffordd effeithlon. Mae'r saernïaeth hefyd yn ei gwneud yn haws cynhyrchu adroddiadau dadansoddi ar gynnwys iaith er mwyn gweld a oes anghysonderau neu eitemau ar goll. Gellir hefyd ei haddasu er mwyn creu ateb amlieithog.

2.3.7 Negeseuon

Yn adran 5.8 dywedir y dylid gwneud pob ymdrech i sicrhau mai dim ond yn eu dewis iaith y dylai'r defnyddiwr weld negeseuon (e.e. "cadwyd eich gwybodaeth" neu "mae'n ddrwg gennym, fe ddigwyddodd gwall").

Dylai pob neges sy'n deillio o'r system feddalwedd ddwyieithog fod ar gael i'r defnyddiwr yn y ddwy iaith. Os derbynnir neges o'r *tu allan* i'r system feddalwedd ddwyieithog, os oes modd ei newid er mwyn iddi ymddangos yn newis iaith y

defnyddiwr, dylid gwneud hynny. Os nad yw'n ymarferol gwneud hyn am resymau technegol neu resymau eraill, nid oes fawr mwy y gellir ei wneud yn y sefyllfa hon.

Nid yw'n debygol mai'r un person fydd y sawl sy'n gweld y neges gwall a'r sawl sy'n ei thrwsio. Yn yr un modd, nid oes sicrwydd y bydd y ddau'n siarad yr un iaith. Felly, dylai'r system feddalwedd gofnodi unrhyw wallau mewn ffordd sy'n sicrhau bod y wybodaeth briodol ar gael yn y ddwy iaith.

2.3.8   <u>Integreiddio gyda Phecynnau Cymorth Iaith</u>

Mae Pecynnau Cymorth Iaith yn cynnwys pethau megis gwirwyr sillafu neu ramadeg. Mae'r safonau'n nodi (yn 5.9) bod rhaid i unrhyw becynnau cymorth iaith fod ar gael i ddefnyddwyr yn y Gymraeg a'r Saesneg.

BWRDD YR IAITH
GYMRAEG • WELSH
LANGUAGE BOARD

2.4 Rhyngwyneb Defnyddiwr (Adran 6)

Y "rhyngwyneb defnyddiwr" yw'r dull y bydd rhywun yn ei ddefnyddio i ryngweithio â system feddalwedd. Gall gynnwys testun, delweddau a mannau lle gall defnyddiwr deipio manylion (meysydd) er enghraifft. Mae'n derm generig, ond dyma rai enghreifftiau penodol:

- Tudalen we;
- Rhaglen gyfrifiadurol megis Microsoft Word ("ffenestr");
- Y sgrîn lle byddwch chi'n gosod amserydd peiriant recordio fideo;
- Sgrîn a botymau rheoli peiriant twll yn y wal;
- Sgrîn a bysellbad ffôn poced.

2.4.1 Iaith

Dylai'r iaith a ddefnyddir mewn system feddalwedd fod o'r un safon yn y Gymraeg a'r Saesneg. Gellir mesur ansawdd y gramadeg, y sillafu a rhwyddineb deall. Fe all hyn olygu rhoi gwaith allan i'w gyfieithu os tybir nad yw'r sgiliau priodol ar gael y tu mewn i'r cwmni.

Mae Cymraeg Clir (Canolfan Bedwyr) a'r Nod Grisial (Ymgyrch Plain English) yn adnoddau buddiol o ran eglurdeb iaith. Rhoddir y manylion yn adran 13.3.

Dylai unrhyw fyrfoddau fod yn ystyrlon, yn gywir ac yn gyson â'r arferion a ddilynir. Cofiwch y gall byrfoddau ac acronymau fod yn wahanol yn Gymraeg ac yn Saesneg.

Mae cydraddoldeb iaith yn berthnasol i bob testun, gan gynnwys testun nad yw'n rhan weithredol o'r rhaglen feddalwedd megis ymwadiadau cyfreithiol neu delerau ac amodau. Argymhellir hefyd fod polisi dwyieithrwydd y sefydliad yn cael ei gyhoeddi a bod cyfeiriad ato yn y meddalwedd.

Pan gaiff meddalwedd ei ddiweddaru, dylid ystyried y ddwy iaith. Dylai nodweddion newydd neu nodweddion sydd wedi'u haddasu fod ar gael yn y ddwy iaith ar yr un pryd. Lle bo modd cyfiawnhau cynnwys uniaith, dylid cyflwyno esboniad yn yr iaith sydd ar goll.

Gweler adran 6.1 am fwy o fanylion.

2.4.2 Dyluniad a Chynllun

Dylai dyluniad a chynllun y rhyngwyneb defnyddiwr fod o'r un safon yn y fersiwn Cymraeg a'r fersiwn Saesneg.

Os dangosir testun Cymraeg a Saesneg, rhaid rhoi'r un amlygrwydd i'r ddau. Dylid bod yn ofalus i wahanu'r cynnwys ar gyfer y ddwy iaith.

Dylid gosod cydrannau cyffredin y rhyngwyneb defnyddiwr - dewislenni, meysydd teipio data a botymau dewis iaith, er enghraifft - yn yr un man yn y ddwy iaith. Bydd hyn yn helpu'r defnyddiwr i gwblhau tasgau'n gyflym yn y naill iaith neu'r llall neu i wella'u sgiliau yn yr iaith sydd wannaf o'r ddwy ganddynt.

 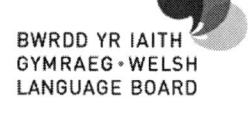

Cyn belled ag y bo modd, dylai cynllun rhyngwyneb defnyddiwr fod yn niwtral o ran iaith. Mae hyn yn golygu nad oes rhaid newid lleoliad meysydd data wrth newid iaith. Ystyriwch, er enghraifft, y trefnolion y cyfeiriwyd atynt uchod. Mae'n bosib bod y trefniant canlynol yn iawn i'r Saesneg, ond nid yw'n ddigon hyblyg i ddarparu ar gyfer "Ail ddydd Mawrth", fel sy'n ofynnol yn ôl gramadeg y Gymraeg:

The [First ▾] [Tuesday ▾] of the month.

Pan fydd testun mewn iaith benodol yn cael ei fachu i'w ddefnyddio 'mond mewn pryd', fel arfer, gosodir pob darn o destun y tu mewn i ddalfan o ryw fath. Rhaid dylunio cynllun rhyngwynebau defnyddwyr mewn modd fydd yn sicrhau y caniateir digon o le i arddangos testun yn y naill iaith neu'r llall.

Gweler adran 6.2 am fwy o fanylion.

Dylai delweddau fod yn niwtral o ran eu diwylliant lle bynnag y bo modd, ac mae'n well peidio â defnyddio baneri i ddynodi iaith. Dylid gofalu peidio â defnyddio delweddau sy'n dibynnu ar briod-ddulliau yn y naill iaith neu'r llall. Prin, os o gwbl, y bydd idiomau'n cyfieithu'n union.

Yn Adran 6.4 ymhelaethir ar ddefnyddio delweddau a brandio mewn meddalwedd dwyieithog. Mae'n nodi y dylai unrhyw logo neu frandio fod yn briodol ar gyfer yr iaith a ddangosir. Mae hyn yn golygu y dylid defnyddio logo a brandio Saesneg wrth weld y meddalwedd yn Saesneg a logo Cymraeg wrth ddefnyddio'r Meddalwedd yn Gymraeg, ac eithrio:

- Bod y brand neu'r logo'n niwtral o ran iaith (e.e. Google);
- Bod y brand neu'r logo'n ddwyieithog beth bynnag.

Os defnyddir testun uniaith o fewn delwedd, dylai fersiynau Cymraeg a Saesneg o'r ddelwedd honno fod ar gael.

Lle darperir dolenni i raglenni neu wefannau eraill, neu at adnoddau eraill, dylai'r ddolen fod yn berthnasol i'r iaith gyfredol os oes modd. Er enghraifft, os rhoddir dolen ar wefan, dylai bwyntio at wefan Saesneg os mai Saesneg yw'r iaith neu at wefan Gymraeg os mai Cymraeg yw'r iaith.

2.4.3   Hwyluso Mynediad

Mae'r term 'hwyluso mynediad' yn cyfeirio at hwyluso pethau i bobl ddefnyddio system feddalwedd, waeth beth y bo'r ffactorau corfforol, economaidd neu dechnegol. Y brif egwyddor sy'n sail i hwyluso mynediad yw cyfle cyfartal. Dwy enghraifft o hyn fyddai bod rhywun anabl neu rywun sydd heb gyfrifiadur o'r math diweddaraf yn gallu defnyddio system hwylus.

Yn adran 6.3, mae'r safonau'n nodi bod rhaid darparu'r un lefel o gymorth yn y ddwy iaith os cynhwysir cymorth a nodweddion hwyluso.

Gall fod yn bosibl hefyd i becyn hwyluso wahaniaethu rhwng testun yn y ddwy iaith. Mae hyn o fudd i feddalwedd darllen-y-sgrîn a thestun-i-siarad, lle bydd angen gwybod sut mae ynganu'r cyfuniadau o nodau'n iawn (e.e. 'll' fel y mae yn "llefrith" yn Gymraeg ynteu 'll' fel y mae yn '"wall" yn Saesneg").

BWRDD YR IAITH
GYMRAEG • WELSH
LANGUAGE BOARD

2.4.4   Cymorth i Ddefnyddwyr

Term generig yw 'Cymorth i Ddefnyddwyr' sy'n disgrifio pethau megis dogfennaeth, ffeiliau "help", rhestrau o gwestiynau a ofynnir yn aml, a.y.b .

Mae adran 6.5 yn nodi y dylai unrhyw ddeunydd cymorth i ddefnyddwyr fod ar gael yn ddwyieithog. Dylai cynnwys y Gymraeg a'r Saesneg fod yn union yr un fath bob tro. Dylid gofalu bod y termau a ddefnyddir yn y deunyddiau'n cyfateb yn union i'r termau a ddefnyddir yn y meddalwedd

Pan ddefnyddir lluniau (diagramau neu gopïau o sgriniau'r meddalwedd) i esbonio'r meddalwedd, dylai'r testun yn y delweddau hyn fod yn yr un iaith â'r testun.

2.4.5   Gosodwyr Meddalwedd

Ystyr gosodwr yw'r dull a ddefnyddir i roi meddalwedd ar gyfrifiadur. Gan amlaf bydd y rhain yn gofyn i'r defnyddiwr wneud penderfyniadau penodol ynghylch sut y dylid ffurfweddu'r meddalwedd.

Mae'r safonau hefyd yn berthnasol i osodwyr gan eu bod hwythau enghreifftiau o feddalwedd. Felly dylai'r gosodwyr fod yn ddwyieithog, dylent ddefnyddio terminoleg safonol lle bo honno ar gael a dylai unrhyw ymwadiad cyfreithiol fod yn Gymraeg ac yn Saesneg.

Ni ddylai'r gosodwyr dybio y bydd yr iaith a ddefnyddir i osod y rhaglen yr un fath â'r iaith y defnyddir y meddalwedd ynddi.

2.5   Allbynnau (Adran 7)

Gall allbynnau system feddalwedd gynnwys pethau megis negeseuon e-bost, rhestrau, siartiau neu ddeunyddiau eraill sydd wedi'u hargraffu.

Yn adran 7.1, cynigir nifer o sylwadau cyffredinol a'r un sy'n tynnu sylw fwyaf yw y dylai pobl sy'n derbyn negeseuon e-bost ac allbynnau eraill allu eu hanfon ymlaen yn rhwydd at bobl eraill sydd o bosib â gofynion a galluoedd gwahanol o safbwynt iaith;

2.5.1   Uniaith ynteu Ddwyieithog

Yn adran 7.2 nodir mai'r dull gorau yw cynhyrchu allbwn dwyieithog, er bod rhai sefyllfaoedd yn codi lle gellid cyfiawnhau allbwn uniaith neu lle bo hynny'n briodol. Gall y sefyllfaoedd hyn gynnwys unigolion y gwyddys beth yw eu dewis iaith, cyfathrebu personol neu pan fydd grŵp o dderbynwyr, yn amlwg, yn gymwys mewn iaith (e.e. hysbysebion am swyddi lle gofynnir am fedru'r Gymraeg).

Dylid defnyddio allbynnau dwyieithog pan nad yw'r dewis iaith yn hysbys. Dylid dewis pa iaith sydd i gael blaenoriaeth (h.y. pa iaith sy'n ymddangos gyntaf neu ar y chwith os mai fformat colofnau a ddefnyddir) ar sail natur y system feddalwedd, unrhyw nodweddion demograffeg y gwyddys amdanynt neu'r pwnc sydd dan sylw.

2.5.2   Cynllun a Fformat

Dylai allbynnau system feddalwedd gydymffurfio â'r holl safonau ar gyfer rhyngwynebau defnyddwyr (gweler uchod). Yn ogystal ag adran 7.3, mae mwy o

gymorth ar gael gyda chynhyrchu allbynnau dwyieithog yn nogfen Bwrdd yr Iaith Gymraeg 'Canllawiau Dylunio Dwyieithog'.

Dyma rai o'r dewisiadau ar gyfer y cynllun a'r fformat:

- Cyfochrog / Testun cymysg - mae hyn yn golygu rhoi'r ddwy iaith ochr-yn-ochr neu gymysgu brawddegau (e.e. y frawddeg gyntaf yn Gymraeg, gyda'r ail yn Saesneg - neu vice versa).
- Testun mewn dilyniant - lle bydd y testun cyflawn yn y naill iaith yn cael ei ddilyn gan y testun cyflawn yn y llall. Os gwyddys beth yw dewis iaith y derbynnydd, dylid rhoi'r dewis iaith yn gyntaf. Dylid rhoi rhyw neges i ddangos bod y fersiwn yn yr iaith arall i ddilyn. Mae hyn yn arbennig o addas ar gyfer e-bost.
- Tudalennau am-yn-ail - mae hyn yn arbennig o addas ar gyfer deunydd sydd wedi'i argraffu, er y dylid gofalu nad oes rhaid i'r darllenydd droi mwy o dudalennau ar gyfer y naill iaith nag ar gyfer y llall.
- Dau allbwn ar wahân - fe ellid cael un ddogfen yn Gymraeg a'r ail yn Saesneg, er enghraifft.

2.5.3   Post-dafliad/Postgyfuno

Mae post dafliad (neu "bostgyfuno") yn digwydd gan amlaf wrth i rywun "lenwi'r bylchau", gan fachu'r wybodaeth briodol o'r feddalwedd a'i rhoi yn y bylchau priodol (e.e. "Annwyl _____,").

Rhaid i ansawdd y post a gynhyrchir fel hyn fod yn dda gyda fersiwn y ddwy iaith o'r un safon. Ni ddylai testun Saesneg ymddangos mewn dogfen Gymraeg, ac ni ddylai testun Cymraeg ymddangos mewn dogfen Saesneg oherwydd cyfyngiadau technegol.

Gweler adran 7.4 am fwy o fanylion.

2.5.4   Set Nodau

Dylai'r allbynnau allu dangos/argraffu pob llythyren ag acen yn yr wyddor Gymraeg. Mewn sawl enghraifft, bydd hyn yn golygu dewis set nodau priodol (fel y trafodwyd uchod). Gweler adran 7.5 am fanylion.

2.5.5   Negeseuon e-bost

Mae'r safonau a ddiffinnir yn adran 7.7 i'w priodoli i raglenni meddalwedd sy'n trosglwyddo, yn anfon ymlaen, yn storio neu'n arddangos negeseuon e-bost.

Dylai'r llinellau pwnc fod yn ddwyieithog gyda'r testun yn gymysg (h.y. iaith 1 / iaith 2), gan roi'r dewis iaith yn gyntaf, os yw hynny'n hysbys. Wrth ateb neges e-bost neu ei hanfon ymlaen, dylid defnyddio'r rhagddodiaid hyn:

	Saesneg	Cymraeg
Ateb	Re:	Atb:
Ymlaen	Fw:	Yml:

Er enghraifft, os anfonir neges e-bost yn ateb at unigolyn sydd wedi dweud mai Saesneg yw ei ddewis iaith, dylid defnyddio'r rhagddodiad hwn: 'Re/Atb:'.

Dylai unrhyw ymwadiad a ddefnyddir yn yr e-bost fod yn ddwyieithog.

Rhaid i bob atodiad fod yn niwtral o ran iaith, rhaid i'r cynnwys fod yn ddwyieithog (gan gydymffurfio â'r safonau) neu rhaid cael un atodiad ar gyfer pob iaith.

Fel y trafodwyd uchod, dylid defnyddio cyfeiriadau gwe ac e-bost dwyieithog. Sylwer y gall fod angen i'r enw cyn yr "@" fod yn ddwyieithog hefyd, er enghraifft contact@draig.co.uk ac

Wrth bennu cyfeiriad e-bost ar gyfer ateb, dylai hwnnw fod naill ai yn newis iaith y defnyddiwr neu yn iaith amlycaf yr e-bost.

2.6   Rheoli Data (Adran 8)

Mae'r adran Rheoli Data yn delio â llawer o fanylion sy'n ymwneud â rhoi meddalwedd ar waith a manylion haniaethol. At ddibenion y canllawiau hyn, dim ond yr agweddau lefel-uchel a drafodir. Os bydd angen mwy o fanylion, argymhellir y dylid darllen adran 8 o'i chwr.

Gelwir unrhyw fater a geir, a ddefnyddir neu a ddangosir gan y meddalwedd yn "ddata". Mae'r term "rheoli data", yn cyfeirio at *sut* y cedwir, y defnyddir neu y dangosir y data hwn mewn cyd-destun dwyieithog.

2.6.1   Canllawiau Cyffredinol

Rhai o'r pethau penodol y mae'n rhaid eu hystyried yw:

- Bod system storio data'n medru cynnal a rheoli cynnwys dwyieithog yn llawn;
- Bod y defnyddiwr yn cael ei annog (neu'n cael ei orfodi) i deipio data'n ddwyieithog, os oes modd;
- Bod y data Cymraeg a Saesneg yn gyson o ran ystyr;
- Bod defnyddiwr yn gallu gweld y data mewn iaith arall os nad yw ar gael yn ei ddewis iaith;
- Bod y nodweddion dwyieithog yn gaffaeliad yn hytrach nag yn drafferth.

Bod gan unigolyn yr hawl i gyfathrebu trwy gyfrwng ei ddewis iaith yn unig. Ni ddylid tybio pa iaith yw'r ddewis iaith na'r iaith a gymeradwyir oni bai fod y defnyddiwr eisoes wedi mynegi'r dewis hwnnw.

2.6.2   Beth yw Data Dwyieithog

Gall data dwyieithog gynnwys testun, ffotograffau, lluniau, awdio neu fideo.

Gall data fod "wedi'i strwythuro" (h.y. gall defnyddiwr ddewis o blith rhestr) neu'n "rhydd" (h.y. gall y defnyddiwr deipio beth bynnag y mae'n ei ddymuno).

Pan fydd y data wedi'i strwythuro, fel arfer, bydd yn hawdd darparu rhestrau wedi'u cyfieithu sy'n cynnwys cofnodion cyffredin. Er enghraifft:

Rhif	Saesneg	Cymraeg
1	Anglesey	Ynys Môn
2	Flintshire	Sir y Fflint
3	Cardiff	Caerdydd

 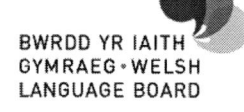

Pan fydd defnyddiwr yn dewis eu gwlad yn y naill iaith neu'r llall, bydd y meddalwedd yn cadw rhif y sir. Drwy wneud hynny, gellir cael enw'r sir yn y naill iaith neu'r llall bob tro.

2.6.3   Data Gorfodol, Dewisol neu Amhriodol

Ceir amgylchiadau lle bydd natur y system neu'r gymuned sy'n ei defnyddio'n golygu bod rhaid cofnodi data'n ddwyieithog (e.e. system eiriadur). Bryd hynny, dylai fod rhaid i'r defnyddiwr gofnodi'r data yn y ddwy iaith, beth bynnag y bo'i ddewis personol.

BWRDD YR IAITH
GYMRAEG·WELSH
LANGUAGE BOARD

2.6.4   Trafod Data Trydydd Parti

Pan fydd data trydydd parti ar gael i'r system a hwnnw ar gael yn Gymraeg ac yn Saesneg, rhaid defnyddio'r data ar gyfer y ddwy iaith a rhaid darparu'n llawn ar ei gyfer.

Sylwer, fodd bynnag, nad cyfrifoldeb perchennog y meddalwedd fydd sicrhau bod data'n cael ei ddarparu yn newis iaith defnyddiwr os mai dim ond mewn un iaith y mae ar gael (trafodir y pwynt hwn ymhellach yn adran 8.4).

2.6.5   Cofnodi Data â Llaw

Dylai'r system ddarparu ar gyfer cofnodi data'n ddwyieithog. Bydd y dulliau a ddefnyddir i wneud hyn yn amrywio, a dibynnu ar ai gwefan, rhaglen ffenestr, ynteu ffôn poced a.y.b. yw'r meddalwedd.

Mae cofnodi data weithiau'n golygu gosod meysydd cyfatebol yn gyfochrog â'i gilydd neu ddefnyddio "tabiau". Mae defnyddio tabiau'n haws ei addasu ar gyfer ateb amlieithog, a hynny'n bennaf am fod angen llai o le ar y sgrîn ar gyfer hyn.

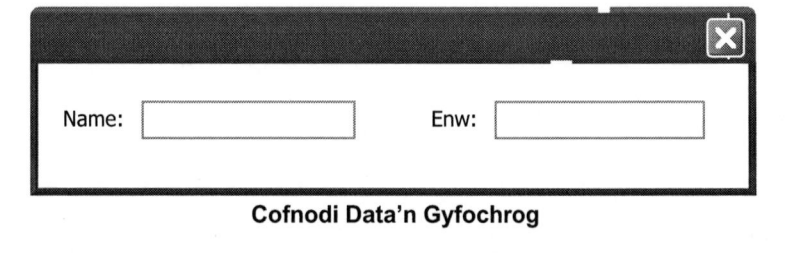

Cofnodi Data'n Gyfochrog

Defnyddio 'tabiau" i gofnodi data

Weithiau, bydd data'n cael ei gysylltu â'i gilydd yn y ddwy iaith o ran eu hystyr. Er enghraifft, os dewisir "Ynys Môn" yn sir ar sgrîn Cymraeg, bydd angen dewis "Anglesey" ar sgrîn Saesneg ar gyfer yr un eitem. Bryd arall, fe all y data fod yn wahanol ar gyfer y ddwy iaith.

2.6.6   Annog Cofnodi Data'n Ddwyieithog

Rhaid i raglenni meddalwedd dwyieithog ddefnyddio pa fecanweithiau bynnag sy'n bosibl i sicrhau triniaeth gydradd i'r ddwy iaith ac annog cofnodi data ar gyfer pob iaith a gynhelir.

Lle nad yw cynllun y sgrîn cofnodi data'n ei gwneud hi'n gwbl glir ac amlwg y gellir cofnodi yn y ddwy iaith, rhaid lleoli dangosyddion wrth ochr y meysydd hynny lle mae angen cofnodi'n ddwyieithog.

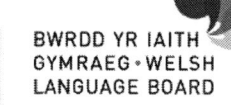

BWRDD YR IAITH
GYMRAEG • WELSH
LANGUAGE BOARD

Hefyd, fe all fod yn bosibl tynnu sylw'r defnyddiwr at y ffaith fod modd cofnodi data'n ddwyieithog wrth iddynt geisio cadw'r hyn a gofnodwyd ganddynt.

Mae'n arfer da gofyn hefyd pam nad yw'r data wedi'i gofnodi'n ddwyieithog. Mae hyn yn cynnig dwy fantais:

- Mae'n cynnig esboniad i'r system feddalwedd y gellir ei ddefnyddio wrth ddangos y data;
- Mae'n atgoffa rhywun bod angen cofnodi data'n ddwyieithog, yn eu hannog i wneud hynny ac yn atgyfnerthu'r arfer.

Dewis arall yw ychwanegu testun at ymwadiad yn dweud nad y perchennog sy'n gyfrifol am ddarparu'r meddalwedd yn ddwyieithog.

2.6.7   Set Gyson o Ddata Gorfodol

Bydd rhaid cofnodi data mewn rhai meysydd, mewn meysydd eraill bydd hynny'n ddewisol. Dylai'r meddalwedd sicrhau bod data wedi'i ddarparu ar gyfer pob maes gorfodol mewn un iaith o leiaf.

2.6.8   Storio Data

Pa ddull bynnag a ddewisir i storio'r data, dylai allu cofnodi pob llythyren acennog yn yr wyddor Gymraeg yn gywir. Bydd hyn yn golygu sicrhau bod pob lleoliad storio'n defnyddio set nodau briodol (fel y'i diffiniwyd uchod).

Rhaid defnyddio'r wyddor briodol i drefnu'r data (Saesneg neu gyfuniad o'r Gymraeg/Saesneg) fel y trafodwyd uchod, lle bynnag y bo hynny'n dechnegol bosibl.

2.6.9   Data sydd heb fod ar gael

Ni ddylid ar unrhyw gyfrif gadw data oddi wrth ddefnyddiwr am nad yw ar gael yn ei ddewis iaith; Dylid esbonio'r cynnwys uniaith, fel y trafodwyd eisoes. Os yw'r data ar goll yn anfwriadol, dylid nodi hynny.

2.6.10   Trosglwyddo Data

Pa bryd bynnag y rhennir data (gwybodaeth) rhwng systemau meddalwedd, rhaid i'r data i gyd aros yn gyflawn o safbwynt ieithyddol. Mae hyn yn golygu na ddylai unrhyw lythrennau acennog fynd ar goll yn ystod y trosglwyddo (problem gyffredin).

2.6.11   Meta-ddata – "Data am Ddata"

Y disgrifiad gorau o'r term "meta-ddata" yw "data am ddata".

Fel y nodwyd eisoes, mae modd ystyried deunydd awdio'n ddata. Gellir ystyried teitl ac awdur darn o gerddoriaeth yn feta-ddata - gwybodaeth (data) am y gerddoriaeth (data).

Er bod hyn yn haniaethol iawn ei natur, ceir defnydd eang o feta-ddata mewn systemau meddalwedd. Dyma enghraifft arall:

Data	Meta-Ddata
Safonau a Chanllawiau ar gyfer Meddalwedd	Iaith: Cymraeg

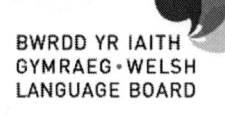

BWRDD YR IAITH
GYMRAEG • WELSH
LANGUAGE BOARD

Dwyieithog	Pwnc: Meddalwedd
Bilingual Software Standards & Guidelines	Language: English
	Subject: Software

Dylai'r system feddalwedd ganiatáu ar gyfer darparu meta-ddata cyfatebol ar gyfer y ddwy iaith.

Gweler rhagor o fanylion yn adran 8.11.

2.6.12   Chwilio

Bydd system ddwyieithog yn cynnwys ac yn rheoli data yn y Gymraeg a'r Saesneg ill dwy. Yn ddelfrydol, caiff yr holl ddata ei ddal yn y ddwy iaith, ond y realiti yw y gall peth data fod ar gael yn un iaith ond nid yn y llall.

Dylai defnyddiwr allu dewis chwilio yn Saesneg yn unig, yn Gymraeg yn unig ynteu yn y ddwy iaith. Dylai iaith y chwilio ddilyn iaith rhyngwyneb y defnyddiwr cyfredol oni ddewisir yn wahanol.

Yn y tabl isod, disgrifir pa ganlyniadau y dylid eu dychwelyd, gan ddibynnu a oes data dwyieithog ar gael ai peidio:

Ieithoedd a Ddewiswyd	Ar gael yn Saesneg	Ar gael yn Gymraeg	Gweithred
Saesneg yn unig	Ydy	Ydy	Dychwelyd yn Saesneg
Saesneg yn unig	Ydy	Nac ydy	Dychwelyd yn Saesneg
Cymraeg yn unig	Ydy	Ydy	Dychwelyd yn Gymraeg
Cymraeg yn unig	Nac ydy	Ydy	Dychwelyd yn Gymraeg
Cymraeg yn unig	Ydy	Nac ydy	Hysbysu'r defnyddiwr bod canlyniadau ychwanegol ar gael yn Saesneg
Saesneg yn unig	Ydy	Nac ydy	Dychwelyd yn Saesneg
Cymraeg yn unig	Ydy	Ydy	Dychwelyd yn Gymraeg
Cymraeg yn unig	Nac ydy	Ydy	Dychwelyd yn Gymraeg
Cymraeg yn unig	Ydy	Nac ydy	Hysbysu'r defnyddiwr bod canlyniadau ychwanegol ar gael yn Saesneg

Ar gyfer pob canlyniad, dylid rhoi rhyw awgrym ynghylch ei iaith.

Yn ddelfrydol, dylai systemau drin llythrennau ag acenion a llythrennau heb acenion yn yr un modd yn union (e.e. bod w ac ŵ yn unfath).

Cyfeiriwch at adran 8.12 i gael rhagor o fanylion.

2.6.13   Dwyieithog o'i gymharu ag Amlieithog

Mae gofynion system feddalwedd ddwyieithog ychydig yn wahanol i ofynion system amlieithog. Gan amlaf, bydd gan system amlieithog iaith sylfaen sy'n gallu cynnal nifer o ieithoedd eraill. Bydd gan system ddwyieithog ddwy iaith sylfaen ac er y gallai hefyd gynnal ieithoedd ychwanegol/eiledol, rhaid i'r ddwy brif iaith (h.y. y Gymraeg a'r Saesneg) bob amser gael cynhaliaeth gydradd ac ni ddylid defnyddio'r naill heb y llall. Gweler adran 8.13.3 am ragor o fanylion.

2.7 Cyfeiriadau post a Gwybodaeth Ddaearyddol (Adran 9)

Mae'n bosib cael adnoddau trydydd parti sy'n caniatáu i system feddalwedd ddefnyddio gwybodaeth ddaearyddol. Er enghraifft, petaech yn teipio cod post, gellid dangos map o'r ardal dan sylw.

Yn Adran 9 ceir sawl gwahanol fath o Wybodaeth Ddaearyddol (GDd) ond mae'n canolbwyntio'n bennaf ar ddata cyfeiriadau.

Mae gwybodaeth am gyfeiriadau'n ddefnyddiol am sawl gwahanol reswm, gan gynnwys gallu dod o hyd i gyfeiriad llawn dim ond drwy gael cod post neu sicrhau bod cyfeiriad wedi'i deipio'n gywir. Ceir sawl ffynhonnell ar gyfer y data hwn yn y sector preifat a'r sector cyhoeddus, ac fe roddir manylion y rhain yn adran 9.2. Dylid nodi y gall ansawdd y wybodaeth hon am gyfeiriadau amrywio o'r naill ffynhonnell i'r llall.

2.7.1 Defnyddio Cyfeiriadau Post

Lle bynnag y bo modd, dylai system feddalwedd ganiatáu i ddefnyddwyr gofnodi cyfeiriadau ym mha iaith bynnag (neu gyfuniad o ieithoedd) a ddymunant. Os nad yw'r defnyddiwr wedi rhoi'r cyfeiriad, dylid gwneud pob ymdrech i ddefnyddio cyfeiriad sy'n gyson â'u dewis iaith. Os nad oes modd gwneud hyn, dylid defnyddio cyfeiriad dwyieithog.

Sylwer y dylid ystyried trefniadau dosbarthu'r cludydd wrth benderfynu ynghylch y cyfeirio. Mae'r Post Brenhinol yn gallu dosbarthu post ar sail cod post dilys ac enw neu rif adeilad.

2.8 Fframwaith Cysondeb ar gyfer e-Lywodraeth (e-GIF) (Adran 10)

Ffordd i gyfrifiaduron a systemau meddalwedd gyfathrebu â'i gilydd yw'r Fframwaith Cysondeb e-Lywodraeth (e-Government Interoperability Framework). Mae'n pennu nifer o safonau gan obeithio y bydd pob system feddalwedd, o'i dilyn yn gywir, yn gallu cyfathrebu'n effeithlon.

Seilir llawer o'r safonau hyn ar feta-ddata (a ddisgrifiwyd uchod). Mae setiau o feta-ddata safonol ar gael mewn meysydd mor amrywiol â systemau meddalwedd ar gyfer etholiadau a systemau sy'n gysylltiedig â chludiant cyhoeddus.

Fe drafodir e-Lywodraeth ar lefel weddol syml yn Adran 10. Os oes angen rhagor o fanylion arnoch, darllenwch yr adran honno.

BWRDD YR IAITH
GYMRAEG • WELSH
LANGUAGE BOARD

3   Lleoleiddio – Canllawiau, Problemau a Rheolaeth

Mae'r adran hon yn rhoi canllawiau cyffredinol ar gyfer yr arfer gorau wrth ddatblygu rhaglenni meddalwedd dwyieithog i'w defnyddio yng Nghymru, a chan siaradwyr Cymraeg.

3.1   Diffiniad o'r term 'Lleoleiddio'

Nid yw lleoleiddio yr un fath â chyfieithu, er bod cyfieithu'n rhan helaeth o'r broses. Ar lefel gyffredinol, mae'n golygu ymdrin â materion fel:

- sicrhau bod fformatau dyddiadau ac amser yn briodol i ddiwylliant y defnyddiwr;
- sicrhau y caiff data a rhestrau eu trefnu gan ddefnyddio'r wyddor briodol;
- sicrhau bod fformatau rhif yn gywir ar gyfer y diwylliant dan sylw – sut mae ysgrifennu deg Ewro a hanner can sent: "€10.50", "€10,50" ynteu "10,50€"?
- sicrhau bod y rhyngwyneb defnyddiwr yn ddigon hyblyg i gynnal iaith benodol a'i fod yn dal i wneud synnwyr;
- sicrhau bod modd storio data gwahanol wyddorau'n gywir;
- cyfieithu'r testun i gyd – labeli, ffeiliau help, rhybuddion, ac ati – i iaith benodol;
- sicrhau bod defnyddwyr system yn gallu cyfathrebu yn eu dewis iaith, ar sail gyfartal gydag ieithoedd eraill a gefnogir gan y system.

Ffocws y ddogfen hon yw'r Gymraeg a'r Saesneg yn y DU. Nid yw rhai o'r eitemau hyn yn broblem - er enghraifft, mae fformat y dyddiadau a'r rhifau yr un fath. Fodd bynnag, mae rhai materion pwysig yn codi oherwydd y gwahaniaethau rhwng y ddwy iaith. Rhoddir sylw manylach i'r wahaniaethau o'r fath yn ddiweddarach yn y ddogfen.

3.2   Rhesymau dros Leoleiddio

Mae nifer o bethau sy'n ysgogi ac yn symbylu'r gwaith o leoleiddio rhaglen feddalwedd. Mae deall y rheswm dros yr ymdrech yn helpu i ddehongli'r safonau a bennir yn ddiweddarach ac i ba raddau y dylid eu defnyddio mewn sefyllfa neilltuol.

3.2.1   Y Gyfraith

Y ddeddfwriaeth fwyaf arwyddocaol hyd yma o bell ffordd mewn perthynas â'r Iaith Gymraeg yw Deddf yr Iaith Gymraeg, 1993.

Yn syml, mae'r Ddeddf yn nodi tri pheth:

- mae'n gosod dyletswydd ar y sector cyhoeddus i drin y Gymraeg ar Saesneg yn gyfartal wrth ddarparu gwasanaethau i'r cyhoedd yng Nghymru;
- mae'n rhoi hawl i siaradwyr Cymraeg siarad Cymraeg yn y llys;
- mae'n sefydlu Bwrdd yr Iaith Gymraeg i hybu a hwyluso defnydd o'r iaith Gymraeg.

3.2.2   Dwyieithrwydd yng Nghymru Heddiw

Dengys ymchwil a gynhaliwyd ar ran Bwrdd yr Iaith Gymraeg fod y mwyafrif llethol o'r rhai a holwyd o'r farn fod yr iaith yn rhywbeth i ymfalchïo ynddi ac yn cefnogi'r defnydd ohoni.

O'r herwydd, mae'r gefnogaeth a roddir i'r Gymraeg gan unigolion a sefydliadau yn

 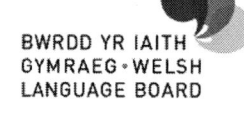

eang a helaeth. Mae cyrff cyhoeddus a busnesau mawr, yn ogystal â chwmnïau llai a mudiadau gwirfoddol yn gwneud mwy a mwy o ddefnydd o'r iaith ymhob maes.

Bydd y sefyllfa hon yn parhau i ddatblygu, mewn ymateb i ddymuniadau a disgwyliadau cwsmeriaid ac mae mwy o alw am i'r rhaglenni meddalwedd a ddefnyddir gan y boblogaeth ddwyieithog allu cefnogi'r iaith Gymraeg.

3.2.3   Cyfle Busnes

Ledled Cymru, mae mwy a mwy o sefydliadau (yn y sectorau cyhoeddus, preifat a gwirfoddol), mewn ymateb i ddisgwyliadau cynyddol eu cwsmeriaid, yn dod yn ymwybodol o fanteision defnyddio'r iaith, megis:

- gwella ansawdd y gwasanaeth i gwsmeriaid;
- denu cwsmeriaid newydd;
- gwella teyrngarwch cwsmeriaid;
- harneisio ewyllys da gweithwyr a chwsmeriaid am gost gymharol isel;
- cael mantais yn y farchnad dros gystadleuwyr;
- gwella ymdrechion cysylltiadau cyhoeddus.

Wrth i sefydliadau ymhob sector gynnig mwy a mwy o wasanaethau dwyieithog, mae'n bwysig bod systemau meddalwedd yn hyblyg ac o safon sy'n ddigon da i fod o ddefnydd ymarferol bob dydd.

Mae'n bwysig nodi hyn hefyd; unwaith y mae'n *bosibl* lleoleiddio rhaglen (h.y. bod saernïaeth a dull gweithredu graddadwy wedi'u defnyddio), gellir ychwanegu ieithoedd a diwylliannau eraill fel arfer am gost gymharol isel er mwyn creu gallu amlieithog. Mae hyn yn darparu cyfleoedd busnes mewn marchnadoedd eraill i sefydliad sy'n defnyddio rhaglen feddalwedd sy'n ymgorfforir safonau hyn.

3.3   Rheoli Prosiectau Datblygu Meddalwedd Dwyieithog

Mae timau datblygu meddalwedd yn aml yn ddeinamig, yn newid yn ôl gofynion y prosiect a'r cwmni. Mae'n bwysig felly bod holl aelodau'r tîm yn ymwybodol o'r holl faterion cysylltiedig â datblygu a lleoleiddio meddalwedd dwyieithog ar ddechrau prosiect. Efallai y byddai'n ddoeth neilltuo aelod o'r tîm i hyrwyddo a goruchwylio materion lleoleiddio wrth i'r prosiect fynd rhagddo.

3.3.1   Rheoli'r Gofynion

Unwaith y mae'r penderfyniad wedi'i wneud i leoleiddio pecyn sy'n bodoli neu i sicrhau y bydd unrhyw ddatblygu newydd yn cydymffurfio â'r safonau hyn, nid yw'r her dechnegol yn fawr gan y gellir diffinio'r holl safonau wedyn fel gofynion swyddogaethol.

Argymhellir yn gryf fod galluoedd dwyieithog a chefnogaeth Gymraeg yn cael eu diffinio ochr yn ochr â'r brif set o ofynion ar gyfer y rhaglen. Gallai cyfeirio at y ddogfen safonau hon weithio o safbwynt cytundebol, ond ni fydd yn datrys unrhyw amwysedd nac unrhyw ddehongliad y bydd ei angen i gymhwyso'r safonau hyn i sefyllfa benodol.

Yn ogystal, gall diffyg cyfeiriadau penodol a manwl ynghylch sut y bydd y galluoedd yn cael eu gweithredu arwain yn hawdd at ddyluniad system a fydd yn atodi'r galluoedd ieithyddol fel rhywbeth ffwrdd â hi ar y diwedd. Mae hyn fel arfer yn arwain at

gefnogaeth o ansawdd gwael, heb fawr ddim hyblygrwydd, a chost barhaus ychwanegol i gynnal ansawdd dwyieithog y system.

BWRDD YR IAITH
GYMRAEG • WELSH
LANGUAGE BOARD

3.3.2 Profi a Rheoli Ansawdd

Mae'n bwysig sicrhau bod fersiynau Cymraeg a Saesneg y meddalwedd yn cael eu profi i'r un graddau. Yn ddelfrydol, caiff un fersiwn o'r meddalwedd ei greu gyda'r agweddau ieithyddol-benodol yn deillio o un adnodd neu gronfa ddata (gweler 'Y Dull Saernïol', adran 5).

Dylid nodi y gall unrhyw newidiadau neu gywiriadau effeithio er gwaeth ar sefydlogrwydd neu ddefnyddioldeb un iaith a dylid eu gwneud dan reolaeth, gan roi'r sylw dyledus i'r Gymraeg a'r Saesneg. Unwaith eto, bydd y dulliau rheoli prosiect a'r gofynion a amlinellir uchod a'r awgrymiadau saernïol yn adran 5 yn helpu i liniaru'r broblem hon.

Dylid diffinio profion derbyn ac ail-ddilysu a fydd yn gwirio ac yn sicrhau bod ansawdd y gefnogaeth ieithyddol i raglen yn parhau yn uchel. Yn benodol, dylid cynnwys achosion prawf sy'n cadarnhau bod y rhaglen yn gyson â gofynion y safonau hyn.

Yn ei hanfod, dylai prosesau sy'n sicrhau cydymffurfiad â'r safonau hyn ddod yn rhan gynhenid o'r holl brosesau rheoli ansawdd sy'n gysylltiedig â chynhyrchu a rheoli'r rhaglen feddalwedd.

3.4 Cyfieithu ac Ansawdd Ieithyddol

Er nad bwriad y ddogfen hon yw gosod safonau ar gyfer cyfieithu nac ansawdd ieithyddol, mae'n bwysig bod yn ymwybodol o'r angen i gael cyfieithiadau o ansawdd da.

Gydol cylch bywyd datblygu'r meddalwedd, mae'n bwysig deall y broses gyfieithu er mwyn sicrhau ac annog ansawdd ieithyddol da i'r rhyngwyneb defnyddiwr a'r rheolaeth ar y data gan y rhaglen honno.

Bydd yr adran hon yn amlinellu rhai o'r prif faterion i'w hystyried. Trwy weddill y ddogfen, bydd cyfeiriadau parhaus at y saernïaeth, y swyddogaeth a'u safonau a fydd yn cefnogi'r gweithgarwch cyfieithu.

3.4.1 Cysondeb a Defnyddio Adnoddau Safonol

Buddsoddwyd cryn ymdrech eisoes yn y gwaith o lunio meddalwedd dwyieithog. Mae hyn wedi arwain at lunio cronfeydd data cynhwysfawr o dermau yn ogystal â rhestrau safonol at ddefnydd cyffredin (enwau siroedd, cyfarchion, a.y.b.). Mae Adran 12 yn nodi ble y gellir cael gafael ar y rhain am ddim.

Dylid ymdrechu i'r eithaf i ddefnyddio'r termau safonol hyn lle bo modd. Er nad yw'r ddogfen hon yn bwriadu gosod safonau ar gyfer ansawdd ieithyddol, mae'r angen i gynnal cysondeb gyda thermau sydd wedi ennill eu plwyf ar gyfer cyfieithu rhyngwynebau defnyddwyr yn dod o fewn ei chwmpas. Polisi Bwrdd yr Iaith Gymraeg hefyd yw mai dim ond cyfieithwyr achrededig a chymwysedig y dylid eu defnyddio.

3.4.2 Gweithio gyda Chyfieithwyr

BWRDD YR IAITH
GYMRAEG • WELSH
LANGUAGE BOARD

Wrth ddarparu testun i'w gyfieithu, mae'n ddoeth darparu cymaint o wybodaeth gyd-destun ag sy'n bosibl. Gall hyn fod ar ffurf lluniau sgrin, anodiadau neu fersiwn cyn-ryddhau o'r meddalwedd. Mae anodiadau yn hynod o bwysig ac yn helpu i ddatrys unrhyw amwysedd posibl. Er enghraifft, ydy "Clear Text" yn golygu "testun sy'n glir" ynteu "cliriwch y testun", h.y. ai ansoddeiriol ynteu orchmynnol yw'r gair "clear"? Ai enw yw "copying" ynteu air yn y cyflwr adferfol? Wrth ddarparu fersiwn cyn-ryddhau o unrhyw feddalwedd, gellir defnyddio cyfieithwyr hefyd fel profwyr beta annhechnegol.

Mae'n bwysig darparu'r cyfieithiad a'r deunydd cefnogi ar ffurf y bydd y cyfieithwyr yn ei deall. Er enghraifft, darparwch un tabl o linynnau testun neu ryngwyneb defnyddiwr ar gyfer y cyfieithiad yn hytrach na disgwyl i'r cyfieithydd ddeall a gweithio gyda'r gronfa ddata sy'n sail iddo.

Wrth gynllunio prosiect sicrhewch fod amser yn cael ei neilltuo ar gyfer y gwaith cyfieithu. Sicrhewch hefyd fod y cyfieithwyr yn deall pa ran sydd gan eu gwaith hwy yn y cynllun ehangach. Peidiwch â thybio y bydd y cyfieithwyr yn gallu gwneud y gwaith cyfieithu pa bryd bynnag y bydd y cylch datblygu cyntaf wedi digwydd dod i ben.

Dylech ystyried hefyd pa mor briodol yw defnyddio meddalwedd rheoli terminoleg a chof cyfieithu wrth roi'r gwaith allan i'w gyfieithu.

3.4.3 Defnyddio Cyfieithwyr Allanol

Pan ddefnyddir adnoddau allanol ar gyfer y cyfieithu, dylid ymdrechu i sicrhau eu bod yn abl i wneud y gwaith ac yn meddu ar y sgiliau gofynnol. Dylid cael tystiolaeth o waith blaenorol a dylai fod yn rhag-amod eu bod yn aelodau o gyrff proffesiynol megis Cymdeithas Cyfieithwyr Cymru - CCC (gweler 13.3).

BWRDD YR IAITH
GYMRAEG • WELSH
LANGUAGE BOARD

4 Locales, Gwyddorau a Setiau Nodau

Bydd yr adran hon gyntaf yn trafod beth yw locale, pam ei fod yn bwysig i raglen feddalwedd a'r safonau a'r canllawiau sy'n gysylltiedig â sut y dylid defnyddio locales mewn system feddalwedd ddwyieithog.

Wedyn, ystyrir yr wyddor Gymraeg a'r wyddor Saesneg, gan ddwyn sylw at y gwahaniaethau rhwng y ddwy a diffinio sut y dylai system ddwyieithog gefnogi'r defnydd o'r ddwy wyddor, ar yr un pryd fel arfer.

Wedyn, trafodir setiau nodau, pa rai y dylid eu defnyddio, materion cysylltiedig, sut y dylid galluogi defnyddiwr i deipio nodau llai cyffredin a'r ffactorau sy'n dylanwadu ar ddewis ffont addas.

4.1 Locales

Locale – diffiniad o set o nodweddion sy'n disgrifio'r amgylchedd gweithredu ar gyfer rhaglen feddalwedd a fydd yn galluogi'r rhaglen i fodloni disgwyliadau diwylliannol, ieithyddol, rhyngwyneb a fformatio'r defnyddiwr.

Fel arfer, bydd locale yn pennu'r canlynol:

- Iaith (gan gynnwys materion sy'n ymwneud â fformatio iaith, megis cyfeiriad testun);
- Fformatau rhif, arian cyfred, dyddiad ac amser;
- Trefn;
- Cynllun y bysellfwrdd;
- Gwybodaeth sy'n benodol i Gylchfeydd Amser a'r Calendr;
- Gwybodaeth am ystod o gonfensiynau diwylliannol.

Mae'r locale yn greiddiol i'r cysyniad o leoleiddio rhaglen feddalwedd. Bydd yr adran hon yn diffinio'r safonau sy'n gysylltiedig â'r defnydd a'r dehongliad o locales ar gyfer rhaglenni meddalwedd dwyieithog.

4.1.1 Adnabod Locale

Mae'r locale yn diffinio iaith a nodweddion y lleoliad. Fodd bynnag, efallai bod nifer o ieithoedd yn cael eu siarad mewn un lleoliad yn ogystal â nifer o leoliadau lle siaredir iaith neilltuol. Felly, mae dynodyddion locale yn adlewyrchu'r ddwy agwedd hyn.

Y ffordd fwyaf cyffredin o gyfeirio at locale yw drwy baru elfen iaith ddwy-lythyren ISO-639 ag elfen wlad ISO-3166. Gan ddefnyddio'r drefn hon, y ddau locale sy'n berthnasol i systemau dwyieithog a ddefnyddir yng Nghymru yw:

- Saesneg (y Deyrnas Unedig), en-GB, a.y.b.
- Cymraeg (y Deyrnas Unedig), cy-GB, a.y.b.

Mae'r dynodiad hwn i'w weld yn gyffredin mewn cynnwys a drawsyrrir dros rwydweithiau - HTML, XML, a.y.b. .

Defnyddir dynodiad tair llythyren ISO-639 hefyd weithiau pan gyfeirir at yr iaith yn unig (ac nid at y diwylliant);

- Saesneg - eng;
- Cymraeg - cym;

Gellir cyfeirio hefyd at locales Saesneg a Chymraeg Prydain gan ddefnyddio'u Dynodyddion Locale hecsadegol (LCID) fel a ganlyn:

- Saesneg (y Deyrnas Unedig),0809;
- Cymraeg (y Deyrnas Unedig),0452

Defnyddir LCID yn aml ar gyfer gweithrediadau lefel-cod, yn enwedig wrth ryngwynebu gyda system weithredu.

Bydd y dull dynodi perthnasol yn dibynnu ar y llwyfan gweithredu a'r rhyngwyneb i reoli'r locale ar y llwyfan hwnnw.

Bydd y fersiwn hwn o'r ddogfen yn canolbwyntio ar locales y Gymraeg a'r Saesneg ar gyfer y Deyrnas Unedig yn unig. Serch hynny, bydd y drafodaeth yn ddigon cyffredinol er mwyn gallu'i chymhwyso i locales eraill lle siaredir y Gymraeg a/neu'r Saesneg (e.e. U.D.A. Patagonia, Awstralia, a.y.b. .). Mater lleol yw a ddiffinnir locales ffurfiol yn y rhanbarthau hyn ac fe ddylid trafod hyn gyda chynhyrchwyr meddalwedd ar gyfer y rhanbarthau hynny sy'n cyfrannu at y llwyfan gweithredu sy'n diffinio'r locale.

4.1.2   Defnyddio Locale

Gellir diffinio locale mewn sawl lle. Fe'i diffinnir fel arfer gan y system weithredu (a ddewisir gan y defnyddiwr adeg gosod, neu fe'i haddesir yn ddiweddarach). Fei diffinnir hefyd fel rhan o'r proffil defnyddiwr, gan borydd gwe neu gan amgylchedd meddalwedd neu galedwedd arall sy'n lletya'r rhaglen. Byddwn yn cyfeirio at yr amgylchedd cyfunol hwn sy'n aml yn hierarchaidd fel y 'llwyfan gweithredu'.

Lle bo modd, dylai rhaglen feddalwedd geisio a defnyddio'r holl wybodaeth o'r fath sydd ar gael a manteisio ar yr holl gliwiau amgylcheddol a chyd-destunol i bennu'r ffordd orau o ryngweithio gyda'r defnyddiwr. Gall dull gweithredu o'r fath arwain at wrthdaro. Lle digwydd hyn, dylid sefydlu trefn flaenoriaeth, ei chofnodi a'i defnyddio i dywys datblygiad y rhaglen (gweler 4.1).

Dewis Iaith Benodol

Os bydd defnyddiwr wedi diffinio dewis iaith yn benodol, bydd hynny bob amser yn drech nag unrhyw ragdybiaethau ynghylch y dewis iaith.

Er ei bod yn well os gall rhaglen feddalwedd gael y wybodaeth sy'n benodol i'r locale o'r llwyfan gweithredu, nid yw hyn yn hanfodol, gan y gellir caled-godio'r wybodaeth hon i'r rhaglen lle mae nifer y locales i'w cefnogi wedi'i gosod ac yn hysbys o flaen llaw.

Wedi dweud hyn, argymhellir yn gryf y dylid dylunio rhaglen i fod yn ddigon hyblyg i ganfod y locale a chael yr holl wybodaeth amdano o'r llwyfan gweithredu. Bydd hyn yn caniatáu dyluniadau meddalwedd mwy cadarn ac yn arwain at alluoedd amlieithog ac aml-locale ehangach.

Defnyddio'r Locale

Mae'n hanfodol bod unrhyw raglen feddalwedd, mewn rhyw ffordd, yn gallu deall

---

BWRDD YR IAITH
GYMRAEG • WELSH
LANGUAGE BOARD

locale dewisol y defnyddiwr a sicrhau ei bod yn mabwysiadu'r rheolau priodol ar gyfer y locale hwnnw.

Trafodir yr ystyriaethau dylunio a saernïol ar gyfer locales yn adran 5.3.

4.1.3   Gwahaniaethau Rhwng Locales Saesneg Prydain a Chymraeg Prydain

Mae'r locales Cymraeg a Saesneg ar gyfer y DU yn debyg iawn, fel y byddech yn ei ddisgwyl. Mae'r fformatau dyddiad ac amser yr un fath, mae'r wybodaeth am gylchfeydd amser a'r calendr yr un fath ac mae'r rhan fwyaf o'r agweddau diwylliannol, cymdeithasol a gwleidyddol yn gyffredin i'r ddwy hefyd. Yn ei hanfod, mae holl agweddau 'lleoliad' y locale yn union yr un fath.

Mae'r gwahaniaethau yn yr agwedd 'iaith' o'r diffiniad o'r locale. Unwaith eto, mae llawer o bethau'n gyffredin, megis cyfeiriad y testun a'r set nodau sylfaenol (h.y. Lladin). Bydd yr adran hon yn nodi'r gwahaniaethau y dylai rhaglenni meddalwedd dwyieithog allu delio â hwy.

Dyma'r gwahaniaethau:

1. Iaith. Bydd locale Cymraeg (DU) yn diffinio'r iaith Gymraeg fel yr iaith ddiofyn i'w defnyddio ar gyfer pob agwedd ar ryngweithio defnyddiwr;
2. Trefn. Mae i'r wyddor Gymraeg drefn wahanol i'r wyddor Saesneg (gweler 4.2.3);
3. Bysellfwrdd. Er bod yr un patrwm i'r bysellfwrdd, gallai locale Cymraeg ddiffinio dilyniannau bysellau gwahanol er mwyn helpu gyda nodau diacritig (gweler 4.3.4);
4. Calendr. Er bod y lleoliad DU yn diffinio'r calendr (Gregoraidd) a'r gylchfa amser, mae angen lle i gefnogi'r enwau gwahanol a ddefnyddir ar gyfer ddyddiau'r wythnos (gweler 4.1.3.1);
5. Y Trefnolion. Mae gramadeg y Gymraeg yn wahanol i'r Saesneg wrth ddisgrifio dilyniant mewn trefn o wrthrychau (gweler 4.1.3.2).

4.1.3.1   Byrfoddau'r Calendr

Wrth weithio gyda chalendrau, mae'n arferol talfyrru enwau'r dyddiau a'r misoedd i lythyren gyntaf yn unig. Wrth wneud hyn, rhaid ystyried dau beth gyda'r iaith Gymraeg.

Yn gyntaf, ar gyfer enwau'r dyddiau, lle mae'r Saesneg yn defnyddio 'day' fel ôl-ddodiad a thrwy hynny wneud nod cyntaf enw pob diwrnod yn unigryw (neu bron), mae strwythur gramadegol y Gymraeg yn pennu fel arall. Yr arfer felly ydy talfyrru llythyren (llythrennau) gyntaf rhan unigryw enw'r diwrnod (yr ail air) sy'n arwain at y byrfoddau 'Ll, M, M, I, G, S, S' neu 'Ll, Ma, Me, Ia, Gw, Sa, Su').

> **Gramadeg ar gyfer Byrfoddau** Dylid rhoi sylw i strwythur gramadegol yr iaith, wrth ffurfio byrfoddau ac acronymau.

Yn ail, mae'r defnydd o ddeugraffau fel llythyren gyntaf rhai dyddiau a misoedd yn golygu y dylai'r byrfodd ganiatáu'r defnydd o ddau nod (e.e. y llythyren 'Ll' fel byrfodd ar gyfer 'Llun' ac nid dim ond y nod 'L').

> **Deugraffau mewn Byrfoddau**

BWRDD YR IAITH
GYMRAEG•WELSH
LANGUAGE BOARD

Dylid rhoi sylw i ddeugraffau wrth ffurfio byrfoddau ac acronymau.

(Sylwer: Er bod byrfoddau dyddiau'r wythnos wedi cael sylw yma, mae sensitifrwydd i strwythur gramadegol yr iaith yn bwysig gyda phob byrfodd. Ymdrinir yn fwy cyffredinol â hyn yn adran 6.1.2).

4.1.3.2 Trefnolion

Wrth ddefnyddio trefnolion, mae gramadeg y Gymraeg yn amrywio mwy na'r Saesneg. Er enghraifft, yn Saesneg lle byddech yn disgrifio 'First Tuesday' , 'Second Tuesday' neu 'Third Tuesday' yn y mis, bydd gramadeg y Gymraeg yn dweud 'Dydd Mawrth Cyntaf', 'Ail Ddydd Mawrth' neu 'Trydydd Dydd Mawrth'. Mae'r 'cyntaf' yn dod ar ôl y gwrthrych a'r trefnolion eraill o'i flaen.

Yn ôl pob golwg, un agwedd yn unig ar ramadeg yr iaith yw hyn ac, yn y rhan fwyaf o achosion, mater cyfieithu yn unig ydyw. Fodd bynnag, mae'n arbennig o berthnasol ar gyfer rhaglenni meddalwedd sy'n darparu ffordd o reoli'r calendr, a lle darperir cefnogaeth ar gyfer amserlennu digwyddiadau. Mewn achosion o'r fath, mae'n bwysig bod y rhyngwyneb defnyddiwr a ddarperir yn niwtral mewn perthynas â'r mater hwn trwy beidio â mynnu bod perthynas osodedig rhwng y trefnolyn a'r gwrthrych. Trafodir y mater hwn ymhellach yn adran 6.2.5.

4.1.4 Lleihau Effaith Gwahaniaethau mewn Locales

Fodd bynnag, mae argymhellion sy'n benodol i locales, yn arbennig ar gyfer calendrau, sef:

Os oes angen dyddiad gyda'r geiriad llawn am resymau esthetig neu eraill, dylid ei adalw o'r llwyfan gweithredu lle mae hwn wedi leoleiddio eisoes, o bosibl, ar gyfer yr iaith Gymraeg;

Lle bo modd, a lle nad yw'n tarfu ar ddefnyddioldeb y meddalwedd, argymhellir defnyddio rhifau yn hytrach nag enwau misoedd a dyddiau er mwyn cwtogi ar y gwaith cyfieithu a'r gwahaniaethau swyddogaethol rhwng rhyngwynebau defnyddwyr y ddwy iaith. Er enghraifft, bydd angen cyfieithu 'Dydd Mercher, Rhagfyr 1^{af}, 2004' tra bo '1/12/2004' yn niwtral o ran iaith;

Wrth ddefnyddio trefnolion mewn dyddiadau (yn wir mewn unrhyw gyd-destun), drwy osgoi defnyddio ôl-ddodiaid y trefnolion (e.e. ^{af}, ^{ail}, ^{ydd}, a.y.b) nid oes rhaid ei gyfieithu'r ac felly mae'r trefnolyn yn ieithyddol-annibynnol. Er enghraifft, defnyddio '1 Rhagfyr 2004' yn hytrach na '1^{af} Rhagfyr 2004'.

Mae manteision i'r dull hwn hefyd trwy wneud y rhaglen yn fwy hyblyg pan gaiff ei defnyddio mewn locales gyda mwy o amrywiad yn y fformatau dyddiad lle bydd gwybodaeth sylfaenol y locale yn cyflwyno'r dyddiadau rhifol yn unig yn well na'r rhai â gwybodaeth destunol.

4.2 Gwyddorau

Mae gan yr wyddor Gymraeg **29 lythyren** gyda 26 yn yr wyddor Saesneg. Dyma sy'n achosi'r gwahaniaethau:

Deugraffau sy'n digwydd yn yr wyddor Gymraeg; *ch, dd, ff, ng, ll, ph, rh, th;*

BWRDD YR IAITH
GYMRAEG • WELSH
LANGUAGE BOARD

Llythrennau'r wyddor Saesneg nad ydynt yn yr wyddor Gymraeg: *k, q, v, x, z.*

Mae dau nod i'r deugraffau, ond cânt eu trin fel un llythyren. Dyma'r wyddor Gymraeg llawn felly:

a, b, c, ch, d, dd, e, f, ff, g, ng, h, i, j, l, ll, m, n, o, p, ph, r, rh, s, t, th, u, w, y

Mae'r gwahaniaethau hyn yn golygu bod angen rhoi sylw i ddau brif beth:

Wrth drefnu, mae'r drefn yn wahanol i'r drefn yn yr wyddor Saesneg ac mae'r deugraffau'n cymhlethu pethau'n fwy byth;

Mewn llinyn o destun, bydd nifer y nodau'n debygol o fod yn wahanol i nifer y llythrennau.

Gellir addasu llafariaid Cymraeg hefyd drwy roi nodau diacritig arnynt (e.e. â, ô, ŵ, a.y.b .) Rhoddir sylw i hyn wrth drafod y setiau nodau (adran 4.3)

4.2.1   Y Cyfrif nodau o'i gymharu â'r Cyfrif Llythrennau

Pan fydd y cyfrif yn cynnwys hyd llinyn testun, mae'n bwysig sylweddoli y gall nifer y nodau fod yn llai na nifer y llythrennau oherwydd y posibilrwydd bod deugraffau'n bresennol.

Nid yw hyn yn debygol o beri problem gan amlaf, gan mai dim ond cyfeirio at nifer y nodau mewn llinyn a wna rhaglenni meddalwedd yn draddodiadol ac felly mae'r dull a ddefnyddir eisoes yn ieithyddol-niwtral. Dyma'r dull a argymhellir lle bo modd.

Fodd bynnag, mewn sefyllfa lle mae angen cyfrif llythrennau, mae'n bwysig bod unrhyw brosesu a wneir ar destun Cymraeg, neu unrhyw gyfeiriadau ato, yn sensitif i'r defnydd o ddeugraffau ac y'u cyfrifir fel un llythyren. Mae'n debyg y bydd angen cyfeirio at eiriaduron er mwyn cyflawni hyn a dylid ei gynnwys fel elfen hanfodol yn nyluniad system.

4.2.2   Dewis Trefn

Mae'n gyffredin (yn enwedig wrth ddefnyddio enwau priod) gweld geiriau Cymraeg a Saesneg yn gymysg â'i gilydd. Fodd bynnag, mae angen trefn ddilys o hyd.

Er bod gwahaniaethau yn y gwyddorau, os defnyddir uwchset o'r holl lythrennau, does dim gwrthdaro yn y drefn. Byddai'r wyddor a addaswyd felly yn ymddangos fel a ganlyn:

a, b, c, ch, d, dd, e, f, ff, g, ng, h, i, j, k, l, ll, m, n, o, p, ph, q, r, rh, s, t, th, u, v, w, x, y, z

Dylid defnyddio hon ar gyfer rhyngwyneb Cymraeg ac i roi trefn ar ddata yn yr iaith Gymraeg. Fodd bynnag, wrth roi trefn mewn rhyngwyneb Saesneg, dylid defnyddio'r wyddor Saesneg heb y deugraffau er mwyn osgoi drysu defnyddwyr Saesneg

---

Trefn y Gymraeg

Wrth ddangos rhyngwyneb defnyddiwr Cymraeg a/neu wrth weithio gyda data Cymraeg, bydd y drefn yn seiliedig ar uwchset o'r gwyddorau Cymraeg a Saesneg

---

Trefn y Saesneg

Wrth ddangos rhyngwyneb defnyddiwr Saesneg a/neu wrth weithio gyda data yn yr iaith Saesneg, bydd y drefn yn seiliedig ar yr wyddor Saesneg yn unig.

I egluro hyn ymhellach, mae'r drefn a ddefnyddir yn dibynnu ar yr iaith a ddefnyddir ar gyfer y rhyngwyneb defnyddiwr, nid ar iaith y testun a ddangosir.

4.2.3 Trefnu Deugraffau

Mae'r gwahaniaeth yn y gwyddorau yn golygu bod angen trefnu'r data'n wahanol, yn dibynnu ar ba iaith sy'n cael ei threfnu.

Er bod y llythrennau sengl yn yr un drefn yn y ddwy iaith, mae'r deugraffau yn peri her gan na fydd yr ail nod yn cael ei gymharu gydag ail nod geiriau eraill er mwyn pennu'r drefn.

Er enghraifft, mae *label, lori* a *llefrith* wedi'u trefnu'n gywir yn Gymraeg.

Mae'r ddau ddeugraff (*Ng* a *Rh*) yn peri rhagor o her gan y ceir sefyllfaoedd lle mae'n amhosibl gwybod (heb gyfeirio at eiriadur anodedig) a yw gair yn cynnwys *'ng'* neu *'n'* ac wedyn *'g'*. Er enghraifft:

C-a-ng-e-n – Cangen;
B-a-n-g-o-r – Bangor.

Mewn sefyllfaoedd o'r fath, mae'n bwysig mabwysiadu strategaeth gyson. Yn achos 'ng' a 'rh' fel ei gilydd, mae'r deugraff yn llawer mwy cyffredin yn y Gymraeg na'r dilyniant llythrennau n, g (neu 'r', 'h') ac felly gellir derbyn yn gyffredinol mai trin pob enghraifft fel y llythyren ng (neu 'rh') fyddai fwyaf priodol. H.y. y dull a argymhellir yw trin pob enghraifft debygol o ddeugraff fel petai'n ddeugraff.

Er y bydd hyn yn arwain at fymryn o anghywirdeb wrth drefnu, heb gyfeirio at eiriadur am-edrych nid yw'n bosibl cael gwell cywirdeb.

Defnyddio geiriadur am-edrych yw'r ffordd ddelfrydol o fynd ati a dylid gwneud hyn lle bynnag y bo modd. Os nad oes modd, dylid dilyn strategaeth gyson wrth drefnu'r deugraffau yn Gymraeg.

Gellir crynhoi hyn drwy gyfeirio at dair lefel o allu i drefnu:

1. Peidio â chydnabod y deugraffau Cymraeg o gwbl a defnyddio'r wyddor Saesneg. Dyma'r dull a argymhellir ar gyfer rhyngwyneb Saesneg (gweler 0), ond nid argymhellir hyn ar gyfer rhyngwyneb Cymraeg (a byddai hynny'n groes i'r safonau hyn);
2. Trefnu'r holl destun mewn rhyngwyneb Cymraeg gan dybio bod unrhyw ddeugraff posibl yn ddeugraff a'i drin felly. Dyma'r lleiaf y dylid ei wneud er mwyn cydymffurfio â'r safonau hyn;
3. Defnyddio adnodd geiriadur am-edrych i adnabod deugraffau wrth drefnu mewn rhyngwyneb Cymraeg. Dyma'r dull delfrydol, ond nid yw bob amser yn ymarferol a dylid ei ddefnyddio pan fydd angen ymdrin â'r iaith mewn modd dilys a phan fydd hynny'n briodol.

Trefnu Deugraffau

 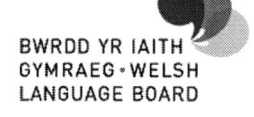

Rhaid diffinio strategaeth ac algorithm cyson ar gyfer trefnu deugraffau'n gywir a'u defnyddio gydol y rhaglen lle bynnag y rhoddir gwybodaeth destunol mewn trefn.

Nid yw nodau diacritig yn effeithio ar y drefn; caiff llafariad ag acen ei rhoi yn yr un drefn â'r llafariad gysefin.

Trefnu Nodau sydd â Marciau Diacritig

Dylid trin nodau sydd â marciau diacritig fel petaent yr un fath â'r llafariad wreiddiol a'u trefnu yn yr un drefn.

4.2.4   Unydd Graffemau Cyfun

Mae Unicode yn cynnig ateb arall i'r broblem trefnu deugraffau, sef yr 'Unydd Graffemau Cyfun'. Nod arbennig yw hwn (+u034F) (sydd fel arfer ynghudd) y gellir ei roi rhwng dau nod a ystyrid yn ddeugraff fel arall.

E.e. mae'n bosib gwahanu'r 'll' yn 'Williams' fel a ganlyn: 'Wil\u034Fliams'

Er bod hyn yn ddefnyddiol, mae'n weddol anhysbys ac efallai na fyddai disgwyl iddo gael ei ddefnyddio'n gyffredinol gan gymuned nodweddiadol o ddefnyddwyr. Fodd bynnag, mae'n rhan o safon Unicode a dylid ei ystyried yn fewnbwn defnyddiol a'i drin yn gywir lle bo'n bresennol.

Lle bo modd, dylai rhaglen feddalwedd ganiatáu i ddefnyddiwr roi nod yr Unydd Graffemau Cyfun mewn unrhyw faes testun a storio a phrosesu'r nod hwn mewn modd dilys gyda gweddill y llinyn testun.

Pan fydd deugraffau'n cael sylw wrth drefnu (h.y. mewn rhyngwyneb Cymraeg), dylai'r algorithm a ddefnyddir gofio am nod yr Unydd Graffemau Cyfun a chaniatáu iddo effeithio ar y drefn.

4.3   Setiau Nodau

Er y gellir cynrychioli'r deugraffau Cymraeg trwy ddefnyddio dau nod am bob llythyren, gall y llythrennau gyda nodau diacritig beri problemau os nad yw'r set nodau a ddefnyddir yn eu cynnal.

Yn Gymraeg, y nodau diacritig a ddefnyddir yw'r acen grom (â), yr acen ddyrchafedig (á), yr acen ddisgynedig (à) a'r didolnod (ä) gan ymddangos uwchben pob un o'r llafariaid (a, e, i, o, u, w & y). Mae hyn yn rhoi 28 nod (56 os ydych yn cynnwys llythrennau bach a phrif lythrennau) y mae'n rhaid i'r set nodau eu cynnal.

Nid yw pob set nodau yn cynnal yr holl nodau hyn. Er enghraifft, dim ond y nodau hynny sy'n gyffredin i nifer o brif ieithoedd (e.e. á, ô, a.y.b) y mae'r safon ANSI yn eu cynnal.

Setiau Nodau

Rhaid i raglen feddalwedd ddwyieithog ddefnyddio set nodau sy'n cynnal pob un o'r 56 nod diacritig yn ogystal â holl lythrennau'r wyddor Saesneg. Dylai'r set nodau hwn fod yn safon a ddefnyddir yn gyffredin ac a gydnabyddir yn rhyngwladol er mwyn

---

BWRDD YR IAITH
GYMRAEG · WELSH
LANGUAGE BOARD

sicrhau y gellir rhannu data testun gyda rhaglenni eraill.

O'r rhain, Unicode (a ddiffinnir hefyd gan ISO/IEC 10646:2003) yw'r safon a ddefnyddir fwyaf ac sy'n fwyaf dealladwy. Gellir cael mwy o wybodaeth am Unicode yn www.unicode.org.

Y set gyflawn o nodau diacritig a ddefnyddir yn y Gymraeg a'u codau Unicode yw:

To Bach		Dyrchafedig		Disgynedig		Didolnod	
Â	0194	Á	0193	À	0192	Ä	0196
Ê	0202	É	0201	È	0200	Ë	0203
Î	0206	Í	0205	Ì	0204	Ï	0207
Ô	0212	Ó	0211	Ò	0210	Ö	0214
Û	0219	Ú	0218	Ù	0217	Ü	0220
Ŵ	0372	Ẃ	7810	Ẁ	7808	Ẅ	7812
Ŷ	0374	Ý	0221	Ỳ	7922	Ÿ	0376
â	0226	á	0225	à	0224	ä	0228
ê	0234	é	0233	è	0232	ë	0235
î	0238	í	0237	ì	0236	ï	0239
ô	0244	ó	0243	ò	0242	ö	0246
û	0251	ú	0250	ù	0249	ü	0252
ŵ	0373	ẃ	7811	ẁ	7809	ẅ	7813
ŷ	0375	ý	0253	ỳ	7923	ÿ	0255

Er gwybodaeth, gellir gweld y symbolau hyn yn nhudalennau cod canlynol Unicode:

- Latin-1 Supplement
- Latin Extended-A
- Latin Extended Additional

Neu, gellir defnyddio set nodau ISO-8859-14. Fodd bynnag, nid yw'r set nodau hon wedi'i mabwysiadu i'r un graddau ag y mae Unicode.

4.3.1   Diffinio'r Set Nodau yn Fanwl

Er mwyn sicrhau bod dogfen HTML neu XML yn cynnal y set gyflawn o nodau Cymraeg, rhaid i'r set nodau (neu'r cod) a ddefnyddir gael ei diffinio'n benodol.

Wrth ddefnyddio Unicode mewn dogfennau HTML, gwneir hyn trwy gynnwys y datganiad 'charset=utf-8' yn y tag <meta>. Er enghraifft:

```
. . . .
<head>
<meta http-equiv="Content-Type" content="text/html;charset=utf-8" />
</head>
. . . .
```

Gydag XML, defnyddiwch y datganiad 'encoding="utf-8"':

```
<?xml version="1.0" encoding="utf-8" ?>
. . . .
```

 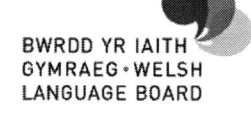

Bydd dulliau eraill ar gael ar gyfer ieithoedd a thechnolegau eraill.

Diffinio'r Set Nodau yn Fanwl

Lle bynnag y bo modd diffinio'n benodol y set nodau i'w defnyddio, dylid gwneud hyn i sicrhau y gellir cynnal y set gyflawn o nodau Cymraeg a Saesneg, ill dwy.

BWRDD YR IAITH
GYMRAEG • WELSH
LANGUAGE BOARD

4.3.2 Ffurfweddiad y Llwyfan Gweithredu

Bydd angen ffurfweddiad penodol ar gyfer rhai llwyfannau gweithredu (e.e. rhai gwe weinyddion) er mwyn dynodi a rheoli set nodau UTF-8 yn gywir.

Ffurfweddiad Set Nodau'r Llwyfan Gweithredu

Lle bo angen, rhaid ffurfweddu'r llwyfan gweithredu'n gywir i adnabod setiau nodau UTF-8 a'u prosesu'n gywir.

4.3.3 Amgodio Nodau nad ydynt yn cael eu cynnal gan ANSI

Mae nifer fawr o raglenni meddalwedd a fformatau ffeil yn dal yn seiliedig ar ANSI (h.y. nid ydynt yn cynnal y set nodau Unicode). Mewn sefyllfa o'r fath, yn aml, mae'n bosibl datrys problem diffyg cynhaliaeth trwy amgodio'r nod a thrwy hynny, er na fydd y rhaglen feddalwedd a ddefnyddir yn ei adnabod, bydd rhaglen sy'n gallu defnyddio Unicode yn gallu gwneud hynny.

Er enghraifft, er y bydd y penodeion 'charset' ac 'encoding' (gweler adran 4.3.1) yn cyfarwyddo'r HTML ac XML i ddelio gyda'r set nodau Unicode cyflawn, bydd dal yn rhaid i'r arfau a ddefnyddir i olygu'r HTML ac XML gynnal y nodau hyn.
Yn anffodus, mae llawer o'r offer hyn yn dal yn seiliedig ar ANSI ac felly mae'n rhaid amgodio unrhyw nodau nad ydynt yn cael eu cynnal gan ANSI er mwyn i borydd gwe sy'n seiliedig ar Unicode allu dehonglir cod hwn a dangos y nodau'n gywir.

Yr unig beth yw'r cod nodau HTML ac XML yw'r cod nodau Unicode (fel a ddangosir yn adran 4.3) gyda'r dilyniant &# o'i flaen. Er enghraifft, dyma godau ŵ ac ŷ:

Nod	Cod HTML
Ŵ	&#372
ŵ	&#373
Ŷ	&#374
ŷ	&#375

4.3.4 Mewnbwn Defnyddiwr

Bydd yr adran hon yn rhoi argymhellion ac yn sefydlu rhai safonau sylfaenol sy'n ymwneud â gallu defnyddiwr i roi nodau diacritig i mewn i raglen feddalwedd.

4.3.4.1 Teipio Data ar y Bysellfwrdd

Does dim darpariaeth hwylus ar nifer o fysellfyrddau safonol y DU i fewnbynnu nodau diacritig yn rhwydd. Fel arfer, diffinnir dilyniannau o drawiadau ar y bysellau i hwyluso'r gwaith o deipio'r nodau hyn.

Ar hyn o bryd defnyddir sawl sgema ar gyfer y dilyniannau hyn ac ni fydd y ddogfen hon yn diffinio safon gyffredinol nac yn dangos ffafriaeth at un sgema penodol. Serch hynny, mae nifer o safonau y dylai rhaglenni meddalwedd eu bodloni yn y maes hwn:

- Dylai unrhyw sgema o ddilyniant bysellau sicrhau bod y gwaith o fewnbynnu'r nodau a ddefnyddir amlaf (nodau gyda tho bach) mor syml â phosibl (h.y. heb

BWRDD YR IAITH
GYMRAEG • WELSH
LANGUAGE BOARD

ddefnyddio 'bysellau segur', er y gall fod angen y rhain ar gyfer y nodau llai cyffredin);

- Os nad yw'r defnyddiwr wedi gofyn yn benodol am wneud hynny, ni ddylai unrhyw raglen orfodi dilyniant bysellau yn fwriadol ar ddefnyddiwr a fydd yn disodli unrhyw ffurfweddiad sy'n bodoli eisoes (yn enwedig y dilyniannau Alt+nnnn na ddylid mo'u hanalluogi ar unrhyw gyfrif);
- Os oes sgema bysellfwrdd yn cael ei ddarparu gan raglen, dylid darparu cyfleuster hwylus a fydd yn fodd i'r defnyddiwr analluogi'r sgema dros dro neu'n barhaol;
- Pan fo rhaglen feddalwedd yn defnyddio dilyniannau bysellau i bwrpasau eraill (e.e. bysellau hwylus ac ati), dylid darparu opsiynau i ddefnyddwyr naill ai analluogi hyn neu newid y dilyniannau;
- Pan fydd rhaglen feddalwedd (System Weithredu er enghraifft) yn gosod cynhaliaeth bysellfwrdd, dylai ffurfweddiad diofyn y bysellfwrdd a osodir gynnal y nodau Cymraeg os yw locale y defnyddiwr wedi'i osod ar gyfer Cymru neu'r iaith Gymraeg;
- Bydd unrhyw sgema bysellfwrdd a bennir fel bysellfwrdd Cymraeg yn cynnal pob un o'r 56 nod diacritig Cymraeg.

Dull arall a ddefnyddir yn gyffredin yw caniatáu i ddefnyddiwr ddiffinio'i ddilyniant bysellau ei hun drwy gyfleuster ffurfweddu. Os defnyddir y dull hwn, dylai'r sgema diofyn a ddarperir ac unrhyw ffurfweddiad a ganiateir gan y defnyddiwr ddal i lynu wrth y canllawiau uchod.

Dwy sgema boblogaidd yw sgema Microsoft a gyflwynir gan Windows XP service pack 2 a sgema'r 'To Bach' a ddiffiniwyd gan Draig Technology ac a ddefnyddir hefyd gyda sawl meddalwedd agored megis y rhai a ddarperir gan Meddal (gweler 13.2).

4.3.4.2 Trawslythrennu Nodau Diacritig

Os na all rhaglen gael mynediad at ffrwd y bysellfwrdd (e.e. ar gyfer rhaglenni sy'n westeion i borydd), gellir defnyddio trawslythreniad (e.e. newid y dilyniant 'w^' am y nod 'ŵ').

Trawslythrennu Diacritig

Pan nad yw rhaglen yn gallu rhoi diffiniad penodol o ddilyniannau bysellfwrdd i gynnal y nodau diacritig, rhaid iddi ddarparu'r gallu i drawslythrennu fel a ganlyn:

Math o acen	Trawslythreniad	Enghraifft
Crom	char & ^	w^ = ŵ
Dyrchafedig	char & /	a/ = á
Disgynedig	char & \	a\ = à
Didolnod	char & "	O" = ö

Bydd y rhaglen wedyn yn rhoi'r nod priodol yn lle'r trawslythreniad.

Dylai dull o'r fath gydymffurfio â'r un safonau ag a ddiffinnir ar gyfer dilyniannau bysellau yn 4.3.4.1 (fel sy'n berthnasol).

BWRDD YR IAITH
GYMRAEG • WELSH
LANGUAGE BOARD

4.3.4.3   Dulliau Eraill o Fewnbynnu Data

Dylai dulliau eraill o fewnbynnu data (e.e. llais, sgrin gyffwrdd, llawysgrifen, graffiti, teclyn rheoli'r teledu a.y.b. .) ddarparu ffordd a fydd yn galluogi'r defnyddiwr i fewnbynnu nodau diacritig neu ddarparu dull hawdd o newid i fodd a fydd yn caniatáu hyn.

Os nad yw technoleg neu gyfyngiadau'r modd mewnbynnu data'n caniatáu hyn, dylai'r rhaglen ddefnyddio geiriadur am-edrych a galluogi'r defnyddiwr i ddewis sillafiadau gwahanol fel ei bod wastad yn bosibl i'r defnyddiwr sillafu geiriau'n gywir.

4.3.5   <u>Dewis Ffont</u>

Roedd adran 4.3 yn trafod y safonau amgodio a set nodau i'w defnyddio i gefnogi'r iaith Gymraeg. Mae cydymffurfio â'r gofyniad hwn fel arfer yn darparu amrywiaeth o ffontiau priodol y gellir eu defnyddio. Mae'n bwysig dewis ffont yn ofalus er mwyn sicrhau ei fod yn ddarllenadwy, yn hygyrch ac yn gweithio gyda rhaglenni eraill.

Dyma'r canllawiau ar gyfer dewis ffont priodol:

- Peidiwch â defnyddio ffontiau gyda choesau a chynffonau hirion na rhai sy'n rhy grwn neu'n rhy onglog;
- Rhaid i'r ffont fod yn addas ar gyfer yr wyddor Gymraeg gyfan (gan gynnwys y 56 nod diacritig);
- Peidiwch â defnyddio ffont â dyluniad unigryw sy'n defnyddio dull ansafonol ar gyfer deugraffau a nodau diacritig;
- Peidiwch â defnyddio ffontiau siwdo-Geltaidd neu galigraffaidd
- Defnyddiwch ffontiau sydd ar gael yn rhwydd (h.y. UTF-8 Serif a Sans Serif) i sicrhau eu bod yn gydnaws â chymwysiadau eraill;
- Ystyriwch faterion sy'n ymwneud â hygyrchedd, yn arbennig ar gyfer pobl â nam ar eu golwg, yng Nghyd-destun Deddf Gwahaniaethu ar sail Anabledd 1995.

Gellir cael rhagor o wybodaeth am ddewis a defnyddio ffontiau yn y ddogfen 'Canllawiau Dylunio Dwyieithog' a gyhoeddir gan Fwrdd yr Iaith Gymraeg.

BWRDD YR IAITH
GYMRAEG • WELSH
LANGUAGE BOARD

5   Saernïaeth a Dylunio

Cyn bwrw ymlaen i drafod swyddogaethau dwyieithog, mae'n bwysig trafod a chyflwyno'r safonau a'r canllawiau a fydd yn dylanwadu ar saernïaeth rhaglen feddalwedd er mwyn ei galluogi i gynnal nifer o ieithoedd.

Bydd yr adran hon yn trafod y materion hyn ac yn delio gyda meysydd megis y gallu i newid rhwng ieithoedd, sicrhau cysondeb y cynnwys rhwng yr ieithoedd a darparu setiau offer cefnogi iaith a'u hintegreiddio.

5.1   Dewis Iaith

Wrth i ddefnyddiwr ddefnyddio rhaglen feddalwedd, bydd angen penderfynu pa iaith a ddangosir. Gellir trefnu hyn mewn sawl ffordd.

Pan fydd y defnyddiwr yn defnyddio'r rhaglen gyntaf ac nad oes modd eu hadnabod yn rhwydd, naill ai:

- Tybiaeth ddealledig os nad yw'r defnyddiwr wedi dweud pwy ydynt eto ac felly nad oes modd cyfeirio at ddewis iaith sydd wedi'i nodi'n benodol;
- Defnyddio dull dewis iaith cychwynnol, a ddangosir yn ddwyieithog

Wrth ddefnyddio'r rhaglen wedi hynny, neu pan fydd modd adnabod y defnyddiwr yn bendant:

- Dewisydd iaith cyffredinol sy'n gadael i'r defnyddiwr newid iaith unrhyw bryd;
- Cyfeirio at ddewis iaith sydd wedi'i storio/ffurfweddu ar gyfer y defnyddiwr (dim ond os yw'r defnyddiwr wedi'i adnabod yn amlwg neu mewn modd dealledig y gellir gwneud hyn).

5.1.1   Tybiaeth Ddealledig Gychwynnol

Y tro cyntaf i ddefnyddiwr ddefnyddio rhaglen feddalwedd, oni ellir ei adnabod trwy ddull dealledig, yna bydd angen tybio pa iaith fydd ei ddewis iaith.

Gellir defnyddio sawl dangosydd i'ch tywys wrth lunio'r dybiaeth hon:

- Y locale a/neu'r dewis iaith (e.e. cy-GB) a ddiffiniwyd ar gyfer proffil y defnyddiwr (neu ar y llwyfan gweithredu). Gall hyn ddod o'r system weithredu ei hun neu'r amgylchedd sy'n lletya ochr cleient y rhaglen (e.e. porydd, a fydd yn trosglwyddo'r wybodaeth hon yn y pennawd HTTP). Mae adran 4.1 yn rhoi mwy o sylw i hyn;
- Y dull o gael mynediad i'r rhaglen. Gallai hyn gynnwys arwydd penodol neu ddealledig gyda golwg ar y dewis iaith. Dyma rai ohonynt:
- Y defnydd o enw parth neilltuol i gael gafael ar raglen ar y we lle mae enwau parth Cymraeg a Saesneg ar gael (gweler 5.4);
- Presenoldeb dwy ffeil gychwyn i raglen feddalwedd, un ymhob iaith, lle gall y defnyddiwr ddewis yr un sydd fwyaf perthnasol i'w ddewis iaith;
- Paramedr penodol wedi'i roi mewn llinyn ymholiad, fel switsh llinell orchymyn neu fewnbwn cychwyn arall y mae'r rhaglen yn ei adnabod;
- Defnyddio dolen neu lwybr byr sy'n dangos iaith ddewisol y defnyddiwr wrth ddefnyddio rhaglen gyfeirio;

BWRDD YR IAITH
GYMRAEG • WELSH
LANGUAGE BOARD

Ni ddylai dewis iaith drwy ddull mor amhenodol gael ei gofnodi ar gyfer penderfynu yn y dyfodol. Dim ond ar yr iaith gychwynnol y dylai benderfynu, a hynny ond ar gyfer y sesiwn hwnnw.

5.1.2 Y Swyddogaeth Dewis Iaith Benodol

Dull arall o benderfynu ar iaith gychwynnol i ddefnyddiwr yw cyflwyno swyddogaeth dewis iaith neilltuol er mwyn i'r defnyddiwr ddewis iaith benodol. Enghreifftiau cyffredin o'r dull hwn yw Peiriannau Twll yn y Wal, Bythau Gwybodaeth a nifer o wefannau.

Wrth wneud hyn, dylid ystyried yr agweddau canlynol:

- Dylai'r rhyngwyneb dewis iaith fod mor syml ag sy'n bosibl, heb gynnig unrhyw ddewis arall ar yr un pryd (ac eithrio gadael y rhaglen);
- Dylid cyfyngu defnyddio graffeg i neges groeso syml a delwedd frandio sylfaenol er mwyn peidio â thynnu sylw oddi wrth y ffaith fod angen i'r defnyddiwr ddewis iaith;
- Dylai pob elfen ieithyddol-sensitif fod yn ddwyieithog gan gymryd pob gofal i sicrhau na roddir blaenoriaeth na ffafraeth o gwbl;
- Unwaith y byddir wedi dewis yr iaith i ddechrau, ni ddylai fod angen i'r defnyddiwr ddychwelyd at y dewis hwn gan y dylai'r gallu i newid i iaith arall 'yn y fan a'r lle' fod yn weladwy drwy weddill y rhyngwyneb defnyddiwr.

Gellir cael canllawiau ac argymhellion pellach ar ystyriaethau dylunio yn 'Atodiad A a hefyd yn y 'Cipolwg' ar wefannau ac adnoddau eraill yn adran 12.

5.1.3 Dewisydd Iaith Hollbresennol

Er mwyn gwneud hyn, rhaid cael dewisydd iaith sy'n bresennol bob amser y mae rhyngwyneb defnyddiwr rhyngweithiol yn bresennol. Yn gyffredinol, dyma'r dull sy'n ofynnol (ac eithrio'r hyn a drafodwyd yn 5.1.4) a dylid ei ddilyn waeth beth y bo'r dull a ddefnyddir i benderfynu ar y dewis iaith cychwynnol (yn 5.1.1 ac yn 5.1.2 uchod).

Dewisydd Iaith Hollbresennol

Rhaid i'r defnyddiwr gael ffordd o newid rhwng y Gymraeg a'r Saesneg unrhyw bryd a lle bynnag y bônt wrth ryngweithio gyda'r rhaglen feddalwedd.

Botwm Dewis Iaith

Rhaid i'r botwm dewis iaith fod yr un mor weladwy a hygyrch, ac wedi'i leoli yn yr un lle drwy'r rhaglen feddalwedd drwyddi draw. Dylai fod yr un mor amlwg beth bynnag fo iaith gyfredol y rhyngwyneb defnyddiwr.

Rhaid i'r botwm dewis iaith fod mor rhwydd i'w ddefnyddio ag sy'n bosibl. Yn benodol, dylai'r arwydd a roddir ar y botwm fod yn amlwg i ddefnyddiwr yr iaith a gynrychiolir gan y botwm (yn hytrach nag iaith gyfredol y rhyngwyneb)

Gyda rhyngwyneb defnyddiwr sy'n graffigol (gan gynnwys gwefannau), y confensiwn fydd lleoli'r botwm dewis iaith yng nghornel dde uchaf y sgrin ar gyfer ieithoedd chwith-i-dde (y "lle da").

Mewn system ddwyieithog, un dewis syml fydd ar gael, sef yr iaith arall. Mewn system amlieithog, bydd y dewis yn golygu rhestr o'r holl ieithoedd eraill. Er enghraifft os defnyddir dewisydd ar ffurf testun, dylid rhoi 'Cymraeg' i ddewis y Gymraeg mewn rhyngwyneb Saesneg a 'Saesneg' i ddewis y Saesneg mewn rhyngwyneb Cymraeg.

Argymhellir yn gryf na ddylid defnyddio baneri gwledydd i ddynodi iaith. (gweler 6.2.7).

Newid Iaith yn Syth

Pan ddewisir iaith, dylai'r rhyngwyneb newid yn syth i'r iaith a ddewiswyd. Wrth wneud hyn, bydd y rhyngwyneb a gyflwynir yn gyfartal, bydd y rhyngweithio swyddogaethol yr un fath a bydd yn cynnal yr un data a chyd-destun fel ag yr oedd yn union cyn y dewis.

Os yw'r defnyddiwr ran o'r ffordd drwy broses aml-gyflwr neu os yw wedi rhannol fewnbynnu data, bydd y rhyngwyneb yn aros yn yr un cyflwr ac ni chollir unrhyw ddata yn sgil y newid. Er enghraifft, os bydd defnyddiwr wedi teipio data mewn sawl maes ar ffurflen heb gadw'r data ac yna'n newid iaith, ni ddylai'r data hwnnw fynd ar goll.

Mae eithriad derbyniol i'r safon hon lle bydd newid yn syth yn achosi i drafodion atomig neu gritigol fethu (megis prosesu trafodion cerdyn credyd). Mewn sefyllfa o'r fath, mae'n briodol gohirio'r cais hyd nes y bo'r trafodion wedi'u cwblhau. Fodd bynnag, dylai'r newid rhwng yr ieithoedd ddigwydd cyn gynted ag sy'n ymarferol bosibl ar ôl y pwynt hwn.

Hefyd, weithiau bydd y saernïaeth a/neu'r llwyfan gweithredu'n cyfyngu ar allu'r system i newid iaith yn y fan a'r lle. Dan amgylchiadau fel hyn, ystyr y geiriau 'yn syth' dan y safon hon fydd y cam nesaf a fydd yn digwydd yn hytrach na cham 'yn y fan a'r lle'.

Cyngor ynghylch Colli Data neu Gyd-destun

Os nad yw'n bosibl osgoi colli cyflwr neu gyd-destun data yn rhannol neu'n llwyr, rhaid cynghori'r defnyddiwr ynghylch maint y golled a'i heffaith, a chael opsiwn i dderbyn y golled hon a pharhau neu i wrthod y newid a pharhau gyda'r iaith bresennol.

5.1.4   Dewis Iaith wedi'i Ffurfweddu

Os bydd rhaglen feddalwedd wedi adnabod defnyddiwr (h.y. bod y defnyddiwr wedi cyflwyno'i hun), neu os bydd rhaglen feddalwedd ar ddyfais sydd â defnyddiwr neilltuol (e.e. ffôn poced, PDA, a.y.b.), yn lle'r dewisydd hollbresennol, gellir darparu'r gallu i ffurfweddu'r iaith ddiofyn yn benodol.

Bydd hyn yn golygu bod angen dweud wrth y defnyddiwr bod modd gwneud hyn a bod y ddewislen/gwasanaeth ffurfweddu yn rhwydd i'w defnyddio rhag ofn nad yw'r defnyddiwr yn gwbl gyfarwydd â iaith gyfredol y rhyngwyneb.

5.1.5   Rhyngwynebau Angraffigol (e.e. Meddalwedd Teleffoni Canolfannau Galw)

Os defnyddir rhyngwyneb defnyddiwr angraffigol (h.y. llais a.y.b.), dylid defnyddio dull sy'n galluogi defnyddiwr i ddewis eu dewis iaith.

Er enghraifft, gyda chanolfan gysylltu, argymhellir dull lle bo meddalwedd y ganolfan gysylltu'n cynnig dewis iaith i'r defnyddiwr cyn gynted ag y bo modd yn ystod yr alwad. Bydd hynny'n osgoi sefyllfa lle bo'n rhaid defnyddio dau rif ffôn ar wahân - sefyllfa llai dymunol.

5.2 Cofio'r Dewis Iaith

> **Cofio'r Dewis Iaith**
>
> Pan fydd rhyngwyneb defnyddiwr yn newid iaith o ganlyniad i gais penodol, rhaid i'r rhyngwyneb defnyddiwr aros yn yr iaith honno am weddill y sesiwn defnyddiwr neu hyd nes i'r defnyddiwr wneud cais penodol arall.

Sylwer: Ceir eithriad i'r safon hon, sef pan fydd defnyddiwr, ar ôl dewis iaith, yn penderfynu'n fwriadol ei fod am ddychwelyd i gyflwr blaenorol yn y rhaglen (h.y. botwm 'yn ôl' ar borydd). Dan amgylchiadau fel hyn, dylai iaith rhyngwyneb y defnyddiwr hefyd fynd yn ôl at yr iaith a ddefnyddid yn y cyflwr y dychwelwyd iddo. H.y. gellir defnyddio botwm 'yn ôl' hefyd i ddadwneud dewis iaith.

5.3 Storio Dewis Iaith

Pryd bynnag y bydd defnyddiwr yn dethol ei ddewis iaith, yr ystyriaeth bwysicaf yw sicrhau bod y rhaglen feddalwedd yn newid i'r iaith honno. Fodd bynnag, dylai eilbeth pwysig ddigwydd hefyd, sef nodi'r mynegiant hwn o'u dewis er mwyn i'w dewis iaith fod yn iaith ddiofyn ar gyfer sesiynau yn y dyfodol gyda'r defnyddiwr hwnnw.

Bydd y ffordd y gwneir hyn yn dibynnu ar saernïaeth a chyfleusterau'r llwyfan gweithredu a galluoedd y rhaglen ei hun hefyd. Bydd yr adran hon yn amlinellu rhai dulliau gweithredu mewn perthynas â hyn.

5.3.1 Proffiliau ar Lefel Rhaglen

Os yw'r defnyddiwr wedi cyflwyno'i hun, neu wedi dangos yn glir i'r rhaglen pwy ydyw a bod cofnod o'r defnyddiwr hwn a'i broffil yn cael ei gadw gan y rhaglen, yna dyma'r lle mwyaf perthnasol i gofnodi'r wybodaeth am ddewis iaith. Fel hyn, pa bryd bynnag y bydd y defnyddiwr hwnnw'n cyflwyno'i hun i'r rhaglen yn y dyfodol, eu dewis iaith (neu, o leiaf, eu dewis iaith mwyaf diweddar) a ddefnyddir. Dylid diweddaru'r cofnod hwn o ddewis iaith bob tro y bydd y defnyddiwr yn dewis iaith. Yna, gellir defnyddio'r dewis iaith hwn sydd wedi'i storio pan fydd y rhaglen yn cychwyn fel a ganlyn:

- Os nad yw defnyddiwr wedi dewis iaith yn benodol (h.y. wedi gosod eu dewis iaith yn eu proffil defnyddiwr ar gyfer y rhaglen), yna gellir tybio mai'r iaith 'a ddewiswyd ddiwethaf' ganddynt fydd eu dewis diofyn;
- Os yw defnyddiwr wedi nodi dewis iaith yn benodol yn ei broffil defnyddiwr ar gyfer y rhaglen, yna'r iaith honno fydd yn cael ei defnyddio ac ni fydd newid iaith yn effeithio ar hyn. Yn yr achos hwn, ni fydd y newid iaith ond yn para tan ddiwedd y sesiwn defnyddiwr cyfredol neu nes i'r defnyddiwr wneud cais am ddewis iaith arall.

5.3.2 Proffiliau'r Llwyfan Gweithredu

Gellir cofnodi dewis iaith y defnyddiwr hefyd mewn rhyw fath o storfa barhaus sy'n gysylltiedig â'r llwyfan gweithredu. Os yw'r llwyfan gweithredu'n caniatáu rheoli

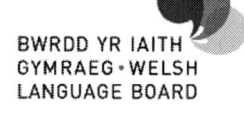

BWRDD YR IAITH
GYMRAEG • WELSH
LANGUAGE BOARD

proffiliau defnyddwyr, dylid storio'r dewis mewn man penodol i'r defnyddiwr fel nad yw'n effeithio ar ddefnyddwyr eraill y llwyfan.

Dyma rai enghreifftiau o sut y gellir cyflawni hyn:

- Defnyddio briwsion ar gyfer rhaglenni gwe;
- Cofnodion yn y gofrestrfa ar gyfer rhaglenni Windows;
- Ffeiliau ffurfweddu neu gychwyn (e.e. ffeiliau .ini) sy'n benodol i'r rhaglen neu i'r defnyddiwr;
- Gosodiadau locale, dim ond os oes gan y rhaglen yr 'awdurdod' i newid y rhain (gweler 4.1.2);
- Defnyddio cyfeiriadur defnyddiwr y gall y llwyfan gweithredu fynd ato (megis Cyfeiriadur Active, cyfeiriadur sy'n cydymffurfio ag LDAP neu ffurf arall ar storfa ddata defnyddiwr);
- Dulliau eraill, yn dibynnu ar alluoedd y llwyfan gweithredu.

Mantais y dull hwn yw ei fod yn galluogi rhaglen feddalwedd i bennu dewis iaith y defnyddiwr cyn i'r defnyddiwr 'gyflwyno'i hun'. Yn ogystal, gall rhaglenni eraill rannu'r wybodaeth hon am y dewis.

Mae dau beth pwysig i'w hystyried yn y cyswllt hwn:

Yn gyntaf, er mwyn i raglen feddalwedd ddibynnu ar wybodaeth a storir y tu allan i gwmpas ei rheolaeth, rhaid paratoi'r rhaglen honno i ddelio â sefyllfa pan na fydd y wybodaeth ar gael.

Yn ail, yn dibynnu ar y llwyfan gweithredu, disgwyliadau'r defnyddiwr, a materion yn ymwneud â phreifatrwydd a diogelwch, nid yw bob amser yn bosibl nac yn briodol i raglen feddalwedd gofnodi gwybodaeth gyson sydd y tu allan i gwmpas ei storfeydd data ei hun. Dylid ystyried y materion hyn wrth wneud y penderfyniad ynghylch sut i gofnodi'r wybodaeth hon.

5.4   Enwau Parth

> **Enwau Parth Dwyieithog**
>
> Os nad yw enw parth a ddefnyddir i gael mynediad i raglen yn ieithyddol-niwtral, rhaid cael un enw ar gyfer pob iaith. Dylid defnyddio a hyrwyddo'r ddau enw parth yn gyfartal ac fe ellir eu defnyddio er mwyn rhagdybio iaith ddewisol gychwynnol ar gyfer defnyddiwr os nad oes dangosydd mwy penodol ar gael (gweler 5.1.1).

Er enghraifft, mae Llygad Busnes yn defnyddio http://www.llygadbusnes.org.uk/. a www.businesseye.org.uk.

Ceir Enwau Parth Rhyngwladol erbyn hyn sy'n caniatáu defnyddio nodau diacritig mewn enwau parth (e.e. www.lônfawr.gov.uk). Pan ddefnyddir y rhain, dylid cofrestru a defnyddio enw parth safonol neu ieithyddol-niwtral cyfatebol hefyd. Gweir hyn er mwyn sicrhau bod y rhaglen yn dal ar gael i ddefnyddwyr nad ydynt yn ymwybodol o hyn (neu sydd wedi'i hanalluogi am resymau diogelwch) ac i lwyfannau technoleg hŷn nad ydynt yn gallu defnyddio'r gallu cymharol newydd hwn.

5.5   Presenoldeb Cyson y Dewis Iaith

BWRDD YR IAITH
GYMRAEG • WELSH
LANGUAGE BOARD

Bod y Dewis Iaith ar gael yn Gyson

Dylai'r swyddogaethau a'r cynnwys fod ar gael i'r un graddau yn Gymraeg ac yn Saesneg, fel y gall defnyddiwr, ar ôl dewis iaith, lywio drwy'r meddalwedd a'i ddefnyddio'n llwyr yn eu dewis iaith.

5.5.1 Absenoldeb Elfennau Iaith

Ystyr hyn yw pan na fydd elfennau iaith yn bresennol (boed hynny'n faes cyfan neu ond yn eitem unigol o destun/graffigyn) yn y rhyngwyneb defnyddiwr yn y dewis iaith. Dylai rhaglen feddalwedd archwilio'i hun yn y cyswllt hwn. Lle byddai'r rhaglen fel arfer yn cofnodi gwall neu eithriad ar gyfer diffyg swyddogaethol, dylid trin y ffaith fod yr iaith yn absennol yn yr un modd a'i ystyried yr un mor ddifrifol ag unrhyw wall arall nad yw'n gatastroffig.

Absenoldeb Elfennau Iaith

Ni ddylai defnyddiwr sydd am ddefnyddio rhyngwyneb iaith neilltuol orfod defnyddio rhyngwyneb iaith arall nac unrhyw destun mewn iaith arall onid yw ar gael yn eu dewis iaith. Os digwydd hyn, caiff ei drin fel unrhyw fethiant arall gyda'r digwyddiad yn cael ei gofnodi a thynnu sylw gweithredydd neu weinyddwr system ato lle bo modd.

Os yw'r elfen iaith-ddibynnol ar gael yn yr iaith arall, dylai'r rhaglen ddefnyddio elfen rhyngwyneb defnyddiwr yr iaith honno er mwyn galluogi defnyddwyr i gyflawni'u hamcanion o ran defnyddio'r meddalwedd. Dylai'r defnyddiwr dderbyn rhyw fath o gydnabyddiaeth fod hyn wedi'i wneud.

Dylid cofnodi hyn a nodi'r gwall. Fodd bynnag, ni ddylai hysbysu'r defnyddiwr o'r broblem darfu ar y defnydd y mae'r defnyddiwr yn ei wneud o'r rhaglen, h.y. mae sylw esboniadol wrth ymyl y testun anghywir yn briodol ond ni fyddai neidlen ond yn cythruddo mwy ar y defnyddiwr.

5.5.2 Rhagweld Absenoldeb Data a Gwrthrychau sy'n Dibynnu ar Iaith

Os bydd rhaglen feddalwedd yn rheoli data neu wrthrychau dwyieithog, dylai geisio bob amser ddarparu'r data neu'r gwrthrych sy'n addas ar gyfer dewis iaith y defnyddiwr.

Os nad yw hyn yn bosibl, oherwydd bod y data neu'r gwrthrych heb fod ar gael yn y dewis iaith, yna, dylid defnyddio'r data neu'r gwrthrych ar gyfer yr iaith arall. Os gweir hyn, dylid rhoi rhyw awgrym i'r defnyddiwr mai dyma sy'n digwydd ynghyd ag esboniad o'r achos.

Os oes modd gwybod ymlaen llaw y bydd data neu wrthrych yn absennol, yna rhaid hysbysu'r defnyddiwr ynghylch hyn cyn dewis y swyddogaeth i ddangos y data neu'r gwrthrych er mwyn iddynt allu gwneud penderfyniad mor ddoeth ag y bo modd.

E.e. os rhoddir dolen i ddefnyddiwr weld dogfen mewn rhyngwyneb Cymraeg (e.e. mewn rhestr o ganlyniadau chwilio) ac mai dim ond yn Saesneg y mae'r ddogfen honno ar gael, yna dylid dangos hynny yn y ddolen. Er enghraifft: 'enw'r ddogfen (yn Saesneg yn unig)'

5.5.3 Canfod Anghysondeb

Un gwiriad ansawdd hanfodol ar gyfer rhaglen ddwyieithog yw'r gallu i ganfod a yw holl elfennau'r rhyngwyneb defnyddiwr ar gael yn y ddwy iaith.

Lle bo modd, dylid gallu cynnal dadansoddiad all-lein (h.y. adroddiad) o holl elfennau'r rhyngwyneb defnyddiwr i ganfod rhai nad ydynt ar gael ymhob un o'r ieithoedd a gefnogir.

5.6 Strwythur y Rhyngwyneb Defnyddiwr

Strwythur y Rhyngwyneb Defnyddiwr

Rhaid i raglenni meddalwedd dwyieithog strwythuro'r rhyngwyneb defnyddiwr i sicrhau a hyrwyddo cydraddoldeb swyddogaeth a chynnwys yn y ddwy iaith.

Gellir defnyddio ystod o ddulliau strwythuro, a cheir trafodaeth ar bedwar o'r rhain. Dyma nhw, yn nhrefn eu soffistigedigrwydd a'u gallu:

1. **Testun Cyfochrog/Cymysg**. Cynhyrchir un fersiwn o'r rhaglen sy'n cynnwys Cymraeg a Saesneg yn gyfartal a'u dangos naill ai fel testun cymysg neu gyfochrog;
2. **Efelychu Cyfochrog**. Llunnir dau fersiwn o'r rhaglen, un yn cynnwys y Gymraeg a'r llall yn cynnwys y Saesneg gyda'r gallu i newid rhwng yr ieithoedd;
3. **Systemau Newidiol Planedig**. Llunnir un fersiwn o'r rhaglen, gyda'r testun ar gyfer y ddwy iaith wedi'i blannu o fewn y rhaglen, fel arfer ar yr haen rhyngwyneb defnyddiwr;
4. **Pecyn adnoddau** Llunnir un fersiwn o'r rhaglen gyda'r testun ar gyfer pob iaith yn cael ei storio mewn storfa ddata y tu allan i'r rhaglen.

Defnyddir y rhifau uchod i gyfeirio at y mathau hyn o saernïaeth mewn mannau eraill. Er enghraifft, cyfeirir at y dull Cynnwys Newidiol Planedig fel 'Saernïaeth Lefel 3'.

O'r dulliau hyn, y Saernïaeth y Pecyn Adnoddau (lefel 4) yw'r un mwyaf pwerus, hyblyg a dibynadwy o bell ffordd gan ddarparu mwy na'r gweddill o ran rheoli a chynnal ieithyddol.

Fodd bynnag, mae gan y pedwar dull y potensial i gynhyrchu rhaglenni a fydd yn bodloni'r safonau hyn. Rhaid ceisio sicrhau cydbwysedd rhwng y gost ddatblygu gychwynnol a'r gost reoli a chynnal barhaus wrth geisio sicrhau'r un lefel o ansawdd, gallu a chydymffurfiad.

5.6.1 Testun Cyfochrog/Cymysg (Lefel 1)

Dyma'r dull mwyaf sylfaenol. Mae'n ceisio cynnwys y Gymraeg a'r Saesneg ar yr un pryd gydol y rhyngwyneb defnyddiwr.

Mae gan y dull hwn nifer o anfanteision sylweddol, a gall y gost, yr ymdrech a'r cyfaddawdu swyddogaethol sy'n ofynnol i fodloni'r safonau hyn yn llawn fod yn afresymol. Yn ogystal, ar wahân i wefannau sylfaenol iawn (nodweddion cyfyngedig a/neu gynnwys statig), mae ansawdd y dylunio'n wael.

BWRDD YR IAITH
GYMRAEG • WELSH
LANGUAGE BOARD

Fodd bynnag, gall hyn fod yn ddull effeithiol pan fydd cyfyngiadau ar waith (yn enwedig wrth ddefnyddio rhaglenni trydydd parti) ac mai defnyddio testun cymysg yw'r <u>unig</u> bosibilrwydd er mwyn darparu gallu dwyieithog. Fodd bynnag, pan fydd dewisiadau eraill ar gael neu pan fydd cyfle i ddiffinio neu ddylanwadu ar y dylunio, dylid rhoi ystyriaeth ddifrifol i'r dewisiadau hyn.

Ni roddir mwy o ystyriaeth i'r dull hwn yn y ddogfen hon. Nid yw hyn yn golygu nad yw'n ddull dilys lle caiff ei ddefnyddio, ond nad yw'n ddull a argymhellir. Cyn y dewisir y dull hwn, argymhellir bod y costau a'r effeithiau posibl yn cael eu hystyried yn ofalus cyn ymrwymo iddo.

5.6.2   Efelychu Cyfochrog (Lefel 2)

Dyma'r dull a fabwysiedir yn arferol ar gyfer gwefannau a rhaglenni meddalwedd heb fawr o swyddogaethau a chynnwys cymharol statig. Dyma'r dull symlaf nesaf i'w roi ar waith, ond gall y costau godi'n sydyn os bydd cwmpas y system yn cymhlethu neu os gwneir newidiadau parhaus i'r cynnwys neu'r swyddogaethau.

Er ei fod yn addas ar gyfer gwefannau bach, gall y dull hwn arwain at broblemau ansawdd sylweddol, anghysondebau a chostau cynnal uchel os caiff ei ddefnyddio ar gyfer rhaglenni sydd naill ai'n fwy cymhleth neu'n fwy o ran eu cynnwys. Felly, pan fabwysiadir y dull hwn, argymhellir bod strategaeth uwchraddio i saernïaeth fwy soffistigedig yn cael ei chynllunio er mwyn delio gydag unrhyw ehangu a fydd yn digwydd i'r cwmpas neu'r cymhlethdod yn y dyfodol.

Mae'r dull efelychu cyfochrog yn sefydlu strwythurau adnoddau ar wahân a chyfochrog sy'n 'efelychu' ei gilydd gyda chynnwys a swyddogaethau sydd yn union yr un fath.

Prif fantais y dull hwn yw ei symlrwydd ar ffaith y gellir ei roi ar waith gan ddefnyddio technolegau syml yn unig. Dyma hefyd ei brif anfanteision gan nad yw'n addasu'n dda iawn i raglenni mwy a mwy cymhleth ac mae diffyg technolegau mwy soffistigedig yn arwain at waith cynnal a chadw y mae'n rhaid ei wneud â llaw a'r rheini'n gostus fel arfer.

Dyma anfanteision eraill y dull hwn:

- Rhaid plannu detholwyr iaith gydol y rhyngwyneb defnyddiwr a rhaid i bob un bwyntio at fan gwahanol yn y strwythur cyfochrog. Mae hyn naill ai'n gofyn am ymdrech, yn ychwanegu at y costau cynnal ac yn peri problem fawr o ran ansawdd neu mae gofyn sgriptio neu ddarparu cynhaliaeth o fath arall i'r nodweddion.
- Mae'n mynd yn anodd iawn sicrhau y darperir y cynnwys a'r ansawdd yn gyfartal ymhob iaith. Os gadewir i'r rhaglenni hyn dyfu yn ddi-reolaeth, maent yn dirywio'n gyflym nes bod ansawdd y gefnogaeth yn sylweddol waeth ar gyfer un o'r ieithoedd (Cymraeg fel arfer, mewn cyd-destun dwyieithog);
- Bydd rhaid gwneud unrhyw newidiadau swyddogaethol i'r ddau strwythur ar yr un pryd; Mae'r gost cynnal a chadw felly'n cael ei dyblu;
- Mae strwythurau cyfochrog yn gallu gweithio mewn sefyllfa ddwyieithog, ond maent yn methu'n sydyn mewn sefyllfa amlieithog lle mae'r angen i gynnal strwythurau ychwanegol yn arwain at fwy a mwy o ymdrech a chost;
- Mae'r gwaith o reoli cynnwys a gwirio cyfanrwydd yn awtomatig ar draws y ddau strwythur yn hynod o anodd ei roi ar waith, sy'n arwain at gostau cynnal parhaus i sicrhau bod y lefel ansawdd ofynnol yn cael ei chynnal.

 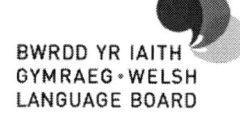

- Pan wynebir materion swyddogaethol mwy cymhleth megis rheoli data dwyieithog a rhyngwynebau data dwyieithog, ni all y strwythur cyfochrog ddatrys y rhain heb ei ail-lunio yn un strwythur (h.y. saernïaeth lefel 3 i bob pwrpas);
- Mae cynnal y cyflwr a chyd-destun y data wrth i'r newid ieithyddol ddigwydd yn gymhleth.

Cydnabyddir bod nifer o atebion llwyddiannus wedi'u rhoi ar waith gan ddefnyddio'r strwythur cyfochrog hwn ac nid yw'r safonau hyn yn deddfu yn erbyn y dull hwn mewn unrhyw ffordd.

Serch hynny, argymhellir yn gryf bod y cyfyngiadau a'r costau sy'n gysylltiedig â'r dull hwn yn cael eu hystyried a'u dadansoddi'n llawn cyn ei fabwysiadu. At ei gilydd, bydd dadansoddiad o'r fath yn dangos bod saernïaeth lefel 3 neu 4 yn fwy addas.

5.6.3 Systemau Newidiol Planedig (Lefel 3)

Mae'r dull hwn yn datrys nifer o'r heriau a wynebir gyda saernïaeth lefel 2 gan mai strwythur sengl sydd iddo. Mae holl elfennau'r rhyngwyneb defnyddiwr sy'n ieithyddol-sensitif yn cael eu plannu yn y rhyngwyneb defnyddiwr gyda switsh rhesymeg cysefin yn rheoli pa elfen sy'n cael ei harddangos.

Mae'r dull hwn yn well na'r dull efelychu cyfochrog gan ei fod yn cael gwared ar sawl problem:

- Does dim angen cynnal detholwyr iaith, gan mai'r unig beth y mae'r holl ddetholwyr yn ei wneud yw adnewyddu maes cyfredol y rhyngwyneb defnyddiwr i arddangos yr iaith arall;
- Does dim angen datblygu, lleoli a chynnal strwythurau cyfochrog;
- Caiff y gwaith o gynnal y cyd-destun data a chyflwr yn ystod proses gyfnewid ei symleiddio'n arw gan mai'r unig beth y mae'n ei olygu gan amlaf yw hunangyfeirio at wrthrych y rhyngwyneb defnyddiwr;
- Daw'n fwy ymarferol darparu rheolaeth data dwyieithog. Fodd bynnag, mae darparu cefnogaeth swyddogaethol lawn yn aml yn golygu bod y strwythur hwn yn ymdebygu i'r dull adnodd canolog (lefel 4).

Er bod y dull hwn yn llawer mwy effeithiol ar gyfer mynd i'r afael â nifer o broblemau na'r dull efelychu cyfochrog, mae nifer o ddiffygion yn dal i fodoli pan gaiff ei ddefnyddio ar gyfer swyddogaethau a chynnwys data cymhleth neu ddeinamig ar raddfa fawr. Dyma rai ohonynt:

- Gyda'r elfennau iaith wedi'u plannu o fewn y rhyngwyneb defnyddiwr, mae'n anodd darparu offer rheoli iaith sy'n helpu i gynnal yr ieithoedd ac y gellir ei ddefnyddio i wirio cyfanrwydd, ansawdd a chysondeb yr ieithoedd yn ogystal â'u cydraddoldeb;
- Mae'n anodd trapio unrhyw amryfusedd wrth ddarparu cefnogaeth i'r ddwy iaith o fewn un ardal i'r rhyngwyneb defnyddiwr fel gwall neu eithriad gan nad oes unrhyw allu o ran rheoli iaith 'meta';
- Mae'n anodd canfod cyfleoedd i ailddefnyddio cydrannau iaith ar draws y rhaglen wrth i bob defnydd o destun neu graffigyn ieithyddol-sensitif gael eu plannu ar wahân yn y rhyngwyneb defnyddiwr;
- Bydd y rhaglen yn wynebu heriau tebyg i'r dull efelychu cyfochrog os bydd angen iddi ddarparu cefnogaeth amlieithog. Bydd angen addasu pob agwedd ar

BWRDD YR IAITH
GYMRAEG • WELSH
LANGUAGE BOARD

y rhyngwyneb defnyddiwr. Fodd bynnag, ymdrech linol fydd hyn, ac nid esbonyddol fel ar gyfer efelychu cyfochrog.

Unwaith eto, mae'r drafodaeth hon ar y dulliau saernïol yn ymwneud yn fwy ag ystyried y dulliau gwahanol nag â sefydlu safonau cadarn. O'r safbwynt hwn, gellir argymell y dull adnodd lleol hwn yn sicr fel dull cost-effeithiol i fodloni gofynion y safonau hyn. Bydd nifer o heriau i'w hwynebu er mwyn sicrhau ansawdd a defnydd dwyieithog llawn, a fydd yn ychwanegu at y costau datblygu a chynnal. Fodd bynnag, ar gyfer nifer o raglenni, bydd modd rheoli'r heriau hyn a'u costau.

Serch hynny, argymhellir cynnal dadansoddiad llawn cyn mabwysiadu'r dull hwn i sicrhau ei fod yn ddigon abl i fodloni'r holl ofynion.

5.6.4   Pecyn Adnoddau (Lefel 4)

Dyma'r dull mwyaf soffistigedig gan fod cefnogi iaith yn dod yn set o ofynion y gellir mynd i'r afael â hwynt gyda swyddogaethau'r meddalwedd.

Mae'n trin holl elfennau ieithyddol a diwylliannol-sensitif y rhyngwyneb defnyddiwr fel eitemau data ynddynt eu hunain. Mae'r 'eitemau data' hyn wedyn yn cael eu storio mewn storfa ddata ganolog. Pan fydd un o feysydd y rhyngwyneb defnyddiwr yn cael ei drin, bydd y set o eitemau data ar gyfer y rhan honno o'r rhyngwyneb defnyddiwr ac ar gyfer yr iaith berthnasol y defnyddiwr yn cael ei hadalw o'r storfa ddata.

Mae'r dull hwn yn adeiladu ar fanteision y dull Cynnwys Newidiol Planedig ac yn mynd i'r afael â rhai o broblemau'r dull hwnnw fel a ganlyn:

- Gall y gwaith o wirio cysondeb a chyfanrwydd gael ei wneud ar lein a heb gysylltiad. Gall y gwiriadau all-lein fod ar ffurf adroddiadau dadansoddi a fydd yn nodi unrhyw elfennau iaith nas cyfieithwyd. Gall y gwiriadau ar-lein drin yr anallu i adalw elfen iaith yn y dewis iaith fel gwall rhaglen;
- Os ceir problemau gydag adalw elfennau iaith yn yr iaith berthnasol, gellir gwneud penderfyniadau deinamig ynghylch pa iaith i'w defnyddio i sicrhau bod y defnyddiwr yn dal i allu cwblhau'r amcanion swyddogaethol;
- Gellir rhannu elfennau iaith (testun, graffigion a.y.b.) ar draws y rhyngwyneb defnyddiwr, gan leihau'r ymdrechion cyfieithu a chynnal ieithyddol;
- Mae'r storfa ddata o elfennau iaith yn ehangu'n awtomatig ar gyfer unrhyw rifynnau newydd a ryddheir o'r meddalwedd;
- Mae'n bosib integreiddio gydag offer cefnogi cyfieithu, gan ddarparu gallu cyfieithu ar-lein (a rheoli cynnwys hyd yn oed), y gallu i farcio eitemau y mae angen eu cyfieithu (wedi'i gysylltu â logio gwallau ar gyfer cofnodion nad ydynt ar gael) a mewngludo/allgludo data sy'n cysylltu â chof ac offer cyfieithu (gweler y ddogfen Strategaeth TG i gael rhagor o wybodaeth am y maes hwn);
- Pan fydd elfen o'r rhyngwyneb defnyddiwr yn ieithyddol niwtral (e.e. enw unigolyn) dim ond un copi ohoni sy'n cael ei storio, gan leihau'r gorbenion sy'n gysylltiedig â rheoli cynnwys;
- Gellir ei addasu'n hawdd ar gyfer ateb amlieithog. Yr unig beth y mae angen ei wneud yw ychwanegu iaith newydd a bennir yn y storfa ddata ganolog a chyfieithu'r holl destun – ymdrech gyfieithu yn hytrach nag ymdrech dechnegol;
- Mae troi holl elfennau iaith rhyngwyneb y defnyddiwr yn eitemau data yn cydweddu dull rheoli iaith y rhyngwyneb defnyddiwr â'r dull rheoli data amlieithog (adran 8);

- Mae'r cyfuniad o wiriadau cyfanrwydd ac ansawdd, offer cyfieithu a swyddogaethau cefnogi iaith eraill yn arwain at raglen y mae'r lefel cefnogi iaith ar ei chyfer yn gwella gydag amser, ac yn osgoi'r her entropi sy'n gysylltiedig â'r dulliau eraill.

O'r holl ddulliau, dyma'r un a argymhellir fwyaf ar gyfer systemau meddalwedd swyddogaethol a rhaglenni seiliedig-ar-gynnwys ar raddfa fwy a fydd yn cael budd o'r dull rheoli cynnwys.

Fodd bynnag, bydd rhaid cydbwyso'r gost ddatblygu gychwynnol ychwanegol sy'n gysylltiedig â'r saernïaeth hon yn ofalus gyda'i manteision i sicrhau y gellir cyfiawnhau'r gost. Ar gyfer rhaglenni meddalwedd llai (megis gwefannau syml), gallai'r lefel hon o allu fod yn ormodol.

5.7   Offer Cefnogi Cynnwys a Chyfieithu

Mae adran 5.6 (5.6.4 yn benodol) yn cyfeirio at y manteision a geir o gael gallu (offer) cefnogi cyfieithu yn rhan o raglenni meddalwedd dwyieithog.

Ar gyfer rhaglenni mwy a chymhleth, mae'r her o sicrhau testun cyson yn y ddwy iaith yn cynyddu'n sylweddol. Bydd hyn naill ai'n arwain at gostau cynyddol neu at fwy o broblemau ansawdd pan na chefnogir y ddwy iaith yn gyfartal.

Pwrpas yr offer hwn yw:

- Gweithio gyda'r swyddogaeth delio â thestun coll (gweler 5.5.1) er mwyn fflagio eitemau i'w hadolygu;
- Galluogi cyfieithwyr, datblygwyr a gweinyddwyr systemau fflagio â llaw yr elfennau iaith y mae angen eu cyfieithu neu eu hadolygu;
- Darparu gallu mewngludo/allgludo data, integreiddiad uniongyrchol gydag offer cyfieithu a/neu ryngwyneb defnyddiwr i helpu cyfieithwyr gyda'u gwaith;
- Dadansoddi a chynorthwyo gyda'r broses o adnabod, rheoli a darparu cyfieithiadau cyson o elfennau ieithyddol dyblyg;
- Newid y galluoedd rheoli a rheoli fersiynau ar gyfer elfennau iaith er mwyn helpu gyda'r gwaith o drosglwyddo, gosod ac uwchraddio'r rhaglen feddalwedd.

5.8   Negeseuon Gwall a Negeseuon a Ysgogir gan Ddigwyddiadau

Dangos Negeseuon

Bydd yr holl negeseuon ar gyfer y defnyddiwr a gyflwynir gan y rhaglen yn cael eu dangos yn newis iaith y defnyddiwr, pa mor aml neu anaml bynnag y'u defnyddir.

Felly, dylid gofalu bod unrhyw neges y mae'n bosibl i'r defnyddiwr ei gweld yn cael yr un driniaeth â phob elfen ieithyddol arall yn y rhyngwyneb defnyddiwr.

I symleiddio'r gofyniad hwn, argymhellir bod holl wallau'r rhaglen yn cael eu 'mapio' ar nifer gyfyngedig o negeseuon cyfeillgar i'r defnyddiwr. Mae hyn nid yn unig yn atal y defnyddiwr rhag gweld negeseuon technegol dryslyd, ond mae hefyd yn lleihau maint y gwaith cyfieithu a'r posibilrwydd i negeseuon heb eu cyfieithu fynd trwy'r gwiriadau ansawdd.

Bydd rhai negeseuon yn deillio o'r llwyfan gweithredu ac os yw'r rhain y tu hwnt i reolaeth y rhaglen feddalwedd, does dim llawer y gellir ei wneud i reoli iaith y negeseuon hyn. Fodd bynnag, dylai rhaglen feddalwedd ymdrechu i'r eithaf i drapio'r meysydd hyn a'u newid yn negeseuon eglur yn yr iaith gywir ar gyfer y defnyddiwr.

Wrth arddangos negeseuon gwall a digwyddiad i ddefnyddiwr, dylid ystyried yr ieithoedd a ddeellir ac a ddefnyddir gan yr unigolion sy'n darparu cefnogaeth dechnegol i ddefnyddwyr y meddalwedd. Os yw'r iaith hon yn debygol o fod yn wahanol i iaith y defnyddiwr, gall y camau canlynol helpu i leihau'r effaith:

- Cynnwys gwybodaeth ieithyddol-niwtral yn y neges y gall y defnyddiwr ei roi i'r sawl sy'n darparu'r gefnogaeth dechnegol er mwyn helpu i ganfod y broblem. Er enghraifft, rhif neu ddynodydd digwyddiad;
- Naill ai cofnodi'r broblem mewn storfa ddata y gall y sawl sy'n darparu'r gefnogaeth dechnegol gael mynediad iddi neu roi'r gallu i'r defnyddiwr 'ddympio' gwybodaeth am y digwyddiad (ac unrhyw wybodaeth gyd-destunol arall) er mwyn gallu trosglwyddo'r wybodaeth i'r sawl sy'n darparu'r gefnogaeth dechnegol;
- Rhoi'r gallu i'r sawl sy'n darparu'r gefnogaeth dechnegol i gysylltu o bell â'r rhaglen feddalwedd ac, yn benodol, sesiwn y defnyddiwr er mwyn iddo allu dadansoddi problem y defnyddiwr yn ei iaith ei hun, yn annibynnol ar iaith y defnyddiwr.

BWRDD YR IAITH
GYMRAEG • WELSH
LANGUAGE BOARD

5.9 Integreiddio gyda Phecynnau Cymorth Iaith

Darparu'r un Lefel o Gymorth yn y Ddwy Iaith

Lle cyfunir rhaglen feddalwedd gydag adnodd neu offer allanol sy'n darparu cefnogaeth iaith, dim ond lle gellir darparu offer cyfatebol ar gyfer pob iaith a gefnogir y dylid gwneud hyn.

Er enghraifft, os oes sillafwr Saesneg yn rhan o raglen, dylid cynnwys sillafwr Cymraeg hefyd i sicrhau bod y ddwy iaith yn cael yr un lefel o gefnogaeth swyddogaethol.

BWRDD YR IAITH
GYMRAEG • WELSH
LANGUAGE BOARD

6   Rhyngwyneb Defnyddiwr

Rhoddir dehongliad eang ar ryngwynebau defnyddwyr, sef pob modd a ddefnyddir gan ddefnyddiwr i gyfathrebu â rhaglen feddalwedd. Lle sonnir am fath arbennig o ryngwyneb, dylid cymryd bod y cysyniad dan sylw yr un mor berthnasol i bob math o ryngwyneb defnyddiwr.

6.1   Iaith

> **Swyddogaethau Cyfwerth**
>
> Ni ddylid ar unrhyw gyfrif ganiatáu i sefyllfa godi lle mae llai o swyddogaethau ar gael i ddefnyddiwr oherwydd yr iaith a ddewiswyd. Rhaid wrth yr un swyddogaethau ac ymddygiad ar gyfer y naill iaith a'r llall. Rhaid i fersiynau Cymraeg a Saesneg y rhyngwyneb defnyddiwr gyfleu lefel gydradd o wybodaeth a manylder bob amser.

6.1.1   Ansawdd yr Iaith

Rhaid i ansawdd yr iaith fod yn gydradd yn y ddwy iaith. Gellir mesur y cydraddoldeb drwy ramadeg, sillafu ac iaith ddealladwy. Yn Adran 3.4 cafwyd trafodaeth gyffredinol am ansawdd iaith a dylid mabwysiadu'r canllawiau hyn. Lle nad yw datblygwr system yn gwbl rugl yn yr iaith nac yn gymwys i ddarparu'r cynnwys yn yr iaith honno, yna dylid rhoi'r gwaith o gyfieithu a chynhyrchu cynnwys yn yr iaith honno i gyfieithydd addas a chymwysedig.

Dylai'r iaith a ddefnyddir gael ei seilio ar eiriaduron ac adnoddau geirfa safonol a dylai fod yn glir ac yn ddarllenadwy gan anelu at lefel o ddealltwriaeth sy'n briodol i'r defnyddiwr y'i bwriedir ar ei gyfer. Dyma rai ffynonellau cyfeirio buddiol:

Cymraeg Clir (Canolfan Bedwyr)
Crystal Mark (Plain English Campaign)

Mae adnoddau Cymraeg i helpu i sicrhau'r safonau hyn i'w cael yn yr adran adnoddau ar ddiwedd y ddogfen hon (adran 13.3).

6.1.2   Byrfoddau

Wrth dalfyrru gair neu ymadrodd, dylid gofalu i sicrhau bod y canlyniad yn ystyrlon, yn gywir ac yn gyson â chonfensiynau presennol. Dyma rai ystyriaethau penodol:

Wrth greu byrfoddau, rhaid bod yn ymwybodol o lythrennau dwbl a dylai byrfoddau gynnwys y llythyren ddwbl lawn, nid dim ond y nod cyntaf;
Ni chaiff byrfoddau eu ffurfio bob amser o lythyren gyntaf gair neu air cyntaf ymadrodd.

Mae Adran 4.1.3.1 yn cynnig enghreifftiau o'r ddau bwynt hyn.

Felly, argymhellir mai dim ond ieithwyr neu gyfieithwyr medrus ddylai lunio byrfoddau ac acronymau, a hynny drwy gyfeirio at gronfeydd terminoleg a chanllawiau sy'n bodoli.

6.1.3   Polisïau, Ymwadiadau a Thestun Cyfreithiol arall

 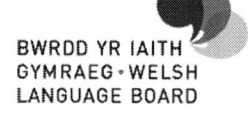

BWRDD YR IAITH
GYMRAEG · WELSH
LANGUAGE BOARD

Mae cydraddoldeb iaith a'r gofyniad i gyfieithu pob elfen iaith mewn rhyngwyneb defnyddiwr yn ymestyn i bob testun, gan gynnwys testun nad yw'n rhan weithredol o'r rhaglen feddalwedd. Mae hyn yn cynnwys ymwadiadau cyfreithiol, telerau ac amodau, cytundebau trwydded, amodau defnyddio, a.y.b. .

At hynny, awgrymir y dylai cyrff gynnwys cyfeiriad neu ddolen at eu polisi cyhoeddedig ar ddwyieithrwydd a'u Cynllun Iaith Gymraeg lle bo hynny'n berthnasol.

6.1.4   Defnyddio ar yr un Pryd

Pan ddefnyddir rhaglen feddalwedd, pan gaiff ei huwchraddio neu pan gaiff cynnwys sefydlog ei addasu, dylid gofalu sicrhau yr ystyrir y ddwy iaith yn ystod y gwaith er mwyn gwneud yn siŵr y bydd y ddwy ar gael i'r un graddau ar yr un pryd.

Dylid trin anallu i ddefnyddio'r ddwy iaith ar yr un pryd fel mater yr un mor ddifrifol â'r anallu i ddefnyddio unrhyw swyddogaeth bysell arall neu gynnwys arall, a dylai unrhyw benderfyniad i fwrw ymlaen er gwaethaf hynny gael ei gofnodi, ei gymeradwyo a bod yn destun archwiliad yn ddiweddarach.

6.1.5   Cynnwys Uniaith

Ceir rhai achosion oherwydd penderfyniadau polisi, neu oherwydd rheidrwydd y gellir ei gyfiawnhau, lle gallai cynnwys neu swyddogaeth fod ar gael mewn un iaith yn unig, naill ai dros dro neu'n barhaol.

Lle digwydd hyn, dylid cael datganiad clir i nodi hynny er mwyn i ddefnyddwyr yr iaith absennol ddeall y rhesymau dros hyn. Dylid cyflwyno'r datganiad hwn yn yr iaith sydd heb ei dangos, er mwyn sicrhau ei fod yn ddealladwy.

6.2   Dyluniad a Chynllun

Mae sawl agwedd bwysig ar gynllun a dyluniad y rhyngwyneb defnyddiwr y dylid glynu atynt er mwyn sicrhau triniaeth gydradd i'r ieithoedd a gefnogir gan raglen feddalwedd.

6.2.1   Cydraddoldeb Ansawdd y Dylunio

Dylai ansawdd dyluniad y rhyngwyneb defnyddiwr fod yn gydradd rhwng y Gymraeg a'r Saesneg. Dylai graffeg, cynllun a phatrwm y testun fod o ansawdd cydradd.

6.2.2   Rhyngwyneb Iaith Cymysg

Rhyngwynebau Iaith Cymysg

Lle bo rhan o'r rhyngwyneb defnyddiwr yn cyflwyno'r ddwy iaith ar yr un pryd, rhaid rhoi'r un amlygrwydd i'r ddwy iaith. Os nad yw'n bosibl rhoi'r un amlygrwydd, dylid ffafrio dewis iaith y defnyddiwr.

Mae 'amlygrwydd' yn cyfeirio at safle, y ffont a ddefnyddir, lliw, digon o le, a.y.b. .

Os yw'r ddwy iaith yn ymddangos gyda'i gilydd, dylid gofalu gwahanu'r ieithoedd fel bod gwasanaethau darllen sgrin (h.y. testun i lais) yn gallu gwahaniaethu rhwng y ddwy iaith.

BWRDD YR IAITH
GYMRAEG • WELSH
LANGUAGE BOARD

Yr anhawster i sicrhau'r safonau hyn ac i drin y ddwy iaith yn gydradd pan roddir hwy gyda'i gilydd sy'n ein harwain i argymell y dylid darparu rhyngwynebau ar wahân gyda botwm dewis iaith ar gael o hyd.

6.2.3   Cydrannau Angori

Bydd gan ryngwyneb defnyddiwr rannau a chydrannau allweddol sy'n gweithredu fel angorau, i roi pwynt cyfeirio i'r defnyddiwr i'r rhyngwyneb i gyd. Dyma lle bydd defnyddwyr yn creu dealltwriaeth reddfol o swyddogaethau rhaglen feddalwedd. Mae'r angorau hyn yn cynnwys prif ddewislenni, bariau swyddogaeth, botymau dewis iaith, blychau rheoli, meysydd cofnodi data, a.y.b. . Dylid gofalu i sicrhau bod lleoliadau'r rhain yn debyg yn y ddwy iaith.

Bydd hyn nid yn unig yn rhoi triniaeth gyfartal i'r ddwy iaith, ond bydd hefyd yn cynorthwyo dysgwyr a rhai llai hyderus yn eu sgiliau iaith i ddefnyddio rhaglen mewn iaith nad yw'n iaith gyntaf iddynt.

6.2.4   Amlygrwydd Gwybodaeth â Chyd-destun Ieithyddol

Dylid lleoli gwybodaeth sy'n sensitif i iaith y defnyddiwr fel bod yr amlygrwydd, y ffocws a'r pwyslais amlwg naill ai'n ieithyddol-niwtral neu'n rhoi blaenoriaeth i wybodaeth sy'n berthnasol i ddewis iaith y defnyddiwr.

6.2.5   Gramadeg Niwtral

Dylid gosod y rhyngwyneb defnyddiwr yn ofalus i sicrhau nad yw lleoliad cydrannau mewn perthynas â'i gilydd yn ddibynnol ar strwythur gramadegol yr iaith.

Mae hyn yn arbennig o berthnasol lle mae swyddogaeth yn caniatáu i ddefnyddiwr adeiladu ymadrodd o wahanol gydrannau yn y rhyngwyneb defnyddiwr, fel y cwestiwn trefnolion a ddisgrifiwyd yn 4.1.3.2.

Mae angen ystyried dwy agwedd yn y fan hon:

Wrth newid rhwng ieithoedd, gall fod angen newid trefn a lleoliad cydrannau'r rhyngwyneb defnyddiwr i ateb gofynion gramadegol iaith. Mae hyn yn gwrthdaro â chanllawiau 6.2.3 a gall arwain at rywfaint o ddryswch pan ddefnyddir y rhaglen;
- Weithiau bydd trefn geiriau'n newid yn ôl cyd-destun y geiriau yn yr ymadrodd. Mae'r enghraifft gyda'r trefnolion yn 4.1.3.2 yn enghraifft dda o hyn.

Dylid gofalu strwythuro cynllun rhyngwyneb defnyddiwr, felly, mewn modd na fydd yn newid wrth droi o'r naill iaith i'r llall a sicrhau hefyd na thorrir rheolau gramadeg wrth i ddata dewisol newid. Os nad oes modd osgoi gwrthdaro o'r fath, yna dylid defnyddio dyluniad gwahanol sy'n bodloni'r ddau ofyniad.

6.2.6   Labeli a Dalfannau

Wrth ddylunio cynllun rhyngwyneb defnyddiwr dylid gofalu i sicrhau y gellir ailfeintio pob rhan o'r rhyngwyneb lle ceir elfennau iaith i wneud lle i destunau o wahanol hyd wrth i'r rhyngwyneb defnyddiwr gael ei gyfieithu.

BWRDD YR IAITH
GYMRAEG • WELSH
LANGUAGE BOARD

Mae hyn yn arbennig o berthnasol i labeli ac elfennau iaith eraill sydd wedi'u plannu mewn rhyngwyneb defnyddiwr. Er y bydd darnau testun mwy o faint yn aml yn cynnwys oddeutu'r un nifer o nodau'n fras, gall geiriau unigol amrywio o ran hyd o 200-300% neu fwy ac felly gallant gael effaith fawr.

Digon o Le i Destun

Rhaid dylunio cynllun rhyngwynebau defnyddwyr mewn modd a fydd yn sicrhau y caniateir digon o le i arddangos testun yn y naill iaith neu'r llall heb i eiriau gael eu tocio na gorgyffwrdd.

Dylai hyn fod nid yn unig yn ystyriaeth wrth ddylunio, ond hefyd yn agwedd allweddol ar y broses brofi. Unwaith y bydd yr holl destun mewn rhaglen wedi'i gyfieithu a chyn rhyddhau'r rhaglen, dylid cynnal prawf nid yn unig i wirio ansawdd, cywirdeb a chysondeb yr iaith, ond hefyd i ganfod unrhyw broblemau gyda'r cynllun.

Un dull a argymhellir (ond nad yw ond yn bosibl gyda phensaernïaeth lefel 4 – gweler 5.6) yw storio maint pob elfen o'r rhyngwyneb defnyddiwr mewn storfa ddata. Wedyn gall adroddiad gymharu maint pob elfen yn hawdd â'r lle sydd ei angen ar gyfer y naill iaith ar llall a thynnu sylw at broblemau a allai godi.

6.2.7   Delweddau, Graffigion ac Eiconau

Dylai delweddau fod yn ddiwylliannol niwtral lle bynnag y bo modd.

Mae defnyddio baneri i ddynodi ieithoedd yn enghraifft o ddefnyddio delweddau mewn ffordd amhriodol, yn enwedig lle bo gwlad yn ddwyieithog neu lle siaredir iaith mewn mwy nag un wlad. Er enghraifft, nid yw baner Lloegr (San Siôr) yn gyfystyr â'r iaith Saesneg i Americanwyr, Awstraliaid, Cymry ac eraill sy'n siarad yr iaith. Felly, argymhellir yn gryf na ddylid defnyddio baneri gwledydd ar gyfer dewis iaith.

Dylid gofalu peidio â defnyddio delweddau sy'n dibynnu ar briod-ddulliau yn y naill iaith neu'r llall. Prin, os o gwbl, y bydd idiomau'n cyfieithu'n union.

Trafodir defnyddio delweddau'n fwy manwl, yn enwedig defnyddio testun o fewn delweddau yn adran 6.4.

6.2.8   Rhyngwynebau Defnyddiwr Eraill

Wrth i'r gefnogaeth i'r iaith Gymraeg mewn technolegau rhyngwyneb defnyddiwr eraill (h.y. rhai angraffigol) gynyddu, bydd y rhan hon o'r safonau'n ehangu i gynnwys y technolegau hynny. Os nad oes safonau penodol, dylai meddalwedd yn y meysydd hyn wneud ei orau glas i sicrhau fod newid iaith mor rhwydd a didrafferth ag sy'n bosibl i ddefnyddwyr heb golli cyd-destun data na chyflwr.

6.3   Hwyluso Mynediad

Mae safonau ac arferion gorau eisoes ar gael o ran sicrhau hygyrchedd. Bwriad yr adran hon yw ategu'r safonau ar arferion hynny, nid eu disodli.

Wrth gyflawni'r safonau yn y ddogfen hon, mae'n bwysig hefyd i raglen feddalwedd gyrraedd unrhyw safonau perthnasol sydd ar gael ar gyfer hygyrchedd i'r ddwy iaith. At

BWRDD YR IAITH
GYMRAEG·WELSH
LANGUAGE BOARD

hynny, dylai cyrraedd y safonau dwyieithrwydd hyn olygu system fwy hygyrch, ac nid llai hygyrch.

Er enghraifft, wrth ateb yr angen am ffont addas sy'n llwyr abl i dderbyn yr acenion a geir yn y Gymraeg a gofynion eraill adran 4.3.5, rhaid i'r ffont hwn hefyd ateb gofynion unrhyw safonau hygyrchedd.

Hwyluso Mynediad

Lle bo swyddogaeth a chymorth hygyrchedd wedi'i gynnwys mewn rhaglen, rhaid darparu lefel gydradd o gymorth i'r ddwy iaith. Er enghraifft, tagiau alt mewn HTML, blychau diffinio mewn rhaglenni bwrdd gwaith, ac ati.

Ar ben hynny, pan ddefnyddir cynllun testun cymysg neu gyfochrog ar gyfer rhyngwynebau defnyddwyr graffigol, dylai fod modd gwahaniaethu'n glir rhwng y ddwy iaith (neu dylent fod wedi'u gwahanu) i hwyluso defnyddio gwasanaethau darllen sgrin a thestun-i-lais.

Wrth i safonau hygyrchedd esblygu ac wrth i dechnolegau newydd ddod ag atebion i gwestiynau hygyrchedd, bydd yr holl safonau perthnasol o ran dwyieithrwydd yn dal mewn grym i sicrhau triniaeth gydradd i'r ddwy iaith.

6.4   Rhyngwyneb Defnyddiwr Graffigol (GUI)

Drwy weddill y ddogfen hon, gofalwyd mynegi safonau a chanllawiau mewn modd y gellir eu cymhwyso i amrywiaeth mor eang ag sy'n bosibl o saernïaethau, technolegau a moddau rhyngwyneb defnyddiwr.

Serch hynny, erys rhai safonau sy'n benodol i ryngwyneb defnyddiwr graffigol. Y camau hyn yw:

- Dylai unrhyw logo neu frandio fod yn briodol i gyd-destun yr iaith sydd ar ddangos ar y pryd. Os yw'r brand yn gynhenid ddwyieithog neu'n ieithyddol-niwtral yna gellir ei ddefnyddio yn y ddwy iaith. Os yw'r brand mewn un iaith neu'n perthyn i ddiwylliant penodol, yna dylai fod dau fersiwn ar gael, gan arddangos y fersiwn priodol yn ôl yr iaith;
- Lle ceir testun o fewn graffigyn (h.y. ar fotymau, dolenni, neu fel rhan o'r dyluniad cyffredinol), dylai'r graffigion hyn naill ai fod yn ddwyieithog, neu dylai fod copi o bob graffigyn ar gael ar gyfer y naill iaith ar llall, gan ddangos y graffigyn priodol yn ôl iaith y rhyngwyneb defnyddiwr; Yn ddelfrydol, dylid osgoi defnyddio testun planedig mewn graffigion er mwyn symleiddio'r peth a hefyd i wneud y rhaglen yn fwy hygyrch;
- Os defnyddir testun dwyieithog o fewn graffigyn, dylid gofalu i sicrhau fod testun yr iaith arall (h.y. yr iaith sy'n wahanol i iaith yr hyn sy'n cael ei arddangos) yn briodol ac na wnaiff beri tramgwydd (yn wleidyddol, diwylliannol nac ieithyddol);
- Lle darperir dolenni i raglenni neu wefannau eraill, neu at adnoddau eraill, dylai'r ddolen fod yn berthnasol i'r iaith gyfredol. Er enghraifft, dylai dolen ar dudalen Gymraeg ar y we arwain at fersiwn Cymraeg gwefan, tra dylai'r un ddolen ar fersiwn Saesneg y dudalen arwain at y fersiwn Saesneg o'r wefan.

Sylwch: dylid rhoi ystyriaeth ofalus i gwestiwn defnyddio testun o fewn graffigion. Nid yn unig y bydd hyn yn cymhlethu system ddwyieithog, gall hefyd greu problemau hwylustod mynediad.

BWRDD YR IAITH
GYMRAEG • WELSH
LANGUAGE BOARD

6.5 Cymorth i ddefnyddwyr

Cymorth i ddefnyddwyr yw'r term cyffredinol am help, cymorth a chefnogaeth i ddefnyddwyr rhaglen feddalwedd. Mae hyn yn cynnwys ffeiliau help, blychau diffinio, gweision awtomatig, dogfennaeth gyfeirio, cwestiynau cyffredin, a.y.b. .

Cymorth i Ddefnyddwyr

Lle cynigir cymorth i ddefnyddwyr drwy'r un rhyngwyneb defnyddiwr â'r rhaglen feddalwedd, yna dylid ei ategu â'r un galluoedd dwyieithog, megis botymau dewis iaith hollbresennol, chwilio dwyieithog, a.y.b. .

Wrth gyfieithu ffeiliau cymorth i ddefnyddwyr, mae sawl maes lle gall anghysonderau ddigwydd ac sy'n haeddu sylw arbennig:

- Wrth newid, uwchraddio ac addasu meddalwedd, mae'n bwysig sicrhau y caiff y cymorth i ddefnyddwyr ei ddiweddaru i adlewyrchu'r newidiadau hyn. Dylai'r diweddariadau hyn ddigwydd yn y ddwy iaith er mwyn sicrhau cysondeb a chydraddoldeb;
- Wrth gyfieithu terminoleg mewn ffeiliau cymorth i ddefnyddwyr dylid cyfeirio'n agos at derminoleg y rhaglen feddalwedd sy'n cael ei disgrifio er mwyn sicrhau y cedwir cysondeb. Mae'n hawdd cyfieithu'r un term mewn ffordd fymryn yn wahanol rhwng y rhyngwyneb defnyddiwr a'r cymorth i ddefnyddwyr, gan arwain at ddryswch i'r defnyddiwr;
- Lle defnyddir gwybodaeth iaith-sensitif (ciplun o sgrin, negeseuon gwall, gorchmynion a.y.b.) fel enghreifftiau, dylid gwirio'r rhain i sicrhau fod yr iaith a ddefnyddir yn yr enghreifftiau hyn yn gyson ag iaith y cymorth i ddefnyddwyr.

Yn aml bydd yn ddefnyddiol cynnwys geirfa ddwyieithog gyda dogfennaeth help i gynorthwyo defnyddwyr i ddeall terminoleg newydd ac er mwyn y defnyddwyr hynny sy'n llai hyderus yn eu sgiliau ieithyddol.

6.6 Gosodwyr meddalwedd

Mae gosodwyr meddalwedd hwythau'n rhaglenni meddalwedd ac felly dylent gydymffurfio â'r holl safonau perthnasol. Ymhlith y rhain, mae:

- Rhoi cyfle i'r defnyddiwr ddewis pa iaith y mae am ei defnyddio;
- Defnyddio ffeil adnoddau ar gyfer elfennau iaith-sensitif mewn rhyngwyneb defnyddiwr (testun, graffeg, a.y.b.);
- Defnyddio terminoleg sy'n gyson ag adnoddau safonol cyhoeddus;
- Dylai cytundebau cyfreithiol, ymwadiadau, telerau ac amodau a chytundebau trwydded fod ar gael yn newis iaith y defnyddiwr;
- Ni ddylid rhagdybio mai'r iaith a ddewiswyd gan y defnyddiwr a osododd y meddalwedd yw'r iaith y byddai'r defnyddiwr terfynol yn ei dewis

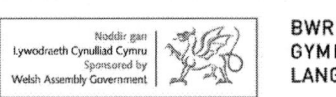

Noddir gan
Lywodraeth Cynulliad Cymru
Sponsored by
Welsh Assembly Government

BWRDD YR IAITH
GYMRAEG • WELSH
LANGUAGE BOARD

7 Allbynnau

Allbynnau o raglen feddalwedd yw pethau sy'n cynnwys gwybodaeth ac a gynhyrchir gan y rhaglen gyda'r bwriad iddynt gael eu defnyddio'n annibynnol ar y rhaglen ei hun.

Mewn sawl ffordd, dim ond agwedd arall ar y rhyngwyneb defnyddiwr yw'r rhain. Ond mae'n bosib na fydd swyddogaeth reoli iaith lawn y rhaglen ar gael neu'n berthnasol iddynt, felly, mae ystyriaethau penodol o ran cymorth gyda dwyieithrwydd.

Mae sawl gwahanol fath o beth yn codi yn y cyswllt hwn. Bydd yr adran hon yn trafod rhai materion cyffredinol ond yn canolbwyntio ar ddau fath cyffredin: adroddiadau ac e-bost.

7.1 Canllawiau Cyffredinol

Mae allbynnau system fymryn yn wahanol i fathau eraill o ryngwyneb defnyddiwr am nifer o resymau:

- Tueddant i beidio â chynnwys cymaint o help cyd-destunol â moddau rhyngwyneb defnyddiwr eraill gan eu bod fel arfer yn anweithredol ac yn cynnwys llawer o destun;
- Tueddant i gynnwys darnau testun hirach a thestun mwy ffurfiol na rhyngwyneb defnyddiwr graffigol;
- Mae'n anoddach gwneud i negeseuon e-bost ac adroddiadau dwyieithog edrych yn dda ac i wahaniaethu rhwng dwy iaith pan fônt mewn fformat cymysg (h.y. iaith 1 / iaith 2);
- Gall pobl sy'n derbyn negeseuon e-bost ac adroddiadau eu hanfon ymlaen yn hawdd at eraill a all fod â gofynion a galluoedd gwahanol o safbwynt iaith;
- Oherwydd diffyg cliwiau cyd-destunol ar destun mwy ffurfiol, mae'n rhaid i ddefnyddiwr fod yn gwbl rugl yn yr iaith a ddefnyddir. Mae hyn yn arbennig o bwysig gan y bydd allbynnau'n aml yn cynnwys gwybodaeth allweddol a hanfodol. Mae'n bwysig sylweddoli nad yr iaith y mae'n fwyaf rhugl ynddi yw'r iaith a ddewisir bob tro gan ddefnyddiwr fel iaith rhyngwyneb defnyddiwr.

7.2 Uniaith ynteu Ddwyieithog

Cynhyrchu allbwn dwyieithog yw'r peth gorau i'w wneud bob amser (trafodir strwythurau a dewisiadau ar gyfer gwneud hyn yn 7.3). Er y gall fod achosion lle mae un iaith yn fwy priodol, dylid pwyso a mesur y cyfiawnhad dros hyn yn ofalus iawn er mwyn sicrhau nad oes perygl na fydd y derbyniwr yn deall cystal, ac er mwyn sicrhau bod y cyfryw benderfyniad yn dal i olygu bod y ddwy iaith yn cael eu trin yn gydradd.

Dyma rai enghreifftiau lle mae allbwn mewn un iaith yn briodol:
- Lle mae'n wybyddus mai un person fydd yn derbyn yr allbwn, y gwyddys yn bendant beth yw iaith y derbyniwr hwnnw, a bod y wybodaeth yn gyfryw fel nad yw'r derbyniwr yn debygol o drosglwyddo neu ddosbarthu'r wybodaeth ymhellach. Enghraifft o hyn yw e-bost cyfrinair;
- Lle mae rhestr gaeedig o dderbynwyr (neu y bydd unrhyw dderbyniwr, trwy ddiffiniad, yn medru'r iaith) ac y gwyddys bod pob derbyniwr yn medru'r iaith yn ddigonol ac nad oes modd anfon y wybodaeth ymlaen at neb nad yw'n medru'r iaith yn ddigonol.
- Negeseuon personol lle mai'r unigolion fydd yn dewis yr iaith a ddefnyddiant;

BWRDD YR IAITH
GYMRAEG • WELSH
LANGUAGE BOARD

- Argraffiadau sgrin ac allbynnau eraill y gofynnir amdanynt gan ddefnyddiwr penodol a lle bo gan y defnyddiwr hwnnw'r gallu (ac felly'r cyfrifoldeb lle bo'n briodol) i gael yr allbynnau cyfatebol yn yr iaith arall. Yn yr achos hwn, gallai'r cyfle i ddewis allbwn uniaith neu ddwyieithog gael ei ystyried yn eitem ymarferol sy'n ychwanegu gwerth o ran rhoi cymorth i'r defnyddiwr.

Dyma rai achosion lle mae allbwn dwyieithog yn briodol:

- Lle anfonir e-bost at grŵp neu lle cynhyrchir adroddiad heb wybod yn bendant beth fyddai dewis iaith pob derbyniwr, neu gan wybod mai grŵp iaith gymysg fydd yn derbyn yr allbwn, neu gan wybod y gall y gwaith gael ei anfon ymlaen at unigolyn heb wybod beth yw ei ddewis a'i allu ieithyddol;
- Pan anfonir e-bost at restr/grŵp agored neu pan gynhyrchir adroddiad ar gyfer defnydd cyhoeddus.

Wrth lunio allbwn dwyieithog, fel arfer bydd angen nodi pa iaith gaiff flaenoriaeth (h.y. ymddangos yn gyntaf, ar y chwith, ac ati). Gellir seilio'r penderfyniad hwn ar natur y rhaglen feddalwedd, unrhyw ddemograffeg hysbys am y grŵp defnyddwyr a/neu bwnc y cynnwys

7.3   Cynllun a Fformat

Dylai cynllun a fformat negeseuon e-bost ac adroddiadau dwyieithog lynu at yr holl safonau perthnasol i ryngwynebau defnyddwyr. Gan fod cymaint o wybodaeth destunol dan sylw fel arfer, dylid dewis y cynllun yn ofalus i sicrhau ei fod mor ddarllenadwy ag sy'n bosibl tra'n sicrhau triniaeth gyfartal i'r ddwy iaith.

Ceir canllawiau pellach yn nogfen Bwrdd yr Iaith Gymraeg 'Canllawiau Dylunio Dwyieithog'.

7.3.1   Testun Cymysg/Cyfochrog

Mae'r dull hwn yn golygu rhoi'r ddwy iaith gyda'i gilydd drwy eu gosod ochr yn ochr neu drwy gymysgu geiriau, ymadroddion neu baragraffau.

Er bod hyn yn syml, dylid gofalu sicrhau bod y canlyniad yn ddarllenadwy ac y gellir defnyddio gwasanaethau testun-i-lais.

Mater i'r dylunydd yw dewis defnyddio'r dull hwn yn lle'r rhai canlynol, ond dylai ddilyn y canllawiau sy'n bodoli ar hyn o bryd.

7.3.2   Testun Dilynol

Mae testun dilynol yn arbennig o berthnasol i negeseuon e-bost testun a chyfryngau eraill lle mai dim ond y rheolaeth leiaf sydd dros y fformat. Y cwbl y mae'n ei olygu yw dau ddarn o destun, y naill yn y naill iaith a'r llall yn y llall. Gosodir y naill iaith ar ôl y llall a bydd pob testun mewn un iaith yn dod i ben cyn i'r llall ddechrau.

Testun Dilynol

Lle dangosir testun dilynol a bod y rhaglen yn ymwybodol o ddewis iaith y defnyddiwr, rhaid i honno ymddangos yn gyntaf gyda'r iaith arall yn ei dilyn. Rhaid cael gwahaniad clir rhwng y ddwy iaith.

Lle mae mwy nag un paragraff o destun, mae'n debyg na fydd y testun yn yr ail iaith yn weladwy pan agorir yr e-bost neu'r adroddiad gyntaf neu pan gymerir rhagolwg arnynt. Yn y sefyllfa hon, dylai un llinell ymddangos ar ben yr allbwn, yn yr iaith arall, i ddweud wrth y defnyddiwr fod testun yn yr iaith honno'n dilyn y testun yn yr iaith gyntaf.

7.3.3   Tudalennau Am yn Ail

Mae'r fformat hwn yn addas iawn i adroddiadau a dogfennau lle ceir rheolaeth dda dros y fformat a thoriad tudalennau.

Mae'n arbennig o addas i argraffu dwy ochr lle gall y naill iaith a'r llall ymddangos ar y naill ochr a'r llall i ddalen. Enghreifftiau o hyn yw llythyrau safonol, datganiadau, anfonebau a biliau.

Mae'n addas iawn hefyd ar gyfer llyfrynnau lle gall y ddwy iaith ymddangos wyneb yn wyneb â'i gilydd.

Mater syml yw hyn o gynhyrchu un dudalen o wybodaeth mewn un iaith ac wedyn ailadrodd yr un wybodaeth yn yr iaith arall ar y dudalen nesaf. Dylid gofalu gwylio am amrywiadau yn hyd gwybodaeth ar ffurf testun, a sicrhau toriad tudalen yn yr un pwynt yn y wybodaeth yn y naill iaith ar llall. Hefyd, dim ond bob yn ail dudalen y dylid cynyddu rhif y dudalen.

7.3.4   Gwrthrychau ar Wahân

Yn y dull hwn, cynhyrchir dau wrthrych ar wahân, y naill a'r llall yn cynnwys yr un data, a thestun ar gyfer y ddwy iaith.

Mae hyn yn ddelfrydol ar gyfer gwrthrychau a gaiff eu dosbarthu i grwpiau o ddefnyddwyr cymysg eu hiaith a bydd yn caniatáu i bob defnyddiwr ddefnyddio'r fformat sy'n gweddu orau i'w dewis a'u gallu ieithyddol.

Mewn sawl achos, mae hyn yn symlach hefyd gan ei fod yn caniatáu dau allbwn uniaith ar wahân ac yn dileu'r ystyriaethau dylunio a'r cyfyngiadau sy'n codi yn sgil gofalu am anghenion y ddwy iaith gyda'i gilydd. Serch hynny, dylid gofalu i sicrhau bod pob gwrthrych yn gyflawn yn ei iaith ei hun, gydag enw ffeil a theitl Cymraeg, ac ati, ar bob ffeil Gymraeg.

Dyma enghreifftiau o sefyllfaoedd lle mae hyn yn ddelfrydol:

Llunio gwrthrychau data (dogfennau, taenlenni) ar wefan ddwyieithog lle gellir gosod y gwrthrych perthnasol ar y dudalen briodol o ran iaith;
Anfon negeseuon e-bost at restr o dderbynwyr lle gellir anfon yr iaith gywir at rai y gwyddys beth yw eu dewis iaith a dau e-bost at rai lle nad oes sicrwydd;
- Cynhyrchu gwrthrychau'n cynnwys meta-ddata lle gall yr iaith a ddefnyddir i ddisgrifio'r gwrthrych fod yr un fath ag iaith y gwrthrych (gweler hefyd 10.2).

7.4   Postgyfuno

Postgyfuno
Ni ddylid postgyfuno mewn ffordd sy'n cynhyrchu testun o ansawdd gwael yn y naill

 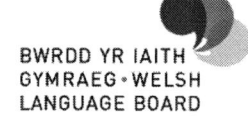

BWRDD YR IAITH
GYMRAEG • WELSH
LANGUAGE BOARD

iaith na'r llall.

Lle bo'r data a gyfunir i'r templed yn ieithyddol sensitif, bydd yn yr un iaith â'r testun sydd o'i gwmpas yn y templed (h.y. chaiff geiriau Saesneg mo'u plannu yn y testun Cymraeg yn y templed, na fel arall).

Rhaid i adeiledd yr allbwn a geir o ganlyniad i hyn gydymffurfio â'r holl safonau eraill yn yr adran hon. Ar ben hynny, dylai'r templed a ddefnyddir fod yn ddigon hyblyg i gynnal gwahanol strwythurau brawddegol.

Os gwyddys beth yw dewis iaith y derbynnydd, dylid rhoi blaenoriaeth i'r iaith honno.

7.5   Set Nodau

Fel y trafodwyd yn adran 4.3, rhaid i'r set nodau a ddefnyddir ar gyfer allbynnau fod yn un sy'n cynnal yr wyddor Gymraeg gyfan, gan gynnwys pob nod diacritig.

Am fod llawer o systemau e-bost heb gydymffurfio'n llawn â'r safon hon ar hyn o bryd, cynghorir cyfyngu'r defnydd o nodau diacritig mewn negeseuon e-bost i'r rheini sydd yn set nodau ASCII yn unig (h.y. cyfyngu ar ddefnyddio acenion, yn enwedig ar gyfer 'w' ac 'y'). Os defnyddir y nodau hyn, mae perygl nid yn unig y byddant wedi'u llygru eu hunain, ond bydd rhai systemau e-bost yn llygru'r neges gyfan hefyd.

Lle mae'n hysbys ac wedi'i brofi y gall derbyniwr dderbyn y nodau hyn heb unrhyw lygriad, anogir eu defnyddio. Lle nad yw hyn yn hysbys, yna dylid naill ai ddefnyddio cynrychioliad cyfatebol (e.e. w^, y^ - gweler 4.3.4.2) neu symud y testun i atodiad ffeil lle gellir sicrhau cyflawnder y set nodau.

7.6   Adroddiadau

Mae'r term 'Adroddiadau' yn enw cyffredinol a roddir ar bob gwrthrych statig a gynhyrchir gan raglen feddalwedd sy'n cynnwys gwybodaeth wedi'i gosod allan mewn fformat hwylus i'w ddefnyddio.

Gall y rhain gynnwys:

Adroddiadau dadansoddi a rheoli sy'n cynnwys data, graffiau ac ystadegau;
Fersiwn hawdd i'w argraffu o wybodaeth a ddangosir ar sgrin;
Gwybodaeth am drafodion (fel anfoneb) a gynhyrchir ar ffurf dogfen;
Llythyrau safonol a gynhyrchir gan raglen feddalwedd;
Cyfriflenni, biliau, anfonebau a anfonir at gwsmeriaid;
A.y.b .

Nodwedd gyffredin adroddiadau yw eu bod yn cynnwys gwybodaeth a gyflwynir mewn fformat y gall pobl ei ddarllen ac a fwriedir i'w defnyddio y tu allan i rychwant y rhaglen ei hun.

Mae'r safonau a'r canllawiau perthnasol i adroddiadau wedi'u trafod yn llawn mewn rhan arall o'r adran hon ar ddogfen hon.

BWRDD YR IAITH
GYMRAEG•WELSH
LANGUAGE BOARD

7.7 Negeseuon e-bost

Mae a wnelo'r safonau a'r canllawiau hyn â negeseuon e-bost a gynhyrchir gan raglen feddalwedd ac a anfonir yn awtomatig at naill ai gymuned gaeedig neu gymuned agored o ddefnyddwyr. Ni fwriedir iddynt gyfeirio at negeseuon e-bost a anfonir rhwng defnyddwyr unigol na negeseuon e-bost personol, er y gall rhywfaint o'r drafodaeth fod yn fuddiol fel canllawiau yn y sefyllfaoedd hynny.

Serch hynny, y mae'r safonau hyn i'w priodoli i raglenni meddalwedd sy'n trosglwyddo, yn anfon ymlaen, yn storio neu'n arddangos negeseuon e-bost.

7.7.1 Llinell Pwnc

Llinell Pwnc E-bost
Rhaid i linell pwnc neges e-bost ddwyieithog fod yn ddwyieithog ar ffurf naill ai Saesneg/Cymraeg neu Gymraeg/Saesneg. Bydd trefn yr ieithoedd yr un fath â threfn yr ieithoedd yng nghorff y neges.

Ar gyfer negeseuon e-bost uniaith, bydd y llinell pwnc yn gyson ag iaith y neges.

7.7.2 Addasyddion Llinell Pwnc

Addasyddion Llinell Pwnc E-bost
Lle atebir e-bost neu ei anfon ymlaen, mae'n nodweddiadol (mewn cyd-destun Saesneg) addasu'r llinell pwnc â thestun Re: neu Fw:. Lle bo'r defnyddiwr a ysgogodd yr ateb neu'r anfon-ymlaen wedi mynegi dewis o blaid yr iaith Gymraeg, defnyddier y byrfoddau Cymraeg 'Atb:' ac 'Yml:' yn lle hynny. Os yw cynnwys yr e-bost yn ddwyieithog, yna defnyddier y ddau fyrfodd, h.y. Atb/Re: neu Re/Atb:

7.7.3 Ymwadiadau a thestun arall

Ymwadiadau
Lle bo systemau e-bost yn atodi testun at negeseuon e-bost yn awtomatig, fel llofnodion neu ymwadiadau, rhaid i'r testun hwnnw fod yn ddwyieithog.

Mae hyn yn arbennig o bwysig ar gyfer ymwadiadau lle na ellir dibynnu ar y derbyniwr i ddeall yr ymwadiad oni bai ei fod yn eu dewis iaith.

7.7.4 Atodiadau

Atodiadau E-bost
Lle cynhwysir atodiadau gyda negeseuon e-bost, rhaid iddynt naill ai: • Fod yn ieithyddol-niwtral; ac felly na fydd dim safonau i'w sicrhau; • Cynnwys deunydd dwyieithog y mae'n rhaid iddo gwrdd â'r safonau yn y ddogfen hon; • Fod ar ffurf un atodiad i bob iaith lle bo'r atodiad yn uniaith. Bryd hynny dylai'r

BWRDD YR IAITH GYMRAEG • WELSH LANGUAGE BOARD

---

cynnwys ac ansawdd yr iaith fod yn gydradd yn unol â'r safonau hyn.

7.7.5   Enwau parth Cyfeiriadau E-bost

Lle bo enwau parth ar gael yn y ddwy iaith, dylid ffurfweddu cyfeiriadau e-bost defnyddwyr unigol i dderbyn negeseuon e-bost ar y ddau enw parth (e.e., joe.bloggs@bwrdd-yr-iaith.org.uk a joe.bloggs@welsh-language-board.org.uk).

Sefydlir cyfeiriadau e-bost swyddogaethol (e.e. 'gwybodaeth', 'cymorth', 'ymholiadau', ac ati) yn yr iaith sy'n gyson â'r enw parth.

Lle defnyddir un enw parth neu enw ieithyddol-niwtral, dylid sefydlu enwau swyddogaethol yn y naill iaith ar llall (e.e. <u>mailto:cyswllt@draig.co.uk</u> a <u>mailto:contact@draig.co.uk</u>).

Enw a Chyfeiriad ar gyfer Ateb

Gan mai dim ond un cyfeiriad 'ateb i' y gellir ei gael i e-bost, dilyner y rheolau canlynol:

Ar gyfer negeseuon e-bost awtomatig, lle mae'r enw ar gyfer yr ateb yn ddisgrifiad swyddogaethol (h.y. 'cymorth', 'ymholiadau', ac ati) yn hytrach nag enw unigolyn:

Lle bo dewis iaith y defnyddiwr yn hysbys, dylai'r cyfeiriad ar gyfer ateb gael yr enw (sef y testun o flaen yr '@') yn yr un iaith â dewis iaith y defnyddiwr. Lle bo enw parth yn bodoli ar gyfer y naill iaith ar llall, defnyddier yr enw parth perthnasol hefyd;
Ar gyfer negeseuon e-bost grŵp neu lle nad yw'r dewis iaith yn hysbys, dylai'r iaith fod yn gyson â'r iaith flaenaf a ddewiswyd ar gyfer gweddill yr e-bost.

Ar gyfer negeseuon e-bost awtomatig lle bo'r enw ar gyfer ateb yn enw unigolyn a lle bo enw parth ar gyfer y naill iaith a'r llall, rhaid defnyddio'r enw parth sy'n berthnasol i ddewis iaith y defnyddiwr.

Ar gyfer negeseuon e-bost rhwng unigolion, ni osodir safonau a gall y defnyddiwr enwebu ei ddewis enw parth os bydd hwnnw ar gael ac wedi'i ffurfweddu fel y disgrifir yn adran 7.7.5.

BWRDD YR IAITH
GYMRAEG • WELSH
LANGUAGE BOARD

8 Rheoli Data

Gwir werth rhaglen feddalwedd yw ei gallu i storio a phrosesu data a'i gyflwyno i ddefnyddwyr. Yr her yw sut y dylid rheoli agweddau ieithyddol a diwylliant-benodol y data hwn i gyflawni'r amcan o ganiatáu i ddefnyddwyr ryngweithio gyda'r system yn eu dewis iaith.

Fel arfer daw data o ffynhonnell y tu allan i reolaeth y rhaglen feddalwedd, ac o bosibl y tu allan i reolaeth neu ddylanwad y corff sy'n berchen ar y rhaglen. Wrth ddiffinio'r safonau ar gyfer meddalwedd, felly, mae angen derbyn a gweithio o fewn y realiti yma.

Mae'r safonau yn yr adran hon yn ymdrin â'r gallu i fewnbynnu, prosesu, storio a chyflwyno data dwyieithog. Ceir rhywfaint o eglurhad a thrafodaeth hefyd ar sut i ddelio â data trydydd parti sydd heb ei ddarparu'n ddwyieithog (8.4). Hefyd, rhoddir canllawiau ac argymhellion ar ddulliau a all wella ansawdd ac effeithlonrwydd rheoli data dwyieithog.

8.1 Canllawiau Cyffredinol

Er mwyn caniatáu i ddefnyddwyr gyfathrebu â rhaglen feddalwedd yn eu dewis iaith, dyma sy'n rhaid i raglen feddalwedd dwyieithog ei gyflawni:

Sicrhau y gall y meddalwedd gynnal a rheoli cynnwys dwyieithog yn llawn;
Trin y ddwy iaith yn gyfartal, o ran gofynion rheoli data a chofnodi/darparu data i ddefnyddwyr;
Darparu swyddogaeth fydd yn annog ac yn hwyluso'r ffordd i ddarparwr y data ei gyflwyno'n ddwyieithog (a gorfodi hyn lle bo'n berthnasol);
Helpu i gynnal cysondeb rhwng data sydd wedi'i ddal yn y ddwy iaith;
Caniatáu ar gyfer gwneud adroddiadau cyfanrwydd a dadansoddiad ystadegol o argaeledd a chysondeb data dwyieithog;
Sicrhau y caiff y defnyddwyr yr un mynediad at ddata os mai dim ond mewn un iaith y mae ar gael, hyd yn oed os nad dyna ddewis iaith y defnyddiwr;
Darparu eglurhad i'r defnyddiwr pan nad yw data ar gael yn eu dewis iaith;
Gwneud yn siŵr na chyfaddawdir ar ymarferoldeb a gallu'r system yn sgil y gofyniad swyddogaethol ychwanegol hwn i reoli'n ddwyieithog – ei droi'n fantais swyddogaethol yn hytrach nag yn fwrn – a sicrhau nad amherir ar lefel y gwasanaeth a gallu'r defnyddiwr i gael mynediad at swyddogaeth.

Mae tri pheth arall y dylid bod yn ymwybodol ohonynt wrth i ddefnyddiwr gofnodi data:

- Yn gyntaf, mae gan ddefnyddiwr unigol hawl i gyfathrebu yn ei ddewis iaith ac felly, mewn amryw o sefyllfaoedd, ni ellir pennu bod yn rhaid cofnodi data yn y ddwy iaith;
- Yn ail, er mwyn sicrhau bod y ddwy iaith yn cael eu trin yn gydradd, nid yw'n dderbyniol na thybio na mynnu bod defnyddiwr un o'r ieithoedd hynny'n cofnodi data yn yr iaith arall oni wneir hyn ar gyfer pob iaith. h.y. os nad oes rhaid i rywun sy'n defnyddio'r Saesneg gofnodi data yn Gymraeg, yna, ni cheir mynnu bod rhywun sy'n defnyddio'r Gymraeg yn cofnodi data yn Saesneg;
- Ni ddylid tybio pa iaith a ddewiswyd na pha iaith a gymeradwyir oni bai fod y defnyddiwr eisoes wedi mynegi'r dewis hwnnw;

8.2 Beth yw Data Dwyieithog

 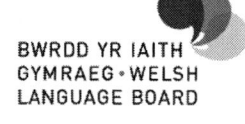

BWRDD YR IAITH
GYMRAEG • WELSH
LANGUAGE BOARD

Cyn mynd ymlaen gyda'r adran hon, mae'n werth diffinio beth a olygwn pan soniwn am 'ddata dwyieithog'. Diffiniwyd y termau 'ieithyddol-sensitif' a 'ieithyddol-niwtral' yn adran 1.6 a gellir eu defnyddio i ddisgrifio data. Felly, diffinnir data dwyieithog fel unrhyw eitem o ddata sy'n cynnwys gwybodaeth ieithyddol-sensitif, beth bynnag fo'i ffurf.

Testun yw'r ffurf amlycaf ar y data hwn. Ond mae yr un mor bwysig inni ystyried ffurfiau data eraill fel graffigion, ffotograffau, clipiau fideo, ffeiliau sain a.y.b. (gweler 8.3 am ganllawiau ar reoli'r math yma o ddata).

Wrth ddelio â data testunol, ceir rhai achosion lle mae'r data'n amlwg yn dibynnu ar iaith (h.y. testun rhydd) ac achosion lle mae'r data'n dibynnu ar iaith ond yn strwythuredig iawn (e.e. enwau siroedd, cyfarchion, a.y.b.).

Fodd bynnag, ceir achosion eraill lle nad yw'r ddibyniaeth ar iaith mor amlwg, a dylid gofalu i nodi lle y gallai'r rhain fodoli ac i weithredu'r gallu i reoli'r eitemau data hyn yn ddwyieithog. Rhai enghreifftiau o'r mathau hyn o ddata yw testun sy'n blanedig mewn graffigion, enwau parthau Rhyngrwyd a chyfeiriadau e-bost, ymysg eraill.

8.3   Rheoli Data Dwyieithog

Yn dibynnu ar natur y rhaglen feddalwedd a'r ffordd y mae'n gweithio, gallai data fod mewn fformat sy'n ystyrlon i'r rhaglen neu gallai fod wedi'i gynnwys mewn gwrthrychau neu ffeiliau y bydd y rhaglen yn eu rheoli heb wybod beth sydd ynddynt.

Lle bo gan y rhaglen y gallu i wybod beth yw'r cynnwys, yna mae'r safonau hyn yn diffinio sut y dylid gwneud hyn yn ddwyieithog. Lle nad felly y mae hi, yna dylai'r rhaglen allu rheoli dau gopi o'r gwrthrych a labelu'r naill gopi a'r llall gyda'r iaith berthnasol (neu fel adnodd a rennir lle bo cynnwys y gwrthrych yn ieithyddol niwtral).

Rheoli Gwrthrychau Data a Ffeiliau

Wrth reoli gwrthrychau data neu ffeiliau a allai gynnwys data ieithyddol-sensitif, rhaid i raglen feddalwedd allu rheoli un copi ar gyfer y naill iaith a'r llall. Pan welir bod gwrthrych neu ffeil yn ieithyddol-niwtral, dylai'r rhaglen allu ei adnabod fel un a rennir.

8.4   Trafod Data Trydydd Parti

Dywedwyd bod yn rhaid i raglen feddalwedd ddwyieithog ganiatáu ar gyfer cofnodi, prosesu, storio a chyflwyno data'n ddwyieithog a chyda'r un parch i'r ddwy iaith.

Fodd bynnag, nid yw hyn yn golygu fod <u>perchennog</u> y rhaglen feddalwedd yn gyfrifol am sicrhau y darperir data i'r defnyddiwr yn eu dewis iaith lle mai dim ond mewn un iaith y darparwyd y data hwn i'r system.

Darparu Data Dwyieithog

Dyletswydd y <u>darparwr data</u> bob amser yw darparu data sydd, o leiaf, yn gyson â'u cynlluniau iaith, eu dyletswyddau statudol a'u polisïau masnachol.

Rôl y rhaglen feddalwedd yw cefnogi, hwyluso ac annog cofnodi data dwyieithog, bod yn abl i storio a phrosesu'r data hyn heb ddyrchafu un iaith dros y llall ac ymdrechu hyd y gall i gyflwyno data yn newis iaith y defnyddiwr, gan ddarparu cyngor lle nad yw'r data ar gael.

BWRDD YR IAITH
GYMRAEG • WELSH
LANGUAGE BOARD

Lle bo defnyddiwr neu ddarparwr trydydd parti'n cyflenwi data mewn un iaith, argymhellir y dylai'r trydydd parti ddarparu eglurhad am hyn fel y gellir trosglwyddo hynny i'r defnyddiwr ar ffurf ymwadiad pan na fydd y data'n cael ei gyflwyno yn newis iaith y defnyddiwr.

8.5   Eitemau Data Wedi'u Rhifo

Mae eitemau sydd wedi'u rhifo yn rhoi rhif neu ddynodydd unigryw arall yn lle eitem o destun neu eitem arall o ddata ieithyddol-sensitif. Er enghraifft, gellir defnyddio rhifau o fewn y system i gynrychioli rhestr o siroedd:

Dynodydd	Iaith	Sir
1	EN	Anglesey
1	CY	Ynys Môn
2	EN	Gwynedd
2	CY	Gwynedd
3	EN	Flintshire
3	CY	Sir y Fflint
4	EN	Cardiff
4	CY	Caerdydd
…	…	…

Lle bynnag y bo modd, argymhellir y dylid mabwysiadu'r arfer hwn gan ei fod yn rhoi nifer o fanteision sylweddol i raglenni meddalwedd dwyieithog (yn wir, i reolaeth data yn gyffredinol), gan gynnwys:

- Symleiddio dull storio eitemau data dwyieithog, fel mai dim ond y dynodydd y mae angen ei storio;
- Y gallu i ddangos y testun cyfatebol (neu ddata arall) ar gyfer pob eitem ddata yn newis iaith y defnyddiwr;
- Lleihau'r angen i gofnodi data'n ddwyieithog gan mai dim ond dewis yr eitem(au) rifol berthnasol a ddangosir yn eu dewis iaith eu hun a wna'r defnyddiwr;
- Sicrhau, awtomeiddio a gwarantu ansawdd cyfieithiad rhwng ieithoedd;
- Gwella'r gallu i wneud dadansoddiad ystadegol;
- Gwella cyfleoedd i ailddefnyddio adnoddau a chydrannau rhyngwyneb safonol ar draws y rhaglen;
- Gallu rhagweld y modd y bydd yn gweithio a sicrhau dilysu data;
- Dirprwyo rheolaeth iaith i'r haen gyflwyno, gan alluogi haen y rhaglen i weithio mewn modd ieithyddol-niwtral.

Yn ogystal, drwy ddefnyddio eitemau data wedi'u rhifo gellir ailddefnyddio cyfieithiadau sy'n bodoli'n barod a rhestri terminoleg safonol. I annog a chefnogi hyn, mae Bwrdd yr Iaith wedi cyhoeddi nifer o restri terminoleg safonol ar restr cyhoeddiadau ei wefan.

BWRDD YR IAITH
GYMRAEG • WELSH
LANGUAGE BOARD

8.6 Gorfodol, Dewisol neu Amhriodol

Ceir amgylchiadau lle bydd natur y swyddogaeth neu'r gymuned defnyddwyr yn golygu bod cofnodi data'n ddwyieithog yn ofyniad gorfodol. Pan fydd hyn yn wir, dylid trin absenoldeb data yn un o'r ddwy iaith yn yr un modd ag absenoldeb unrhyw eitem ddata orfodol arall.

Ar y llaw arall, ceir achosion lle bydd natur y swyddogaeth yn golygu na chaiff data fyth ei ddangos i ddefnyddwyr eraill, neu lle mae'r iaith a ddefnyddir yn amherthnasol i'r rhaglen ac yn fater i'r defnyddiwr yn gyfan gwbl (h.y. negeseuon e-bost personol, data personol a.y.b.). Yn yr achosion hyn, caiff y gofyniad am gofnodi data dwyieithog ei lacio, ond mae agweddau eraill fel storio data'n dal i fod yr un mor bwysig.

Yn gyffredinol, dylid cofnodi ac arddangos data'n ddwyieithog lle bynnag y bo modd, a chefnogir hynny yn y modd a amlinellwyd yn 8.4 a thrwy weddill yr adran hon.

Dylai'r modd yr eir ati gyda phob rhaglen, gyda phob set data a chyda phob cymuned defnyddwyr gael ei benderfynu a'i gytuno iddo yn ystod y broses diffinio gofynion.

8.7 Cipio Data

Cipio Data
Rhaid i feddalwedd dwyieithog fod yn gyfrwng i gefnogi a hwyluso'n llawn gofnodi data gan ddefnyddwyr a chasglu data o systemau a ffynonellau eraill yn y Gymraeg a'r Saesneg ill dwy.

Mae'r data gaiff ei ddal, ei reoli a'i brosesu gan raglen feddalwedd fel arfer yn deillio o fewnbynnau allanol i'r rhaglen. Lle mae'r data mewnbwn hwn yn ieithyddol-sensitif, rhaid i'r rhaglen ddarparu'r gallu i dderbyn y data yn y ddwy iaith heb ddangos blaenoriaeth i'r naill iaith na'r llall.

8.7.1 Cofnodi/Mofyn Data'n Awtomatig

Dylai data a gyflwynir neu a gesglir yn awtomatig lynu at yr holl safonau perthnasol i'r rhyngwyneb data. Os nad yw'r safonau hyn yn darparu ar gyfer data dwyieithog yna dylid cytuno ar wyriad oddi wrth y safonau hynny, dogfennu hynny a'i fabwysiadu er mwyn gallu cyflwyno data dwyieithog. Ymdrinnir â hyn mewn mwy o fanylder yn adran 8.10 lle trafodir trosglwyddo data a rhyngwynebau data.

Lle mae'r safonau e-Lywodraeth yn berthnasol, trafodir y modd i ymdrin â data dwyieithog yn adran 10.

Mofyn Data'n Awtomatig
Lle mae'r rhyngwyneb i'r darparwr data'n caniatáu dewis data mewn sawl iaith a bod y data ar gael yn Gymraeg a Saesneg ill dwy, yna rhaid mofyn y data yn y ddwy iaith.

BWRDD YR IAITH
GYMRAEG • WELSH
LANGUAGE BOARD

8.7.2   Cofnodi Data â Llaw

Cofnodi Data â Llaw

Lle defnyddir rhyngwyneb defnyddiwr i gofnodi data â llaw, dylai'r rhyngwyneb hwnnw ganiatáu ar gyfer cofnodi pob eitem ieithyddol-sensitif yn y naill iaith a'r llall.

(Cyn trafod y safon hon, rhaid cyfeirio at adran 8.6 gan nad yw bob amser yn briodol mynnu y cofnodir data'n ddwyieithog. Lle bo hynny'n wir, bydd y safon hon a'r drafodaeth ganlynol yn amherthnasol.)

I gyflawni hyn, gellir lleoli meysydd cofnodi data naill ai'n gyfochrog neu'n ddilynol ar yr un rhan o'r rhyngwyneb, neu gellir eu trefnu mewn gwahanol leoedd, ond eu cysylltu â'r un cyflwr rhyngwyneb (e.e. defnyddio tabiau ar ryngwyneb graffigol i ddarparu tudalen gofnodi data ar gyfer pob iaith).

Mae lleoli'r meysydd cofnodi data i bob iaith ar yr un dudalen yn symlach i'r defnyddiwr, ac yn ddatganiad mwy eglur bod gofyn cofnodi'r ddwy iaith. Ond mae'r dull hwn yn fwy anodd ei addasu os oes angen ymestyn y gefnogaeth ieithyddol ar gyfer y rhaglen i fwy na dwy iaith.

Lle bo'r meysydd cofnodi data ar gyfer y naill iaith a'r llall wedi'u lleoli ar wahân, mae'n bwysig eu bod yn digwydd o fewn yr un 'cyflwr' defnyddiwr lle dylid disgwyl i'r defnyddiwr gofnodi data i'r ddwy iaith cyn mynd ymlaen i'r cam nesaf yn eu hymwneud â'r rhaglen. Pan gymer y defnyddiwr y cam ymlaen hwn, os cedwir data, yna dylid ei gadw ar gyfer y naill iaith ar llall, beth bynnag fo iaith y dudalen sy'n cael ei dangos ar y pryd.

Canlyniad y ddau ddull hyn yw rhoi blaenoriaeth i un iaith dros y llall, un ai drwy fod meysydd cofnodi data wedi'u lleoli ar y chwith neu uwchben yr iaith arall (pan fyddant ar yr un dudalen) neu drwy eu bod ar y dudalen gyntaf a ddangosir i'r defnyddiwr (dulliau haws eu haddasu sy'n defnyddio tabiau). Dewis iaith y defnyddiwr ddylai gael y flaenoriaeth.

8.7.3   Annog Cofnodi Data'n Ddwyieithog

Annog Data Dwyieithog

Rhaid i raglenni meddalwedd dwyieithog ddefnyddio pa bynnag fecanweithiau sy'n bosibl i sicrhau triniaeth gydradd i'r ddwy iaith ac annog cofnodi data ar gyfer pob iaith a gynhelir.

Gan nad yw data bob amser ar gael yn y ddwy iaith, mae'n bwysig i raglen feddalwedd ganiatáu i ddefnyddwyr gofnodi data mewn un iaith. Fodd bynnag, gallai defnyddwyr esgeuluso cofnodi data yn yr iaith arall, hyd yn oed pan fo ar gael, a dylai'r rhaglen feddalwedd bwyso yn erbyn gwneud hyn.

Dyma rai enghreifftiau o sut y gellir cyflawni hyn:

BWRDD YR IAITH
GYMRAEG • WELSH
LANGUAGE BOARD

8.7.3.1 Defnyddio Dangosyddion

Dangosyddion Cofnodi Data Dwyieithog

Lle nad yw cynllun y rhyngwyneb yn ei gwneud hi'n gwbl glir ac amlwg y gellir cofnodi'r ddwy iaith, rhaid lleoli dangosyddion wrth ochr y meysydd hynny lle mae angen cofnodi'n ddwyieithog.

Yn ddelfrydol, gall y dangosydd hwn ddarparu dolen hefyd i'r fan lle mae'r maes cofnodi data cyfatebol yn yr iaith arall.

8.7.3.2 Negeseuon Atgoffa

Gellir rhoi anogaeth drwy neges atgoffa pan fydd y defnyddiwr yn dechrau ceisio cyflwyno'r data, gan dynnu ei sylw at y ffaith y gellir cofnodi'r iaith arall hefyd. Dylid lleolir neges hon fel y gall y defnyddiwr fynd yn hawdd at y meysydd cofnodi data nas cwblhawyd er mwyn cywiro'r sefyllfa.

Gellir defnyddio'r dechneg hon hefyd wrth ddiweddaru data drwy ganfod ymgais i ddiweddaru data mewn un iaith heb ddiweddaru'r maes yn yr iaith arall. Pan ddigwydd hyn, gellir arddangos neges debyg gyda phwyslais ychydig yn wahanol, gan gydnabod efallai mai dim ond ar gyfer un o'r ieithoedd yr oedd y newid yn berthnasol. Ond petai'r newid wedi golygu dileu data un o'r ieithoedd, yna dylid ei drin yn yr un modd â phe bai'r data ond wedi'i gyflwyno mewn un iaith ar y dechrau.

8.7.3.3 Esboniadau/Ymwadiadau

Lle darperir data mewn un iaith yn unig, mae'n ymarfer da gofyn i'r defnyddiwr roi esboniad am hyn. Er enghraifft, efallai mai dim ond mewn un iaith mae'r data ar gael, neu y dylai'r sawl sy'n gweld y data gysylltu drosto'i hun er mwyn cael y cyfieithiad, neu fod y data ar hyn o bryd yn disgwyl cael ei gyfieithu, a.y.b.

Mae dwy fantais i'r dull hwn:

Yn gyntaf, mae'n rhoi esboniad i'r rhaglen feddalwedd i'w ddefnyddio pan ddangosir y data i egluro pam mai dim ond mewn un iaith y mae ar gael;
Yn ail, mae'n atgoffa, yn annog ac yn atgyfnerthu'r tebygolrwydd y cofnodir data'n ddwyieithog trwy ei gwneud hi'n llai effeithlon cofnodi data mewn un iaith.

Dull arall sy'n cynyddu effeithlonrwydd cofnodi data ond sy'n lleihau amlygrwydd yr iaith arall yw cynnwys 'ymwadiad' cyffredinol yn y Telerau a'r Amodau y bydd defnyddiwr yn cytuno â nhw wrth ddefnyddio'r rhaglen feddalwedd

8.7.3.4 Cysondeb Data Gorfodol

Pan fwydir data i raglen feddalwedd, gan amlaf diffinnir meysydd gorfodol a meysydd dewisol. Mewn rhaglen ddwyieithog, bydd hyn yn fwy anodd ei reoli gan fod defnyddwyr fel arfer yn gallu cofnodi'r data yn y naill iaith neu'r llall.

Set Gyson o Ddata Gorfodol

Mae'n bosibl y gallai defnyddiwr gyflwyno data i rai meysydd gorfodol yn y naill iaith ac i feysydd gorfodol eraill yn yr iaith arall. Dylid canfod y sefyllfa hon ac ymdrin â hi drwy fynnu fod y set lawn o feysydd gorfodol yn cael eu llenwi mewn o leiaf un iaith.

8.7.4 Darparu Gwrthrychau Data

Yn adran 8.3 trafodwyd gwrthrychau data sy'n cynnwys gwybodaeth ieithyddol-sensitif lle bydd y rhaglen yn rheoli'r gwrthrych ei hun ac nid y data sydd wedi'i gynnwys ynddo.

Lle bo'r swyddogaeth yn caniatáu ar gyfer llwytho i fyny a storio gwrthrych o'r fath a bod gofyn am gofnodi data'n ddwyieithog (gweler 8.6), mae'n bwysig gallu darparu un copi ar gyfer pob iaith a gefnogir.

Lle nad oes copi o wrthrych wedi'i ddarparu ar gyfer iaith neilltuol, dylai darparwr y data un ai allu nodi bod gwrthrych yn ieithyddol-niwtral neu nodi pa iaith sydd wedi'i chynnwys. Lle nad yw iaith ofynnol wedi'i chynnwys, dylid gofyn i'r defnyddiwr roi esboniad y gellir ei ddefnyddio fel ymwadiad yn yr un modd ag ar gyfer data testunol (gweler 8.7.3.3).

8.8 Storio Data

Wedi darparu modd o gofnodi data dwyieithog, mae'n bwysig sicrhau y caiff y data ei storio'n gywir er mwyn peidio â pheryglu cyfanrwydd y data ac i sicrhau y gellir mynd ato'n effeithiol.

8.8.1 Setiau Nodau

Set Nodau'r Llwyfan Storio

Rhaid i'r llwyfan storio allu cynnal yr wyddor Gymraeg a'r wyddor Saesneg yn eu cyfanrwydd gan gynnwys pob nod diacritig.

Ceir trafodaeth lawn ar setiau nodau yn adran 4.3.

8.8.2 Gosod mewn trefn

Trafodir trefnu gwybodaeth ddwyieithog yn adran 4.2. Mae hyn yn gyffredinol berthnasol i broses reoli a dangos y rhyngwyneb defnyddiwr.

Fodd bynnag, ceir ambell sefyllfa lle mae trefn data testun yn berthnasol o fewn y rhaglen ac yn enwedig yn yr haen storio data.

Mae'r rhan fwyaf o becynnau cronfa ddata'n caniatáu dewis ym mha drefn y dylid trefnu a/neu gyd-gasglu ymlaen llaw. Os oes modd defnyddio nodwedd o'r fath i gynhyrchu canlyniadau sydd wedi'u trefnu yn ôl yr wyddor Gymraeg neu'r wyddor Saesneg, dylid defnyddio'r nodwedd honno.

Nid yw'r safonau hyn yn gyflawn yn y cyswllt hwn ac yn adran 4.2, fe geir nodiadau ar gyfer rhagor o ymgynghori.

BWRDD YR IAITH
GYMRAEG • WELSH
LANGUAGE BOARD

8.9 Dangos Data

Gyda data dwyieithog ar gael, dylai fod modd cyflwyno rhyngwyneb defnyddiwr sy'n gyfan gwbl yn newis iaith y defnyddiwr. Wrth gyflawni hyn, bydd y safonau perthnasol i'w cymhwyso i gyflwyniad y data (e.e. trefnu, gwrthrychau data dwyieithog, newid iaith ar gais y defnyddiwr, a.y.b. .).

Lle nad yw'r data'n ieithyddol-sensitif neu lle nad yw'n briodol rheoli'r data'n ddwyieithog (gweler 8.6), cyflwynir data i'r defnyddiwr yn yr un modd i bob pwrpas ag a wneir mewn rhyngwyneb uniaith.

Cyfyd yr her pan nad yw data ar gael i'w ddangos yn newis iaith y defnyddiwr ond ei fod ar gael yn yr iaith arall. Yn y sefyllfa hon, rhaid dilyn y safon ganlynol.

Data sydd heb fod ar gael

Pan nad yw data ar gael i'w ddangos yn newis iaith y defnyddiwr ond ei fod ar gael yn yr iaith arall, dyma ddylai rhaglen feddalwedd ddwyieithog ei wneud:

- Dangos y data yn yr iaith arall. Ni ddylid ar unrhyw gyfrif gadw data oddi wrth ddefnyddiwr am nad yw ar gael yn ei ddewis iaith;
- Dweud wrth y defnyddiwr fod y sefyllfa wedi'i chydnabod, a dangos unrhyw ymwadiad neu esboniad a roddwyd gan ddarparwr y data;
- Logio'r digwyddiad fel y gellir ei ddadansoddi ymhellach yn y dyfodol;
- Lle bo'n briodol, logio'r digwyddiad gyda'r un difrifoldeb a'r un flaenoriaeth â gwallau eraill yn y rhaglen sydd heb fod yn wallau di-droi'n-ôl.

Mae'r safonau hyn yn gofyn am logio mewn dwy ffordd. Gyda'r ffordd gyntaf, caniateir dadansoddi yn y dyfodol naill ai ar draws y system neu'n benodol i ddarparwr data penodol.

Mae'r ail fath o logio'n berthnasol i'r sefyllfa lle diffiniwyd fel gofyniad swyddogaethol ar y rhaglen feddalwedd fod y data ar gael yn newis iaith y defnyddiwr, a lle nad yw hyn ar gael. Mewn sefyllfa o'r fath, rhaid trin y digwyddiad fel diffyg a dylid ei drin a'i logio yn yr un modd, gyda'r un flaenoriaeth a chyda'r un difrifoldeb ag unrhyw wall swyddogaethol arall nad yw'n wall di-droi'n-ôl.

8.10 Rhyngwynebau a Throsglwyddo Data

Darparu Data

Lle bo'r rhaglen yn darparu rhyngwyneb data i systemau eraill a thrydydd partïon, rhaid sicrhau bod y rhyngwyneb yn:

- Defnyddio set nodau sy'n cynnal pob nod ar gyfer y ddwy iaith a sicrhau na chaiff unrhyw nodau yn y data eu dileu na'u llygru;
- Gallu darparu data yn y naill iaith neu'r llall, neu'r ddwy, yn unol â'r fformat a'r protocol y cytunwyd arnynt;
- Cydymffurfio â gofynion dwyieithrwydd pob safon a chonfensiwn perthnasol

---

Mae'r safon hon yn berthnasol i bob rhaglen sy'n rheoli, yn prosesu neu'n trafod data dwyieithog. Er enghraifft, mae angen arbennig i e-bost, rhaglenni rhwydwaith a systemau trosglwyddo data eraill allu cynnal y setiau nodau a ddefnyddir yn llawn.

Ymdrinnir â'r mater hwn ymhellach yn adran 8.10 lle trafodir safonau a chanllawiau e-Lywodraeth.

8.11 Meta-ddata

Mae meta-ddata (neu feta-wybodaeth) yn disgrifio cynnwys a phwrpas gwrthrychau eraill. Gellir ei ddefnyddio mewn sawl modd: ymhlith y defnyddiau cyffredin mae cynorthwyo i chwilio, mynegeio a chroesgyfeirio. Dyma rai enghreifftiau o feta-ddata:

- Meta-dagiau HTML a ddefnyddir gan raglenni a chwilotwyr;
- Priodweddau dogfennau (teitl, awdur, a.y.b.);
- Disgrifiadau delweddau i helpu mynegeio a chwilio (e.e. am glipluniau);
- Gwybodaeth llyfrgell a ddefnyddir i ddosbarthu, trefnu a mynegeio gwrthrychau (e.e. ffeiliau MP3, dogfennau, a.y.b.);
- Rhestrau'r categori e-Lywodraeth (gweler 10.2).

Fodd bynnag, gall meta-ddata fod mor amrywiol ac mor lluosog â'r data a ddisgrifir ganddo. Yn bwysicach, yn aml caiff effaith fwy sylweddol ar weithrediad rhaglen feddalwedd a'r gallu i raglen weithredu'n ddwyieithog.

8.11.1 Meta-ddata wedi'i Amgodio

O ran y data ei hun (gweler 8.5), pan fydd meta-ddata wedi'i amgodio neu wedi'i enrhifo mewn fformat ieithyddol-niwtral, gall ei reoli fod yn haws o lawer mewn sefyllfa ddwyieithog.

Pan ddefnyddir meta-ddata heb ei amgodio (h.y. disgrifiadau testun rhydd), bydd angen ei gynnwys yn y ddwy iaith yn aml. Wrth ddefnyddio meta-ddata wedi'i amgodio, does dim rhaid gwneud hyn ac mae'n symleiddio'r swyddogaeth chwilio a chynnal a chadw.

Enghraifft o feta-ddata wedi'i amgodio yw Geirfa Integredig y Sector Cyhoeddus (IPSV) ac fe ddisgrifir hon yn 10.2.

8.11.2 Creu Meta-ddata

Creu Meta-ddata

Pryd bynnag y defnyddir meta-ddata i ddisgrifio gwrthrych sy'n ddwyieithog, yn ieithyddol-niwtral neu pan na fydd ond ar gael mewn un iaith, rhaid ei greu yn y ddwy iaith. Lle nad yw darparu meta-ddata yn y ddwy iaith yn rhywbeth a gefnogir gan y safonau diffiniedig ar gyfer y math o wrthrych sy'n cael ei ddisgrifio neu'r rhyngwyneb meddalwedd a ddefnyddir i gofnodi'r meta-ddata, rhaid defnyddio testun cymysg.

Lle bo'r gwrthrych a ddisgrifir yn ieithyddol-benodol a bod fersiynau ar gael ar gyfer pob iaith, yna rhaid i'r meta-ddata fod yn yr un iaith â'r gwrthrych y mae'n ei ddisgrifio.

Lle defnyddir sawl eitem o feta-ddata a bod trefn y wybodaeth hon yn berthnasol, rhaid gofalu sicrhau blaenoriaeth gyfartal i'r ddwy iaith.

BWRDD YR IAITH
GYMRAEG • WELSH
LANGUAGE BOARD

Mae hon yn safon hanfodol, gan fod llawer o ffurfiau meta-ddata sy'n bodoli ar hyn o bryd yn gymharol ddistrwythur, a mater hawdd yw sicrhau cydraddoldeb yn y modd y defnyddir y ddwy iaith.

Er enghraifft, wrth ddefnyddio meta-dagiau HTML mewn tudalennau ar y we, mae'r safonau HTML yn caniatáu ar gyfer defnyddio unrhyw destun yn y tagiau, ac felly gellir defnyddio tagiau cyfatebol yn y naill iaith a'r llall. Ar ben hynny, gan fod trefn tagiau HTML yn bwysig, gan fod llawer o chwilotwyr yn defnyddio'r grŵp cyntaf o dagiau'n unig, mae'n bwysig rhoi tagiau Cymraeg a Saesneg bob yn ail i sicrhau bod y ddwy iaith yn cael lleoliad cydradd mewn chwilotwyr.

Mae gwefannau sydd â chynnwys sefydlog gyda thudalennau Cymraeg a Saesneg ar wahân yn enghraifft dda o'r sefyllfa lle gellir defnyddio meta-dagiau uniaith gan y gellir defnyddio tagiau cyfatebol yn y tudalennau cyfatebol. Dim ond lle bo tudalen neu wrthrych cyfatebol yn yr iaith arall y mae hyn yn briodol. Pan mai dim ond un dudalen sy'n bodoli, yna dylid defnyddio'r dull dwyieithog, beth bynnag fo iaith y dudalen.

Adnabod yr Iaith

Wrth ddisgrifio meta-ddata a sut y bydd meysydd meta-ddata'n cael eu defnyddio a'u dehongli, dylid neilltuo maes a fydd yn disgrifio iaith/ieithoedd y gwrthrych a ddisgrifir.

Ceir trafodaeth bellach ar feta-ddata yn HTML ac XML yn yr adran e-Lywodraeth ar e-GMS (10.1).

8.11.3   Rheoli Meta-ddata

Mae strwythur meta-ddata yn amrywio ar draws yr amryw o ddibenion a gyflawnir ganddo a hefyd yn ôl y modd y rheolir ei ddiffiniad. Rheolir rhai ffurfiau gan safonau sydd wedi'u cytuno arnynt gan bawb, tra bo eraill wedi'u diffinio ar gyfer rhaglen feddalwedd benodol heb eu defnyddio y tu allan i'r rhaglen honno.

Rheoli Meta-ddata

Lle bo gan raglen feddalwedd y gallu i ddiffinio'i fformat meta-ddata ei hun, rhaid i'r fformat hwnnw gynnal y ddwy iaith drwy ddarparu meysydd data (neu gofnodion meta-ddata) ar wahân ar eu cyfer.

Lle bo sefydliad yn ymwneud â diffinio safonau meta-ddata neu gytuno ar ryngwyneb meta-ddata, rhaid i'r safon honno ddarparu cefnogaeth amlieithog drwy feysydd data (neu gofnodion meta-ddata) ar wahân ar gyfer pob iaith.

Lle bo rhaglen feddalwedd yn darparu rhyngwyneb i gynnal neu olygu meta-ddata, rhaid iddi gynnal a defnyddio unrhyw alluoedd dwyieithog neu amlieithog a fo gan y fformat meta-ddata. Lle nad yw'r galluoedd hyn yn bodoli, rhaid iddi wneud ei gorau glas i efelychu'r rhain drwy destun cymysg a gwarchod y defnyddiwr rhag y cyfaddawd hwn drwy gyflwyno rhyngwyneb defnyddiwr dwyieithog.

Rhaid i bob diffiniad meta-ddata a rhaglen feddalwedd sy'n rheoli'r meta-ddata hwn lynu at bob safon arall yn y ddogfen hon, yn enwedig o ran defnyddio set nodau sy'n cynnal pob llythyren ag acen (nod diacritig).

BWRDD YR IAITH
GYMRAEG • WELSH
LANGUAGE BOARD

8.11.4 Defnyddio Meta-ddata

Defnyddio Meta-ddata

Pan fydd rhaglen feddalwedd yn defnyddio meta-ddata a bod y meta-ddata'n darparu meysydd (neu gofnodion) ar wahân ar gyfer pob iaith, rhaid manteisio ar y gallu hwn i ddefnyddio'r data sy'n benodol i ddewis iaith y defnyddiwr pan fo cyd-destun defnyddiwr yn bresennol, ac i ddefnyddio'r ddwy iaith fel arall.

Pan nad yw'r meta-ddata nac wedi'i strwythuro na'i wahanu i'r naill iaith a'r llall, rhaid i'r rhaglen gymryd y defnyddir testun cymysg a thrafod y meta-ddata yn y modd priodol.

Os cyflwynir meta-ddata i ddefnyddiwr, a bod dewis iaith y defnyddiwr hwnnw'n hysbys a'r meta-ddata ar gael yn y ddwy iaith, yna, defnyddir y meta-ddata sy'n berthnasol i iaith y defnyddiwr.

Os nad yw'r meta-ddata'n digwydd yn y ddwy iaith, nad yw dewis iaith y defnyddiwr yn hysbys neu os mai dim ond yn yr iaith arall y mae'r meta-ddata'n bresennol, yna dylid defnyddio pa feta-ddata bynnag sydd ar gael

8.12 Chwilio

Bydd system wybodaeth ddwyieithog yn cynnwys ac yn rheoli data yn y Gymraeg ar Saesneg ill dwy. Yn ddelfrydol, caiff pob data ei ddal yn y ddwy iaith, ond y realiti yw y gall peth data fod ar gael yn y naill iaith ond nid yn y llall.

Dylai'r cyfleuster chwilio am ddata fod wedi'i ddylunio yn y fath fodd fel y caiff y defnyddiwr yr hyblygrwydd mwyaf wrth ddewis sut i chwilio, pa iaith i'w defnyddio ar gyfer y chwiliad a pha ddata i'w chwilio. Felly dylai'r broses isod weithio ar gyfer swyddogaethau chwilio:

- Dylai'r defnyddiwr allu dewis chwilio data Saesneg yn unig, data Cymraeg yn unig neu ddata yn y ddwy iaith;
- Dylai iaith y chwilio ddilyn iaith rhyngwyneb y defnyddiwr cyfredol oni ddewisir yn wahanol.
- Os yw eitem canlyniad chwilio ar gael yn y ddwy iaith, yna dim ond yr eitem sydd yn yr un iaith ag iaith rhyngwyneb cyfredol y defnyddiwr a ddychwelir;
- Os mai dim ond yn yr iaith arall y mae eitemau canlyniad y chwilio ar gael, yna rhaid eu dangos neu nodi eu bod ar gael er mwyn sicrhau bod chwiliad yn y naill iaith neu'r llall yn dychwelyd yr un canlyniadau, waeth pa iaith sydd ar gael ar gyfer yr eitemau hynny;
- Pan ddychwelir canlyniadau chwiliad, dylai iaith y data fod wedi'i nodi;
- Dylai chwiliad testun allu delio â chywerthedd diacritig yn ddiofyn, ond dylai roi'r dewis i'r defnyddiwr analluogi'r gallu hwn. Cywerthedd diacritig yw lle bo pob llafariad yn y meini prawf chwilio'n cyfateb, heb roi ystyriaeth i acenion neu nodau diacritig (hefyd, dileu cofnodion dyblyg lle bo'r meini prawf dyblygu'n dod yn sgil y cywerthedd diacritig);
- Lle defnyddir meta-ddata i alluogi'r chwiliad, ceir canllawiau ar y pwnc hwn yn 8.11;
- Trafodir materion sy'n ymwneud yn benodol â chwilio am gyfeiriadau'n fwy manwl yn adran 8.11.

BWRDD YR IAITH
GYMRAEG • WELSH
LANGUAGE BOARD

8.13 Dewis Iaith

Bydd yn well gan unigolion, mudiadau (ac endidau eraill o bosib) gyfathrebu mewn un iaith yn hytrach nag iaith arall. Gan amlaf, dyma'r iaith a fydd orau ganddynt ar gyfer cyfathrebu o bob math, ond fe allai hefyd olygu bod eu dewis iaith yn amrywio yn ôl gwahanol fathau o gyfathrebu (h.y. llafar, ysgrifenedig, rhyngwyneb defnyddiwr gweledol, a.y.b.).

8.13.1   Storio'r Dewis Iaith

> **Storio'r Dewis Iaith**
>
> Wrth storio gwybodaeth am endid a fydd â dewis iaith (h.y. unigolion, sefydliadau, a.y.b.), mae'n hanfodol bod strwythur y data a ddefnyddir yn caniatáu ar gyfer cofnodi'r dewis iaith hefyd.

Soniwyd am hyn yn 4.3 o safbwynt gallu rhaglen feddalwedd i bennu dewis iaith defnyddiwr. Fodd bynnag, ar gyfer rhaglenni meddalwedd sy'n rheoli data 'am' unigolion a sefydliadau (megis system CRM), rhaid iddynt allu storio a chynnal a chadw dewis iaith yr endid hwnnw.

Dyma'r set o werthoedd yr argymhellir eu defnyddio: 'Cymraeg yn Unig', 'Ffafrio'r Gymraeg', 'Ffafrio'r Saesneg', 'Saesneg yn Unig'.

Mae hyn yn effeithio ar sgema'r data a ddiffinnir ar gyfer rhaglen, y nodweddion sy'n galluogi cynnal y dewis iaith hwn a'r rhyngwynebau rhwng rhaglenni lle bo'n rhaid trosglwyddo'r briodwedd dewis iaith gydag unrhyw fanylion bywgraffiadol eraill.

8.13.2   Defnyddio'r Dewis Iaith

Pa bryd bynnag y bydd cyfathrebu'n digwydd gydag unigolyn neu sefydliad (neu gydag unrhyw endid ieithyddol-sensitif arall), dylid defnyddio'r dewis iaith i benderfynu a ddylid cyfathrebu'n ddwyieithog ynteu'n uniaith ac os yn ddwyieithog, pa iaith yw'r ddewis iaith (h.y. yr iaith a fydd flaenaf).

8.13.3   Dwyieithog o'i gymharu ag Amlieithog

Wrth storio a defnyddio dewis iaith, gwelir gwahaniaeth pwysig rhwng sefyllfa ddwyieithog a sefyllfa amlieithog. Gan amlaf, bydd gan system amlieithog iaith sylfaen ac un iaith eilaidd (arall) neu fwy nag un.

Mae'r sefyllfa ddwyieithog yng Nghymru'n golygu bod dwy brif iaith (Cymraeg a Saesneg) ac os defnyddir dull amlieithog, mae ieithoedd eraill yn eilaidd wedyn, ac nid i'w defnyddio yn lle'r rhain.

Felly, os yw'r rhaglen feddalwedd i fod yn amlieithog, dylai roi sylw i'r ddewis iaith (Cymraeg/Saesneg) a hefyd gofnodi dewis iaith ar gyfer yr iaith eilaidd.

BWRDD YR IAITH
GYMRAEG•WELSH
LANGUAGE BOARD

9 Cyfeiriadau a Gwybodaeth Ddaearyddol

Is-set o Wybodaeth Ddaearyddol yw cronfeydd data cyfeiriadau. Er mai ffocws y ddogfen hon yw safoni a hwyluso meddalwedd dwyieithog yng Nghymru, mae defnyddio setiau data Gwybodaeth Ddaearyddol yn gofyn am roi sylw i fanylion diwylliannol ac ieithyddol.

Mae'r adnoddau GDd sydd ar gael yn cynyddu'n gyffredinol. Mae'r sefyllfa'n newid o hyd ac mae'r setiau data'n defnyddio amrywiaeth o wahanol sgemâu. Felly, dim ond golwg gyffredinol fras y gellir ei roi ar y sector GDd gan ddarparu ychydig o ganllawiau ar ddefnyddio data GDd yn y ddogfen hon.

9.1 Gwybodaeth Ddaearyddol (GDd)

Mae'n dod yn fwyfwy cyffredin i feddalwedd integreiddio â setiau data Gwybodaeth Ddaearyddol (GDd [GIS]). Gall y rhain gynnwys (ond nid dim ond y rhain):

- Cronfeydd data cyfeiriadau;
- Mapiau o ranbarthau, trefi, strydoedd, a.y.b. ;
- Troshaenau sy'n mapio pwyntiau cyfeirio daearyddol i endidau yn y byd go iawn - peiriannau twll yn y wal, bwytai, amgueddfeydd, llyfrgelloedd, adeiladau cynghorau, a.y.b. ;
- Gwybodaeth ystadegol sy'n berthnasol i ardal ddaearyddol - data cyfrifiad, nodweddion iechyd, data demograffig arall, a.y.b. .

Dylid gwneud pob ymdrech i gynhyrchu setiau data GDd sy'n cynnwys data dwyieithog.

9.2 Cronfeydd Data Cyfeiriadau

Mae'n arfer cyffredin i feddalwedd integreiddio â chronfeydd data trydydd parti. Dyma rai rhesymau dros hyn:

- I ddod o hyd i gyfeiriadau'n gyflym - yn ôl rhif y tŷ a'r cod post, er enghraifft;
- I sicrhau bod cyfeiriadau dosbarthu dilys yn cael eu defnyddio;
- I ddefnyddio fformatau safonol ar gyfer cyfeiriadau;
- I sicrhau rhyngwynebu dibynadwy gydag asiantaethau trydydd parti (cwmnïau dosbarthu, archwiliadau credyd, a.y.b.);
- Glanhau cronfeydd data cyfeiriadau cwsmeriaid cyfredol;
- Croesgyfeirio setiau data GDd eraill - y gofrestr etholiadol, cyfraddau troseddu, Awdurdodau Addysg Lleol, a.y.b. .

9.2.1 Adnoddau'r Sector Cyhoeddus

Ceir sawl cronfa ddata genedlaethol yn y sector cyhoeddus sy'n cynnwys cyfeiriadau post a chyfeiriadau ar lefel eiddo, a gedwir ac a gynhelir gan nifer o wahanol sefydliadau. Dyma rai ohonynt:

- Y Ffeil Cyfeiriadau Cod Post (PAF) a gynhelir gan y Post Brenhinol;
- Pwynt-Cyfeiriadau Prydain Fawr yr Arolwg Ordnans
- Cronfa ddata eiddo Cofrestrfa Dir EM; (HMLR)
- Cronfeydd Asiantaeth y Swyddfa Brisio (VOA) a ddefnyddir ar gyfer y dreth gyngor;

Noddir gan
Lywodraeth Cynulliad Cymru
Sponsored by
Welsh Assembly Government

BWRDD YR IAITH
GYMRAEG • WELSH
LANGUAGE BOARD

- Y Rhestr Tir ac Eiddo Genedlaethol (NLPG);
- Rhestrau Tir ac Eiddo Lleol (LLPG), a lunnir gan Awdurdodau Lleol ac sy'n gysylltiedig â'r NLPG.

Yr NLPG yw'r fenter gyntaf i atgyfnerthu data cyfeiriadau, ar ben y gwaith cynnal a wneir gan yr Arolwg Ordnans, y Post Brenhinol a'r VOA.

9.2.2   Ansawdd y Data

Er gwaethaf menter yr NLPG a'r llu o ffynonellau cyfeiriadau posibl yn y DU, nid oes eto un ffynhonnell awdurdodol o gyfeiriadau. Mae'r sefyllfa'n waeth o feddwl am y diffyg data cyfeiriadau yn Gymraeg, gan nad yw'n gyfredol, yn gyson nac wedi'i safoni.

Ni fydd cronfeydd data sydd wedi'u seilio ar PAF bob tro'n dychwelyd gwybodaeth gywir am siroedd Cymru'n ddiofyn. Er enghraifft, wrth chwilio am god post yn Sir Fôn, yn aml iawn, Gwynedd yw'r sir a gynigir, tra bo cod post yng Nghonwy'n cynnig Clwyd yn aml.

Sylwer nad yw PAF Cymru fel arfer yn cael ei ddarparu gyda PAF Lloegr, ond mae'n bosib ei gael yn aml iawn, dim ond i chi ofyn.

9.3   Safonau Perthnasol

Er mwyn hwyluso'r drefn o greu Rhestrau Tir ac Eiddo Lleol, crëwyd Safon Brydeinig (BS7666 Setiau Data Gofodol ar gyfer Cyfeirio Daearyddol). Ceir pedair rhan yn y safon sy'n ymwneud â Rhestrau Strydoedd, Rhestrau Tir ac Eiddo, Cyfeiriadau a Hawliau Tramwy.

Erbyn hyn, mae'r safon hon ar gyfer cyfeiriadau'n cael ei mabwysiadu gan e-Lywodraeth drwyddi draw fel rhan o'r safonau e-GIF ac fe'i defnyddir fwyfwy gan y sector preifat.

Mae BS8777 Rhan Un a Dau yn nodi safon ar gyfer creu rhestr i ddal manylion am bob eiddo, darn o dir a stryd o fewn ardal a ddiffinnir. Yn Rhan Tri, ceir model a chanllawiau sylfaenol ar gyfer strwythuro gwybodaeth sy'n seiliedig ar gyfeiriadau.

O ran eiddo, seilir y safon ar gysyniad un llain o dir a elwir yn Uned Tir ac Eiddo Sylfaenol (BLPU). Mae gan bob BLPU gyfeirif unigryw (UPRN), cyfeirnod gofodol (cyfesuryn grid) ac un Dynodydd Tir ac Eiddo neu fwy nag un (LPI).

Yn y bôn, y cyfeiriad y BLPU ar ffurf safonol yw'r LPI sy'n ddynodiad unigryw ar gyfer y BLPU mewn perthynas â stryd fel y'i diffinnir ac y'i delir yn y Rhestr Strydoedd Cenedlaethol (NSG).

Mae BS7666 (2000) yn caniatáu ar gyfer cofnodi LPI arall. Dim ond ar gyfer priodweddau cyfeiriadau iaith arall y dylid defnyddio hyn (megis cynnwys Cymraeg cyfeiriad). Mae'r math arall hwn o LPI yn gyfwerth o fewn o BS7666 â'r prif LPI. Fodd bynnag, dim ond un LPI arall y gellir ei gael ar gyfer pob BLPU sy'n bodloni'r gofyniad dwyieithrwydd, ond fe allai beri problemau os bwriedir defnyddio ieithoedd eraill.

Mae datblygiadau ar y gweill yn y maes hwn a bydd yr adran hon yn esblygu i adlewyrchu'r rheini.

 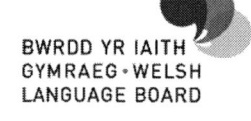

9.4 <u>Defnyddio Cyfeiriadau</u>

Lle bynnag y bo modd, dylai rhaglen feddalwedd ganiatáu i ddefnyddwyr gofnodi a rheoli eu cyfeiriadau ym mha bynnag iaith (neu gyfuniad ieithoedd) a ddymunant. Lle nad yw cyfeiriad wedi'i roi'n uniongyrchol gan y defnyddiwr, dylid ymdrechu orau y gellir i ddefnyddio cyfeiriad sy'n gyson â'u dewis iaith, a lle nad yw hyn yn bosibl, dylid defnyddio cyfeiriadau dwyieithog.

Lle defnyddir mapio yn ôl cod post a/neu ddulliau eraill o reoli cyfeiriadau'n awtomatig, rhaid darparu ar gyfer cyfeiriadau Cymraeg er mwyn sicrhau y caiff cyfeiriadau yn y naill iaith a'r llall eu defnyddio a'u trin yn gyfartal.

Os nad oes cronfa ddata mapio codau post ar gael, dylai rhaglen feddalwedd fan leiaf ddefnyddio rhestrau rhifol ar gyfer gwledydd a siroedd.

9.4.1 <u>Defnyddiwr yn Cofnodi Cyfeiriad</u>

Dylai pecyn meddalwedd ganiatáu i ddefnyddwyr gofnodi a rheoli cyfeiriadau:

- Mewn dewis iaith; neu
- Yn yr iaith fwyaf priodol i'r cyd-destun; neu
- Yn ddwyieithog.

Gellir dylunio rhyngwyneb defnyddiwr mewn sawl gwahanol ffordd i gipio gwybodaeth am gyfeiriadau.

Un dull cyffredin o gofnodi cyfeiriadau yw teipio enw neu rif tŷ a chod post. Yna, gellir croesgyfeirio'r manylion hyn â chronfa ddata gyfeiriadau i ddarparu cofnod unigryw. Yna, gellir bwydo llinellau'r cyfeiriad i flychau testun er mwyn i'r defnyddiwr eu haddasu fel y myn.

Cofier na fydd y dull hwn yn gweithio'n iawn o bosibl os defnyddir PAF Cymraeg i chwilio - dim ond mewn un iaith y bydd enwau adeiladau'n cael eu storio, nid yn y ddwy.

Os mabwysiedir dull awtomataidd fel hyn, mae'n bwysig dal i roi'r gallu i ddefnyddiwr gofnodi ei gyfeiriad ei hun oherwydd:

- Mae'n bosib nad yw'r data a adferir mewn iaith benodol o'r gronfa ddata gyfeiriadau'n gywir o safbwynt daearyddol neu ieithyddol;
- Bydd llawer o bobl yn defnyddio cyfeiriadau cymysg eu hiaith - defnyddio enw Saesneg ar stryd ac enw Cymraeg ar dref, er enghraifft;
- Mae'n bosibl na fydd datblygiadau eiddo newydd wedi'u cynnwys yn y gronfa ddata gyfeiriadau.

Pan ddefnyddir rhestrau wedi'u rhifo (e.e. ar gyfer siroedd), yna, dylid dangos y rhain yn newis iaith y defnyddiwr.

Bydd unrhyw ddewisiadau ar ryngwyneb y defnyddiwr ynghylch y sgriniau cofnodi data'n dibynnu ar y sgema a ddefnyddir ar gyfer storio cyfeiriadau. Er enghraifft, mae BS8666 yn dweud y dylid storio rhif yr adeilad ar wahân i enw'r stryd. Felly, dylid casglu'r manylion hyn ar wahân hefyd.

BWRDD YR IAITH
GYMRAEG • WELSH
LANGUAGE BOARD

9.4.2   Defnyddio'r Cyfeiriad Priodol

Wrth ddewis y cyfeiriad sydd i'w ddefnyddio ar gyfer derbynnydd:

- Os yw'r defnyddiwr wedi rhoi'r cyfeiriad ei hun, yna dylid defnyddio hwnnw fel yr unig gyfeiriad ar gyfer cyfathrebu â hwy, waeth beth y bo'u hiaith;
- Os nad y defnyddiwr a roddodd y cyfeiriad ei hun, bod y cyfeiriad yn hysbys yn y ddwy iaith a bod y defnyddiwr wedi mynegi dewis clir o iaith, yna dylid defnyddio'r cyfeiriad yn yr iaith honno wrth anfon atynt;
- Os nad y defnyddiwr a roddodd eu cyfeiriad, bod y cyfeiriad yn hysbys yn y ddwy iaith ond nad yw'r defnyddiwr wedi mynegi dewis iaith, yna dylid defnyddio cyfeiriad dwyieithog gan gymysgu'r ddwy iaith (h.y. Cymraeg/Saesneg neu Saesneg/Cymraeg ar bob llinell o'r cyfeiriad);
- Os mai dim ond mewn un iaith y mae'r cyfeiriad yn hysbys, yna does dim dewis ond defnyddio'r cyfeiriad hwnnw. Fodd bynnag, wrth i'r gefnogaeth i gyfeiriadau Cymraeg gynyddu mewn cronfeydd data, gobeithir y bydd hyn yn digwydd yn llai a llai aml.

9.4.3   Dosbarthu

Argymhellir y dylid cyfeirio gohebiaeth yn newis iaith y derbyniwr (gweler 9.4.3), ond dylid hefyd ystyried gallu'r cludwyr i'w dosbarthu.

9.5   Storio a Dadansoddi Data Cyfeiriadau

Er mwyn trin data cyfeiriadau mewn modd strwythuredig a chaniatáu ar gyfer adroddiadau, bydd rhaid clymu cyfeiriadau wrth leoliadau daearyddol gan ddibynnu cyn lleied ag y bo modd ar destun rhydd.
Gellir gwneud hyn mewn dwy ffordd, gan gynnwys:

- Defnyddio'r cod post llawn neu rannau ohono;
- Defnyddio rhestrau wedi'u rhifo o siroedd neu wledydd;
- Defnyddio cyfesurynnau daearyddol.

Drwy ddefnyddio'r dulliau hyn, gellir sicrhau bod cyfeiriadau Cymraeg a Saesneg ill dau'n cael eu trin yn gywir.

Dylai'r cyfrwng storio ganiatáu ar gyfer storio cyfeiriadau mewn modd sy'n cydymffurfio ag unrhyw safonau perthnasol megis BS7666.

BWRDD YR IAITH
GYMRAEG • WELSH
LANGUAGE BOARD

10 Fframwaith Cysondeb ar gyfer e-Lywodraeth (e-GIF)

Mae'r Fframwaith Cysondeb ar gyfer e–Lywodraeth (e-GIF) yn nodi polisïau a manylebau technegol y llywodraeth er mwyn sicrhau bod elfen o gysondeb rhwng systemau cyfrifiadurol pob rhan o'r sector cyhoeddus.

Mae'r fframwaith yn cynnwys Safon Meta-ddata e-Lywodraeth (e-GMS), Geirfa Integredig y Sector Cyhoeddus (IPSV), Catalog Safonau Data'r Llywodraeth (GDSC), Sgemâu XML a'r Catalog Safonau Technegol (TSC) .

Oni ddewisir yn wahanol, mae'r safonau'n dilyn y canllawiau a'r safonau rhyngwladol, (megis Dublin Core) gan ddibynnu ar y safonau Ewropeaidd a Phrydeinig mewn meysydd eraill.

Pwrpas y bennod hon yw rhoi sylw i faterion sy'n berthnasol i iaith yn e-GIF, nid eitemeiddio'r holl safonau y mae'n rhaid i'r Sector Cyhoeddus yng Nghymru gydymffurfio â hwy.

10.1 Safon Meta-ddata e-Lywodraeth (e-GMS)

Pwrpas y safon hon yw darparu gwybodaeth lefel-uchel am gynnwys data. Gallai hyn gynnwys manylion megis perchnogaeth, awduriaeth, pwnc, teitl neu ddyddiad y cyhoeddiad, er enghraifft. Mae'r safon yn canolbwyntio i raddau helaeth ar y we (h.y. cynnwys HTML) a chynnwys sy'n seiliedig ar XML.

Mae e-GMS yn darparu dwy ffordd o ddangos iaith cynnwys:

- Mae'n caniatáu pennu iaith cynnwys y ddogfen;
- Mae'n caniatáu pennu iaith y meta-ddata.

10.1.1 Iaith Cynnwys Dogfen

Os yw cynnwys dogfen wedi'i ysgrifennu yn Saesneg, gellir defnyddio'r marcio canlynol:

```
<meta "DC.language" scheme="ISO 939-2/T" content="eng" />    HTML
<dc:language scheme="ISO 939-2/T">eng</dc:language>          XML
```

Os yw cynnwys dogfen wedi'i ysgrifennu yn Gymraeg, gellir defnyddio'r marcio canlynol:

```
<meta "DC.language" scheme="ISO 939-2/T" content="cym" />    HTML
<dc:language scheme="ISO 939-2/T">cym</dc:language>          XML
```

Os yw dogfen yn ddwyieithog, bydd y wybodaeth am yr iaith yn ymddangos ddwywaith, unwaith ar gyfer y naill iaith a'r llall:

```
<meta "DC.language" scheme="ISO 939-2/T" content="eng" />    HTML
<meta "DC.language" scheme="ISO 939-2/T" content="cym" />

    <dc:language scheme="ISO 939-2/T">eng</dc:language>      XML
```

BWRDD YR IAITH
GYMRAEG · WELSH
LANGUAGE BOARD

10.1.2   Iaith meta-ddata

Er mwyn pennu iaith benodol ar gyfer meta-ddata, dylid defnyddio'r briodwedd xml:lang yn HTML ac yn XML:

```
<meta name="DC.title" lang="en"
content="Bilingual Software Standards and Guidelines" />
<meta name="DC.title" lang="cy"
content="Safonau a Chanllawiau Meddalwedd Dwyieithog" />

<dc:title xml:lang="en">
Bilingual Software Standards and Guidelines
</dc:title>
<dc:title xml:lang="cy">
Safonau a Chanllawiau Meddalwedd Dwyieithog
</dc:title>
```

Mae hefyd yn bosibl cysylltu data ag adnodd arall sydd â Dynodydd Adnodd Unffurf (URI) yn HTML:

```
<link rel="DC.rights.copyright" hreflang="en"
content="http://abc/copyright.html" />

<link rel="DC.rights.copyright" hreflang="cy"
         content="http://abc/hawlfraint.html" />
```

10.2 Rhestr o Gategorïau

Er bod e-GMS yn darparu'r modd o gyflwyno meta-wybodaeth am gynnwys data, mae rhestrau'n pennu sut y disgrifir y data a sut y gellir categoreiddio adnoddau'n unffurf ar draws y llywodraeth.

Ar lefel llywodraeth genedlaethol a llywodraeth leol, gellir defnyddio Geirfa Integredig y Sector Cyhoeddus (IPSV) i gategoreiddio adnoddau.

Ar lefel llywodraeth leol, mae llawer o restrau eraill ar gael, gan gynnwys y canlynol:

- Rhestr o Fathau o Asiantaethau;
- Rhestr o Gynulleidfaoedd;
- Rhestr o Gategorïau Busnes;
- Rhestr o Gategorïau;
- Rhestr o Sianelau;
- Cynllun Dosbarthu;
- Rhestr o Gyfeiriaduron;
- Rhestr Ryngweithio;
- Rhestr Lywio;
- Rhestr Gwasanaethau;
- Rhestr Mathau.

Cewch ragor o fanylion yn: http://www.eds.org.uk/standards/

10.2.1   Defnyddio Rhestrau o Gategorïau ar gyfer Data Cymraeg a Saesneg

Mae'n bosibl defnyddio'r meta-ddata a ddefnyddir i ddisgrifio adnoddau mewn sawl gwahanol ffordd. Er enghraifft, gall systemau cyfrifiadurol eraill ei ddefnyddio i

BWRDD YR IAITH
GYMRAEG • WELSH
LANGUAGE BOARD

awtomeiddio darganfod a rhannu gwybodaeth. Gall defnyddwyr ei ddefnyddio hefyd i dyrchu drwy gategorïau mewn safleoedd porth.

Mae pob rhestr o gategorïau'n enrhifo categorïau ac is gategorïau. Er enghraifft, 5755 yw'r Dynodydd ar gyfer y categori 'Ieithoedd' yn IPSV. Fodd bynnag, sylwer pan ddefnyddir y wybodaeth hon yn HTML neu XML, mai enwau Saesneg y categorïau a ddefnyddir (gan mai labeli'n unig yn eu hanfod yw'r rhain):

```
<meta name="eGMS.subject.category" scheme="IPSV" content="Languages" />
```

Gan mai dim ond label yw'r testun Saesneg, nid yw ei defnyddio fel hyn yn broblem. Yn wir, mae defnyddio cyfieithiad Cymraeg yn ogystal â'r Saesneg yn ddiangen, yn aneffeithiol ac fe allai fod yn ddryslyd.

Fodd bynnag, mae i'r rhestrau hyn ddau bwrpas, ac fe ellir eu defnyddio hefyd i alluogi defnyddiwr i dyrchu drwy gategorïau. Mae'n amlwg nad yw hyn yn briodol mewn rhyngwyneb Cymraeg, ac felly, dylid cynnal rhestr gyfochrog o dermau Cymraeg a'u mynegeio at y rhestr gategorïau safonol, mewn sefyllfa o'r fath.

Sylwer y gellir defnyddio'r categorïau IPSV a ganlyn ar gyfer cynnwys sy'n gysylltiedig ag iaith:

- Iaith - 5755;
- Polisi Iaith - 3814;
- Yr Iaith Gymraeg – 5776;
- Yr Iaith Saesneg – 5761.

Ceir rhagor o fanylion yn http://www.esd.org.uk/standards/ipsv/viewer/viewer.aspx

10.3 Sgemâu XSD

Mae'r llywodraeth yn darparu sgemâu i sicrhau bod data'n cael ei gadw a'i gyfnewid gan ddefnyddio fformatau strwythuredig hysbys.

Bydd llawer yn defnyddio'r math syml o'r MathIaith a geir yn sgema graidd Govtalk. Mae hyn yn golygu bod modd pennu iaith ar fformat 2 nod ISO639:1988 – "en", "cy", a.y.b. .

Enghraifft yw'r sgema MathauManylionPersonol sy'n darparu StrwythurManylionDinesydd. Mae'n caniatáu ar gyfer pennu elfen DewisIeithoedd o'r math syml MathIaith. Defnyddir y sgema MathauManylionpersonol hwn gan lawer o sgemâu eraill y mae'r wybodaeth seiliedig-ar-ddinasyddion yn elfen ohonynt.

Dylid cofio nad yw'r datganiadau cyfatebu patrwm a geir mewn rhai sgemâu'n caniatáu ar gyfer teipio nodau ag acenion. Gan amlaf, mae'r rhain yn dweud y dylai'r cynnwys ddod o'r ystod nodau A-Z, ac nid yw honno'n cynnwys nodau ag acenion.

Isod, ceir sgemâu eraill y gwyddys bod elfennau iaith iddynt.

10.3.1   Rheoli Archifau a Chofnodion

Mae ERMS 2 yn caniatáu ar gyfer pennu elfen iaith yn yr elfen feta-ddata.

10.3.2   Iaith Marcio Etholiadol (EML)

EML 2.1 DU yn caniatáu ar gyfer pennu iaith ar gyfer dau endid:

- Dewislaith yn y StrwythurGwybodaethPleidleiswyr;
- Iaith ac Iaith ddiofyn ar gyfer DigwyddiadEtholiadol.

10.3.3   Pwyntiau Mynediad Cludiant Cyhoeddus Cenedlaethol (NaPTAN)

Mae sgema NaPTAN yn caniatáu ar gyfer darparu testun rhydd amgen, gan ganiatáu ar gyfer mannau aros a all fod â'r un enw yn ogystal ag enwau gwahanol. Gellir defnyddio hyn mewn sefyllfa ddwyieithog.

Rhaid i enwau cyffredin ac enwau amgen bennu priodwedd xml:lang i ddynodi iaith y cynnwys. Oni phennir iaith, tybir mai Saesneg ydyw. Mae'r strwythur hwn yn golygu y gall yr enw cyffredin fod yn Gymraeg a'r enw amgen fod yn Saesneg neu'r gwrthwyneb.

Ceir crynodeb o'r elfennau sy'n darparu enwau amgen yn Adran 13 Canllawiau Sgema NapTAN 2.0.

Yn ogystal, mae cyfieithiadau ar gyfer termau testun strwythuredig ar gael (e.e. "Stop", "Cymdogaeth", "Prif Bwynt Amseru", a.y.b.). Rhaid cael priodwedd xml:lang gydag enwau strwythuredig Cymraeg neu Saesneg a ddefnyddir. Oni phennir iaith, tybir mai Saesneg ydyw.

11 Ymgynghori Pellach

Er i ni geisio diffinio set gynhwysfawr, gywir ac ymarferol o safonau a chanllawiau, erys rhai meysydd lle nad ydym wedi llwyddo i wireddu'r amcanion hyn yn llwyr, a hynny am sawl rheswm:

- Mae meddalwedd (a TG yn gyffredinol) yn newid o hyd a byddai'n anodd diffinio unrhyw set ddi-syfl o safonau a fydd yn gwbl addas ar gyfer pob sefyllfa yn y dyfodol;
- Mae cefnogaeth i'r iaith Gymraeg mewn meddalwedd yn faes sy'n prysur aeddfedu, ond mae nifer o feysydd yn dal i fod lle bo angen rhagor o waith cyn y gellir diffinio safonau effeithiol.

Am y rhesymau hyn, er ein bod wedi cynnig dull effeithiol ym mhrif gorff y ddogfen, rydym hefyd yn awyddus i barhau â'r drefn ymgynghori. Amlinellir y meysydd hyn yn yr adran hon ac rydym yn awyddus i gael unrhyw adborth.

11.1 Gosod mewn trefn

Yn adran 4.2 trafodir y materion sy'n ymwneud â gosod pethau yn nhrefn yr wyddor ar gyfer rhyngwyneb defnyddiwr. Yn Adran 8.8.2 sonnir yn fras am drefnu mewn cronfa ddata.

11.1.1 Trefnu mewn Rhyngwyneb Defnyddiwr

Mae'r drafodaeth ynghylch trefnu yn y rhyngwyneb defnyddwyr yn weddol gynhwysfawr ac yn taro cydbwysedd da rhwng yr ymarferol a'r ddelfrydol. Fodd bynnag, wrth daro'r cydbwysedd hwn, bu'n rhaid cyfaddawdu i raddau, yn benodol:

- Derbyn na fydd rhywun sy'n defnyddio'r Saesneg yn ymwybodol o'r defnydd a wneir o ddeugraffau yn yr wyddor Gymraeg, nac yn wir bod rhai enwau a thermau yn Gymraeg yn wreiddiol. Y peth call felly yw defnyddio trefn yr wyddor Saesneg os mai dyma'r sefyllfa.
- Ar hyn o bryd, nid oes unrhyw algorithm (neu o leiaf ni all yr Awduron feddwl am un) a fydd yn trefnu'r holl eiriau sy'n cynnwys deugraffau Cymraeg yn gywir heb ddefnyddio geiriadur am-edrych. Fodd bynnag, nid yw bob amser yn ymarferol nac yn bosib gwneud hynny.

Mae'r broblem gyntaf o'r ddwy'n ddyrys ac mae angen ateb ieithyddol iddo yn hytrach nag un technolegol ac felly, mae hynny y tu allan i gwmpas y ddogfen hon. Fodd bynnag, mae'r Bwrdd yn awyddus i dderbyn unrhyw fewnbwn a sylwadau am sut y gellir mireinio neu wella'r dull a gynigir yn 4.2.2.

O ran trefnu deugraffau, gan dybio y bydd geiriadur am-edrych yn dal i fod yn anymarferol mewn sawl sefyllfa (o leiaf ar lefel y dechnoleg sydd gennym ar hyn o bryd) yr unig ateb delfrydol yw hwnnw a gynigir gan yr 'Unydd Graffemau Cyfun'. Fodd bynnag, nid yw'n realistig disgwyl i'r holl destun gael ei anodi â'r nod hwn er mwyn sicrhau bod modd ei ddefnyddio i greu trefn sy'n 100% gywir (er bod safonau hyn yn mynnu ei fod yn cael ei gefnogi er mwyn ymestyn ei ddefnydd).

Felly, diffiniwyd cyfaddawd sy'n ymarferol ac a fydd yn cynnig y canlyniadau gorau posib. Fe'i seilir ar y dull a ddefnyddir gan y datblygwyr a'r lleoleiddwyr sydd ar flaen y gad ar hyn o bryd ym maes atebion meddalwedd Cymraeg. Fodd bynnag, gan fod y

dull yn llai na pherffaith, rydym yn dal i fod yn awyddus i gael unrhyw fewnbwn neu awgrym ynghylch hyn a byddwch yn croesawu unrhyw drafodaeth am y dull mwyaf priodol ac ymarferol.

11.1.2   Trefnu Cronfa Ddata

Y dull saernïol a argymhellir yn y ddogfen hon yw y dylid trin swyddogaeth iaith benodol yn y rhyngwyneb defnyddiwr lle bynnag y bo modd, a thrwy hynny, sicrhau bod gweddill rhaglen yn ieithyddol-niwtral i bob pwrpas.

Fel arfer, mae'r dull hwn yn llwyddiannus, ac eithrio mewn sefyllfaoedd lle bydd y drefn a ddefnyddir yn effeithio ar nodweddion y rhaglen. Mae hyn yn arbennig o amlwg ar yr haen cronfa ddata, yn enwedig gan fod systemau rheoli cronfeydd data'n tueddu i ddilyn trefn ddiofyn ar gyfer trefn yr wyddor.

E.e. bydd y canlyniadau ar gyfer ymholiad '10 uchaf' yn wahanol wrth ddefnyddio trefn Gymraeg a threfn Saesneg (fel y'i diffinnir yn 4.2.2) lle bydd 'London' a 'Llanberis' yn 10^{fed} ac yn 11^{fed} ar y rhestr.

Er bod modd newid y drefn yn weddol rwydd ar haen y rhyngwyneb defnyddiwr, nid yw hyn fel arfer yn bosib ar haen y gronfa ddata. Hyd yn oed pan fydd modd pennu'r coladu (e.e. gweithrediadau SQL sy'n cefnogi cymal COLADU), nid oes coladu Cymraeg ar gael fel arfer.

Felly, mae'r safonau hyn wedi osgoi diffinio pa drefn y dylid ei defnyddio ar gyfer cronfa ddata. Mater o ymarferoldeb yw hyn i raddau, gan nad yw'r rhan fwyaf o gronfeydd data cyfredol yn cynnig dewis trefn ar gyfer y Gymraeg (na'r gallu i ddiffinio trefn bersonol), ond ar y cyfan, mae'n adlewyrchu'r her a amlinellir uchod. Er y dylai rhaglen Saesneg yn unig ddefnyddio trefn y Saesneg ac y dylai rhaglen 'Cymraeg yn unig' ddefnyddio trefn y Gymraeg, nid oes ateb rhwydd generig ar gael i bob golwg ar gyfer y sefyllfa ddwyieithog.

Ceir atebion posibl drwy weithredu'r swyddogaethau sy'n integredig â haen y gronfa ddata (h.y. gweithdrefnau sydd wedi'u storio a'r hyn sy'n cyfateb iddynt), ond mae'r gallu hwn yn benodol i'r gweithredu ac nid yw'n ateb digon generig ar hyn o bryd.

Felly, byddem unwaith eto'n awyddus i gael unrhyw adborth a fyddai'n gallu egluro neu fynd i'r afael â'r sefyllfa hon a/neu a allai ein helpu i fireinio'r dull a argymhellir yn y ddogfen hon.

11.2 Cyfeiriadau a Gwybodaeth Ddaearyddol

Mae'r materion sy'n ymwneud â rheoli cyfeiriadau a gwybodaeth ddaearyddol ddwyieithog yn amrywiol ac yn gymhleth. Mae'r diffyg adnoddau dwyieithog cyfredol a diffyg profiad cymharol o roi rhaglenni cyfeirio ac atebion GIS dwyieithog ar waith ill dau'n ffactorau ychwanegol sy'n cymhlethu pethau.

Yn y ddogfen hon, amlinellwyd ychydig o'r cefndir a'r materion sylfaenol sy'n codi yn y maes hwn. Credwn fod rhagor o wybodaeth a safonau sy'n berthnasol i'r maes a byddem yn croesawu mewnbwn, canllawiau ac awgrymiadau gan unrhyw unigolion neu sefydliadau sydd â phrofiad ynddo.

11.3 e-Lywodraeth

Nid oes gan lawer o'r meysydd y mae safonau e-Lywodraeth yn rhoi sylw iddynt fawr o berthnasedd i faterion sy'n ymwneud ag iaith ac felly maent y tu hwnt i gwmpas y ddogfen hon. Yn Adran diffinnir sawl maes lle cyfyd ystyriaethau iaith ac argymhellir dulliau priodol o fynd ati.

Mae safonau e-Lywodraeth wedi tyfu'n gyflym ac yn dal i esblygu. Hefyd, er bod rhyw faint o brofiad ar gael ym maes rhoi atebion ar waith sy'n glynu wrth y safonau hyn ac sydd hefyd yn ddwyieithog, mae hyn yn dal i fod yn weddol ddarniog.

Er ein bod yn ystyried ymdriniaeth Adran 10 yn fan cychwyn defnyddiol, croesawn unrhyw adborth ac awgrymiadau yn y maes hwn gan bod y rheini sy'n ymwneud â datblygu a gweithredu atebion meddalwedd e-Lywodraeth dwyieithog.

11.4 Safonau Eraill

Cyfeiriwyd at safonau perthnasol sy'n bodoli eisoes drwy'r ddogfen. Ceisiwyd sicrhau bod cyn lleied o orgyffwrdd ag y bo modd â'r safonau sy'n bodoli eisoes er mwyn osgoi gwrth-ddweud a sicrhau bod y ddogfen hon yn dal i fod yn berthnasol, hyd yn oed petai'r safonau hynny'n newid.

Fodd bynnag, mae byd safonau'n fawr ac yn gymhleth ac mae'n bosib ein bod wedi hepgor safonau pwysig, ein bod wedi 'gorgyffwrdd' heb yn wybod i ni, â safon nad oeddem yn ymwybodol ohoni a/neu ein bod wedi gwrth-ddweud safonau sy'n bodoli eisoes.

Er mwyn i fersiynau a gynhyrchir o'r ddogfen hon yn y dyfodol a hefyd er mwyn sicrhau bod y safonau hyn yn integreiddio'n effeithiol gan greu cyn lleied o wrthdaro ag y bo modd â safonau eraill, byddem yn croesawu unrhyw adborth, awgrymiadau a gwybodaeth a all fod o gymorth yn hyn o beth.

11.5 Technolegau Newydd

Fel y crybwyllwyd yn 1.3, mae meddalwedd a thechnoleg yn camu ymlaen o hyd. Felly, er i ni ddiffinio safonau sy'n berthnasol ac yn briodol adeg llunio'r ddogfen hon, sylweddolwn y gall fod angen ehangu ac addasu'r safonau hyn wrth i dechnolegau newydd ddatblygu.

Lle bynnag y bo modd, arddelwyd agwedd weddol generig a ddylai wrthsefyll llawer o'r newidiadau hyn ac a ddylai hefyd fod yn addas ar gyfer gwahanol derminolegau a ddefnyddir ar gyfer meddalwedd o'r un gallu. Lle bo'r safonau hyn eisoes yn darparu canllawiau perthnasol, dylid eu dehongli mewn modd addas.

Fodd bynnag, wrth i dechnolegau newydd egino ac wrth i bobl ymwneud â'i gilydd drwy ryngwynebau newydd ac wrth i systemau meddalwedd esblygu, bydd materion newydd sy'n ymwneud â thrin iaith, ac yn benodol â dwyieithrwydd yn codi. Fel sy'n wir am bob agwedd, gofynnwn i unrhyw un sy'n gweithio gyda thechnolegau a phynciau sydd heb eu trin yn ddigonol neu'n briodol yma gynnig mewnbwn am y pynciau dan sylw a'r addasiadau priodol a fyddai'n galluogi'r safonau i fod yn berthnasol a darparu canllawiau ystyrlon.

11.6 Meysydd Rhaglenni Penodol

Fel sy'n wir am dechnolegau, mae'r ystod o raglenni meddalwedd yn tyfu ac yn esblygu o hyd. Unwaith eto, er y gobeithir bod y safonau'n ddigon generig i sicrhau eu bod yn

berthnasol ar draws pob rhaglen, bydd rhai rhaglennu a galluoedd swyddogaethol yn sicr sydd heb gael sylw er eu bod yn ei haeddu.

Gallai'r rhain gynnwys, er enghraifft SMS, Gwib-negeseua, cyfrifiaduron a wisgir, prosesu llefaru, a.y.b. .

Byddem yn gwerthfawrogi cael gwybod am unrhyw bethau tebyg a hepgorwyd ac am awgrymiadau ar gyfer safonau addas.

BWRDD YR IAITH
GYMRAEG • WELSH
LANGUAGE BOARD

12 Canllawiau i Ddylunwyr Gwe

Lluniwyd y safonau uchod i fod yn berthnasol i'r ystod ehangaf bosib o systemau meddalwedd. Pwrpas yr adran hon yw esbonio meysydd penodol o'r safonau i ddylunwyr gwe.

Bydd yr adran hon yn ymdrin ag is-set o'r safonau'n unig y mae'n rhaid i wefan gydymffurfio â hwy. Felly, rhaid i ddylunwyr gwe ddefnyddio'r wybodaeth o adran 3 i adran 10 fel prif ffynhonnell gyfeirio.

Nid oes modd i'r adran hon drafod manylion gweithredu penodol gan fod yr ystod o dechnolegau gwe (megis ASP.NET, PHP, JSP,CGI, a.y.b.) yn anferth.

Mae pob cyfeiriad at HTML yr un mor berthnasol i XHTML

12.1 Setiau Nodau

Pwnc:	Defnyddio setiau nodau mewn dogfennau HTML
Adran(nau):	4.3.1
Canllawiau:	Rhaid mynegi'r set nodau bob amser drwy ddefnyddio meta-dag mewn HTML. `<meta http-equiv="Content-Type" content="text/html;charset="utf-8" />` Sylwer y dylai amgodio'r ffeil bob amser gyfateb i'r hyn a roddir yn y meta-dag. Unicode yw'r dull amgodio a argymhellir.
Cyfeiriad(au):	http://www.w3.org/International/O-charset.html

Pwnc:	Defnyddio nodau Unicode mewn setiau nodau eraill
Adran(nau):	4.3.3, 4.3
Canllawiau:	Os nad oes modd defnyddio'r set nodau Unicode, mae'n dal i fod yn bosib defnyddio nodau Unicode unigol drwy eu hamgodio: • mae ŵ yn rhoi 'ŵ'; • mae ŷ yn rhoi 'ŷ'; • A.y.b . Rhoddir y rhifau degol sydd i'w defnyddio ar ôl "&#" yn y tabl ar ddechrau adran 4.3.

12.2 Tybiaeth Ddealledig Gychwynnol ynghylch Iaith

Pwnc:	Defnyddio locale porydd i adnabod dewis iaith
Adran(nau)	5.1.1
Canllawiau	Mae'n bosib adfer dewis ieithoedd y porydd o'r pennyn ACCEPT_LANGUAGE HTTP.
Cyfeiriad(au):	http://www.w3.org/Protocols/rfc2616/rfc2616-sec14.html#sec14.4 Mae'r dull o adfer y pennyn hwn yn ddull llwyfan-benodol.

BWRDD YR IAITH
GYMRAEG · WELSH
LANGUAGE BOARD

	Argymhellir chwilio am "ACCEPT_LANGUAGE" gan ddefnyddio chwilotwr gwe er mwyn cael gwybod beth yw'r dull iawn ar gyfer eich llwyfan chi.

Pwnc:	Defnyddio enw parth i wneud tybiaethau ynghylch iaith
Adran(nau):	5.1.1
Canllawiau:	Mae'n bosib adfer yr enw parth o amrywyn yr amgylchedd HTTP_HOST.
Cyfeiriad(au):	Mae'r dull hwn o adfer yr amrywyn hwn yn llwyfan-benodol. Argymhellir chwilio am "HTTP_HOST" gan ddefnyddio chwilotwr gwe er mwyn dod o hyd i'r dull iawn ar gyfer eich llwyfan.

Pwnc:	Defnyddio elfen llinyn ymholiad i ganfod dewis iaith
Adran(nau)	5.1.1
Canllawiau:	Er enghraifft: http://mywebsite.co.uk/mypage.asp?**lang=cy-gb** Yna, gellir adfer gwerth paramedr yr iaith- 'lang' o wrthrych y cais.
Cyfeiriad:	Mae'r dull hwn o adfer y gwerth hwn yn llwyfan-benodol. Argymhellir defnyddio chwilotwr gwe er mwyn cael gwybod beth yw'r dull gweithredu iawn i'ch llwyfan chi.

Pwnc:	Defnyddio URL cyfeiriol i wneud tybiaethau ynghylch iaith
Adran(nau):	5.1.1
Canllawiau:	Weithiau, mae'n bosib adfer URL cyfeiriol o'r amrywyn amgylchedd HTTP_REFERER. Pe gellid adnabod hwn fel enw parth Cymraeg, gellid tybio mai'r Gymraeg fyddai'r iaith gychwynnol, er enghraifft. Sylwer na ellir dibynnu ar hyn fel ffordd o wneud tybiaeth gychwynnol ynghylch iaith gan nad yw rhai porwyr (neu gynnyrch diogelwch ar y we) yn gadael i borwyr roi URL cyfeiriol wrth ofyn am dudalen.
Cyfeiriad(au):	Mae'r dull hwn o adfer y gwerth hwn yn llwyfan-benodol. Argymhellir defnyddio chwilotwr gwe er mwyn cael gwybod beth yw'r dull gweithredu iawn i'ch llwyfan chi.

12.3 Dewisydd Iaith Hollbresennol

Pwnc:	Lleoliad y Dewisydd Iaith
Adran(nau):	5.1.3
Canllawiau:	Y safon sy'n egino ar gyfer lleoliad dewisyddion iaith yw'r gornel dde uchaf ar dudalen we – sef yr hyn a elwir yn "lle da".
Cyfeiriad(au):	http://www.corante.com/goingglobal/

Noddir gan
Lywodraeth Cynulliad Cymru
Sponsored by
Welsh Assembly Government

BWRDD YR IAITH
GYMRAEG • WELSH
LANGUAGE BOARD

12.4 Cofio'r Dewis Iaith

Pwnc:	Cofio'r Dewis Iaith
Adran(nau):	5.2
Canllawiau:	Er mwyn gallu dadwneud penderfyniad ynghylch dewis iaith drwy glicio ar fotwm "yn ôl", byd rhaid storio'r dewis iaith fel rhan o linyn ymholi yn hytrach na chysylltu dewis iaith ar ochr y gweinydd gyda dynodydd sesiwn neu rywbeth tebyg. Er enghraifft: http://mywebsite.co.uk/mypage.php?lang=en-gb Yn hytrach na: http://mywebsite.co.uk/mypage.php?session=123456

12.5 Storio'r Dewis Iaith

Pwnc:	Proffil ar Lefel Rhaglen
Adran(nau):	5.3.1
Canllawiau:	Er mwyn storio gosodiad iaith ar y lefel hon, bydd rhaid ysgrifennu briwsionyn yn cache porydd y defnyddiwr. Sylwer y gall gosodiadau diogelwch y porydd gyfyngu ar lwyddiant y dull hwn.
Cyfeiriad(au):	http://www.cookiecentral.com/

12.6 Enwau Parth

Pwnc:	Enwau Parth Rhyngwladol (IDNs)
Adran(nau):	5.4
Canllawiau:	Adeg argraffu'r ddogfen hon, ni chefnogir IDNs ar enwau pyrth sy'n gorffen gyda .com, .net, .org, .edu neu .uk. Mae cofrestrfa pyrth y DU (Nominet) ar hyn o bryd yn ymgynghori ynghylch a yw'r IDNs yn ddymunol ac yn ymarferol ar gyfer marchnad y DU.
Cyfeiriad(au):	https://lists.nominet.org.uk/mailman/listinfo/nom-pwg-idn

12.7 Negeseuon Gwall a rhai a ysgogir gan Ddigwyddiadau

Pwnc:	Dangos Negeseuon
Adran(nau):	5.8
Canllawiau:	Dylid cofio y gall unrhyw neges a ddangosir hefyd angen bod ar gael yn hwylus. Felly, nid yw dewisiadau megis blychau rhybuddio Javascript o anghenraid yn ddull ymarferol o ddangos negeseuon.
Cyfeiriad(au):	http://www.w3.org/WAI/

BWRDD YR IAITH
GYMRAEG • WELSH
LANGUAGE BOARD

12.8 Cynnwys Iaith Cymysg

Pwnc:	Cynnwys Iaith Cymysg
Adran(nau):	6.2.2, 6.3

Canllawiau:	Pa bryd bynnag y defnyddir y Gymraeg a'r Saesneg ar yr un dudalen, dylid rhoi iaith pob darn o destun.
	
	Mae'n bosib gosod priodwedd "lang" ar bob tag HTML fwy neu lai (yr eithriadau yw base, br, frame, frameset, hr, iframe, param a script yn unol â safon XHTML).
	
	Er enghraifft:
	
	`<p lang="en">English</p>`
	`<p lang="cy">Cymraeg</p>`

Cyfeiriad(au):	http://www.w3schools.com/tags/ref_standardattributes.asp

12.9 Meta ddata

Pwnc:	Meta-dagiau amlieithog
Adran(nau):	8.11, 10

Canllawiau:	Gellir defnyddio meta-dag i nodi prif iaith dogfen HTML:
	
	`<meta http-equiv="Content-Language" content="en-gb">`
	`<meta http-equiv="Content-Language" content="cy-gb">`
	
	Gellir defnyddio meta-dagiau'n amlieithog (h.y. un meta-dag ar gyfer y Saesneg, un arall ar gyfer y Gymraeg), fel y'i dangosir yn adran 10.1.2:
	
	`<meta name="DC.title" lang="en"`
	`content="Bilingual Software Standards" />`
	
	`<meta name="DC.title" lang="cy"`
	`content="Canllawiau a Safonau Meddalwedd Dwyieithog" />`

Cyfeiriad(au):	http://www.html-reference.com/META_httpequiv_language.htm

13 Adnoddau a Llyfrgellyddiaeth

13.1 Setiau Nodau

Unicode:
http://www.unicode.org/

Siartiau codau:
http://www.unicode.org/charts/

Asciitable.com:
http://www.asciitable.com/

Dogfen W3.org am setiau nodau:
http://www.w3.org/TR/1999/REC-html401-19991224/charset.html - code-position

ISO 8859-14:
http://www.iso.org/iso/en/CatalogueDetailPage.CatalogueDetail?CSNUMBER=29630

13.2 Dilyniannau Bysellau'r Bysellfwrdd

Microsoft (Windows XP service pack 2 a diweddarach)
http://www.microsoft.com/globaldev/handson/user/welsh.mspx

Sgema'r To Bach
http://www.draig.co.uk/tobach & http://www.meddal.com/

13.3 Adnoddau Iaith

Deddf yr Iaith Gymraeg:
http://www.legislation.hmso.gov.uk/acts/acts1993/Ukpga_19930038_en_1.htm

Plain English:
http://www.plainenglish.co.uk/

Cymdeithas Cyfieithwyr Cymru (CCC):
http://www.cyfieithwyrcymru.org.uk/

Canolfan Bedwyr:
http://www.bangor.ac.uk/ar/cb/

Cymraeg Clir:
http://www.bangor.ac.uk/ar/cb/cymraeg/cymraeg_clir.php

Cysgliad (gan gynnwys Cysill and Cysgeir):
http://www.bangor.ac.uk/ar/cb/cymraeg/meddalwedd.php

13.4 Bwrdd yr Iaith Gymraeg

Y brif wefan:
http://www.bwrdd-yr-iaith.org.uk/, gan gynnwys:

BWRDD YR IAITH
GYMRAEG • WELSH
LANGUAGE BOARD

- Ciparolwg (2001) – Gwefannau sefydliadau sydd â chynllun iaith statudol Lingua Cambria Cyf
- Ciparolwg (2003) – Gwefannau sefydliadau sy'n cydymffurfio â chynlluniau iaith statudol. Cwmni Cymad
- Canllawiau Dylunio Dwyieithog, argraffiad 2001
- Windows XP & Office 2003 ar gael yn Gymraeg am ddim:
- Adnoddau Technoleg Gwybodaeth
- Technoleg Gwybodaeth a'r Iaith Gymraeg: Dogfen Strategaeth

13.5 Lleoleiddio a Chyfrifiadura Dwyieithog

Gwefannau:

IBIS (Rhyngwynebau i Systemau Gwybodaeth Dwyieithog:
http://weblife.bangor.ac.uk/ibis/default.html

Adnoddau Datblygu Gwefannau Dwyieithog
http://www.comp.glam.ac.uk/%7EDaniel.Cunliffe/bilingual/

Microsoft GlobalDev: Locales & Languages :
http://www.microsoft.com/globaldev/DrIntl/faqs/Locales.mspx

Rhestr o Werthoedd Locales ID (LCID) a Neilltuwyd gan Microsoft
http://www.microsoft.com/globaldev/reference/lcid-all.mspx

ISO 639 (Wikipedia)
http://en.wikipedia.org/wiki/ISO_639

ISO 3166-1 alpha-2 (Wikipedia)
http://en.wikipedia.org/wiki/ISO_3166-1_alpha-2

Llyfrau:

Developing International Software, ail argraffiad (2002), Dr International, Microsoft Press, ISBN 0-7356-1583-7

Internationalization and Localization Using Microsoft .Net, 2002, Nick Symmonds, Apress, ISBN 1-59059-002-3

Cyfnodolion:

Multilingual Computing & Technology, http://www.multilingual.com/, +(1) 208 263 8178

13.6 Rheoli Cyfeiriadau

Addressing for Britain is not as Simple As Going from A to B, Gavin Keith, Robin McLaren, AGI, 2003.
http://www.knowedgeconsortium.co.uk/documents/Doc47_-_Addressing for Britain.PDF

BS7666 for Beginners, The National Land & Property Gazetteer, Ebrill 2003.
http://www.nlpg.org.uk/_public/download/BS7666forBeginners.pdf

NLPG e-zine, The National Land & Property Gazetteer, Mawrth 2004.
http://www.nlpg.org.uk/ezine/March2004e-zine.htm

Review of Royal Mail's Licence Condition 20 - Postcode Address File Code of Practice, A Decision Document, Postcomm, Mawrth 2004.
http://www.postcomm.gov.uk/documents/licensing/PAFCodeofPracticeReviewFinalDoc.pdf

Geographic Information Strategy for Wales, AGI Cymru gyda nawdd gan Lywodraeth Cynulliad Cymru, 2003.
http://www.cymruarlein.wales.gov.uk/fe/default.asp?n1=1&n2=7&n3=223

13.7 Safonau a Chanllawiau e-Lywodraeth:

Swyddfa'r e-Gennad: http://www.govtalk.gov.uk/

e-Government Interoperability Framework Version 6.1, e-Government Unit, Cabinet Office, 18 Mawrth 2005.
http://www.govtalk.gov.uk/schemasstandards/egif_document.asp?docnum=949

What Are All These Lists?, Rhifyn 0.02 – Drafft – 3 Medi 2004.
http://www.esd-toolkit.org/forums/download.php?id=445

Expressing Dublin Core in HTML/XHTML meta and link elements, Menter Meta-ddata Dublin Core
http://dublincore.org/documents/dcq-html/index.html

GovTalk Schemas, Uned e-Lywodraeth, Swyddfa'r Cabinet
http://www.govtalk.gov.uk/schemasstandards/xmlschema.asp

13.8 Arall

Rhestr Drafod e-Gymraeg:
http://www.jiscmail.ac.uk/lists/e-gymraeg.html

Nominet consultation on Internationalised Domain Names (IDNs)
http://www.nominet.org.uk/Pab/PabConsultationPapers/IdnConsultation/